四特 教育系列丛书 SITEJIAOYUXILIECONGSH

U0589121

百家教育讲坛

《"四特"教育系列丛书》编写组　编著

吉林出版集团股份有限公司
全国百佳图书出版单位

图书在版编目 (CIP) 数据

百家教育讲坛／《"四特"教育系列丛书》编写组编著.
—长春：吉林出版集团股份有限公司，2012.4
（"四特"教育系列丛书／庄文中等主编. 在故事中升华经典）

ISBN 978-7-5463-8657-7

Ⅰ.①百… Ⅱ.①四… Ⅲ.①中小学教育－通俗读物
Ⅳ.① G63-49

中国版本图书馆 CIP 数据核字（2012）第 044100 号

百家教育讲坛

BAIJIA JIAOYU JIANGTAN

出 版 人	吴 强	
责任编辑	朱子玉　杨　帆	
开　　本	690mm×960mm　1/16	
字　　数	250 千字	
印　　张	13	
版　　次	2012 年 4 月第 1 版	
印　　次	2023 年 2 月第 3 次印刷	

出　　版	吉林出版集团股份有限公司
发　　行	吉林音像出版社有限责任公司
地　　址	长春市南关区福祉大路 5788 号
电　　话	0431-81629667
印　　刷	三河市燕春印务有限公司

ISBN 978-7-5463-8657-7　　　　定价：39.80 元

前　言

　　学校教育是个人一生中所受教育最重要组成部分,个人在学校里接受计划性的指导,系统地学习文化知识、社会规范、道德准则和价值观念。学校教育从某种意义上讲,决定着个人社会化的水平和性质,是个体社会化的重要基地。知识经济时代要求社会尊师重教,学校教育越来越受重视,在社会中起到举足轻重的作用。

　　"四特教育系列丛书"以"特定对象、特别对待、特殊方法、特例分析"为宗旨,立足学校教育与管理,理论结合实践,集多位教育界专家、学者以及一线校长、老师们的教育成果与经验于一体,围绕困扰学校、领导、教师、学生的教育难题,集思广益,多方借鉴,力求全面彻底解决。

　　本辑为"四特教育系列丛书"之《在故事中升华经典》。

　　这是一部写给老师的书,因为故事中蕴含着慈爱、和谐、人性的教育方式;这也是一部写给学生的书,因为故事中洒满老师们对学生的温暖、感动、爱意、执着、顽强与刚毅……

　　教育是一门科学,也是一门艺术,是塑造人心智的高超艺术。对于教育人人都有自己的看法,而这本书中的观点能给人以许多启示。本书还汇集了众多著名教育学家、知名教师的经典教育文论,共同领略著名专家学术研究风范,引领我们进入教改理论与实践前沿,分享最新研究成果,把握创新教学理念脉搏,感悟前瞻性的教学思想。

　　教育,润物无声,是一种智慧、一种境界、一种追求。教育的这种智慧,这种境界,这种追求,虽然无声无形,但却有踪迹可寻。在教育实践中,那一个个平凡却并不平淡的片段,或呈现出教师解决问题的教育智慧;或记录着教师走出困惑的教学经历;或展现出教师奉献爱心的热忱。回顾那一个又一个生动的教育实践,既是一个沉淀的过程,也是一个升华的过程。

　　本辑共20分册,具体内容如下:

　　1.《师生情难忘》

　　如果我们的人生有一段华美的乐章,那一定来自老师教给我们的7个音符!一天天,一年年,我们在校园里苗壮成长。从懵懂孩童到青春飞扬,然后进入社会大舞台搏击人生。老师谆谆教诲的深情,是我们前行的灯火,给我们温暖、力量和信念……本书选录了100篇发生在师生之间的真情故事。这些平凡而真切的故事,让我们感动,让我们沉思,让我们回忆,让我们心怀敬意和感激……

　　2.《记忆深处》

　　翩翩红叶,徐徐飘落,总不忘留给土地柔软与肥沃;涓涓泉水,潺潺流淌,总不忘带给岸边甘甜与欢歌。享受"师生"情,奉献真诚心!让我们把握这份情,让心灵浸润在肥沃的土壤,开出绚烂的花朵;让我们紧守这份爱,让生命谱写圣洁的乐曲,唱出青春的赞歌。

在坎坷的人生道路上，是谁为我们点燃了一盏最明亮的灯；在荆棘的人生旅途中，是谁甘做引路人为我们指明前进的方向……是您，老师，把雨露洒遍大地，把幼苗辛勤哺育！无论记忆多么久远，每当想起老师，依然激情难耐；每当面对熟悉的老师，那一瞬间，那一件小事……总是激起我们对老师久蓄于心的感激……

3.《成长足迹》

这是发生在校园里的平凡而又感人至深的师生故事。因为爱，所以在教育的天空下，才会发生这么多感人的故事，这些也是对教育生命的审问、感怀和确认。这是一部写给老师的书，因为故事中蕴含着慈爱、和谐、人性的教育方式；这也是一部写给学生的书，因为故事中洒满老师们对学生的温暖、感动、爱意、执着、顽强与刚毅……

4.《悸动的心灵》

追忆往事并不是轻而易举的事情，在漫长的教育生涯中发现自己最难忘的某一个瞬间，其实也就像重新获得一种生存的意义一样美妙。这些教育故事也许并不是教育的解决之道，但却是对教育生命的审问、感怀和确认。也许我们更应该在教育中活出自己，也许我们既活在未来更活在无限的过去，在这些纷繁复杂却又素朴平凡的场景中，有最乐意的付出，有泪水和智慧，更有日日夜夜用心抒写因而温润无比的爱。

5.《春暖花开》

教育是一门科学，更是一门艺术。执著并献身于教育，不仅需要大步向前，也需要回头反思。回顾那一个又一个生动的教育实践，既是一个沉淀的过程，也是一个升华的过程。走进本书，这里全是暖暖的爱。

6.《孩子的微笑》

教育，润物无声，是一种智慧、一种境界、一种追求。教育的这种智慧，这种境界，这种追求，虽然无声无形，但却有踪迹可寻。在教育实践中，那一个个平凡却并不平淡的片段，或呈现出教师解决问题的教育智慧；或记录着教师走出困惑的教学经历；或展现出教师奉献爱心的热忱。

7.《故事里的教育智慧》

本书主要关注家庭教育、学校教育及社会教育中家长与孩子、教师与孩子、孩子与孩子之间的故事，它的特色是小故事蕴含大道理。其宗旨是：讲述真实的教育故事，研究深切的教育问题，创生新锐的教育思想，激活精彩的教育行动。其风格是：直面真实，创新为本和故事体裁。

8.《难忘的教育经典故事》

根据家长、教师和孩子的困惑，用各种形式的教育故事讲述一些很明白的道理，引导人用智慧的手段促进人的成长。这些故事或来自国外的或来自一线教学的实践，对于教育类人群均具有启发性。一个个使教师深思的小故事，一个个让学生向善的小故事，让我们教师真正领会生命教育的内涵。从现在开始关注生命的成长，关注人类的发展，关注社会的进步。

9.《中国教育名家印记》

在人类文明的进程中,数不清的教育大家,手擎着大旗,浓书着历史,描绘着蓝图,才有了今日教育的巨大进步。他们站在教育的殿堂里,发出的宏音,留下的足印,历史永远都不应该忘记,也不会忘记。

本书编者放眼中国教育进程,遴选出对教育产生重大影响的国内近百位教育名家,对其生平、教育思想、学术成果等进行介绍评说。

10.《外国教育名家小传》

在人类文明的进程中,数不清的教育大家,手擎着大旗,浓书着历史,描绘着蓝图,才有了今日教育的巨大进步。他们站在教育的殿堂里,发出的宏音,留下的足印,历史永远都不应该忘记,也不会忘记。

本书编者放眼人类教育进程,遴选出对教育产生重大影响的近百位世界教育名家,对其生平、教育思想、学术成果等进行介绍评说。

11.《随手写教育》

什么是良好的教育?教育是诗性的事业?性教育何去何从?是否应该把儿童世界还给儿童?假设陈景润晚生40年……本书汇聚了中国最佳教育随笔,对于和教育相关的各个方面问题都有所畅谈,对于教育者和被教育者来说都有所裨益。

12.《我心思教育》

本书涉及到了教育学众多的重要领域和主题,包括教育的真义、教育的价值、教育与社会、教育与生活、课程与教学、道德教育、师生关系、教师的学习与成长等等。它力图用感性的文字表达理性的思考,用诗意的语言描绘多彩的教育世界,以真挚的情感讴歌人类之爱,以满腔的热情高扬教育的理想与信念。

13.《教育新思维》

本书站在教育思想的前沿,以既解放思想又科学审慎的态度,兼用独特的视角,论述了近年的教育理论新说,涉及"教育呼唤'以人为本'"、"公民教育"、"素质教育新解读"、"教育公平与政府责任"、"创新人才培养"、"文化传承与创新"、"教育家办学"等热门话题。这些文章,不避偏,不畏难,遵循教育发展规律和中小学生身心发展规律,引领教育理念和教育实践,反思教育行为误区,无不闪烁着思想和智慧的光芒。对于渴望提升自身理论素养的教育工作者来说,这本书值得一读。

14.《名家名师谈教育》

本书使读者在学习和掌握教育理论的同时,领略到文章的理趣、情趣和文趣,既有助于深厚教师的文化底蕴,又有助于帮助广大教师确立对于教育的理想与信念;既有助于培养和激发广大实践工作者的理论兴趣,又能帮助教师生成教育的智慧和提升广大读者对于生活的热爱与柔情。

15.《世界眼光看教育》

本书荟萃了多位世界级教育思想巨擘的主要思想。从皮亚杰的发生认识论、维果茨基的文化—历史理论、布鲁纳的结构主义,加德纳的多元智能一直到诺丁斯的关怀教育思想等等,现当代世界教育思想的发展脉络清晰、准确而完整。

本书既有思想评介,又有论著摘录,无论教育研究人员还是一线教育工作者,均可非常便捷而精准地从中获得思想大师们的生动启迪,加深对当代教育发展特质的深切理解,是教育、教研、教学工作者不可多得的必备工具书。

16.《大师眼中的教育》

这不是一本以教育专家的身份、眼光、学养来谈教育的书。本书各篇文章提供了许多新史实、新观点,为我国教育史和教育理论工作者长期以来对某些历史人物评价的思维定势提供了新的清醒剂。

17.《教育箴言》

名人名言是前人留给我们的精神财富和智慧结晶。阅读它,不仅能丰富知识,陶冶情操,更能为我们的人生之路指引方向。该书着重论述三方面的内容:教育——造福人类的千秋伟业;教师——人类灵魂工程师、育人的典范;师德——塑造教师灵魂的法宝。

18.《百家教育讲坛》

这是一本兼具思想性、可读性和经典价值的教育智慧读本。书中介绍了孔子、卢梭、爱因斯坦、康德、梁启超、杜威、蔡元培、叶圣陶等几十位古今中外思想家、科学家、教育家关于教育的精彩论述,集中回答了教育的本质、教学的艺术、知识之美、教师的职业生活、儿童的成长等问题。探幽析微,居高声远,让我们直窥教育本原之堂奥。归真返璞,正本清源,你会发现,教育,原来可以如此朴素而美好。

19.《名师真经》

本书从专家心理学研究出发,以新教师到专家教师这一成长过程为线索,剖析了教师在专业化发展中出现的主要问题与阶段性特征,动态性是展现了教师成长的内在原因与实质,并有针对性地提出了促进新教师成为专家教师的系列化教学理念、观点与方法,这有助于教育研究者与实践工作者深入理解教师专业发展的规律,有利于在观念层面上树立科学的教师人才观,以制定行之有效的教师培养方法与措施。

20.《师道尊严》

本书意在激励教师以站着的方式获得成功。全书讲述了站着成长的精神、站着成长的思想、站着成长的基础、站着成长的学问和站着成长的行动。全书力求字字诉说教师成长之心声,篇篇探寻教师优秀之根本,章章开启教师幸福之道路。

由于时间、经验的关系,本书在编写等方面,必定存在不足和错误之处,衷心希望各界读者、一线教师及教育界人士批评指正。

编者

C目录
ONTENTS

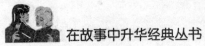

第一章

中国教育经典名论

孙通论教育

叔孙通，祖籍薛（今山东滕县南），秦时以文学征至中央政府，成为待诏博士。几年后，爆发了陈胜、吴广大起义，起义军攻克了陈（今河南淮阳），建立了张楚政权。消息传到了京城，二世召集博士、诸儒生来到朝廷上，问他们说："楚戍卒攻蕲入陈，你们怎么看待这件事呀？"博士、诸生30余人上前说："人臣不能有任何叛逆的念头，若有，就是谋反，罪该万死。请陛下赶快发兵讨伐他们。"可是二世偏偏不愿意承认在他的统治之下，居然会出现臣下谋反的事件。他平时听惯了歌功颂德、粉饰太平的甜言蜜语，如今听到这帮博士、儒生直言不讳的话语，就感到十分刺耳，不禁怒从心头起，脸色骤变，霎时间朝廷上的气氛变得十分紧张。叔孙通急忙走上前说："诸生说得都不对。现在是天下为一家，郡县的城郭被毁了，兵器也销熔了，天下从此不会再有战争了。况且英明的皇帝在朝廷上，完备的法令布行于民间，官吏人人忠于职守，四方都集权于中央，哪里有什么造反的人？这不过是一些聚众的强盗，学着老鼠和狗，偷一些东西罢了，又何足挂齿！有郡守尉逮捕他们，治他们的罪，杀他们的头，根本值不得忧虑。"这一番话直说得二世眉开眼笑，他又逐一地问那帮儒生，有的回答说是造反，有的回答说是强盗。于是二世命令御史逮捕那些说是造反的儒生下狱治罪，那些附和叔孙通说是强盗的儒生无事回家，赏赐叔孙通帛二十匹，衣一身，拜为正式的博士。叔孙通从皇宫中出来，回到自己的住处，诸生都责怪他说："你怎么如此不知羞耻，一味地阿谀奉承？"叔孙通说："你们根本不了解我，今日之事，几乎要落入虎口了！"于是他便偷偷地逃出了咸阳，回到自己的家乡薛城。薛城已经被农民起义军攻下，等到项梁来到薛城，叔孙通便投奔到项梁的麾下。项梁兵败定陶后，叔孙通就在义帝身边任职。项羽徙义帝到江南去，叔孙通又转到项羽麾下。汉高祖二年（前205年），刘邦率领五路诸侯兵，趁项羽平定齐地、内部空虚之机，一举攻克了项羽的根据地彭城，叔孙通又投降了。刘邦历来讨厌儒生，他能做出把儒生的帽子摘下来小便这样的举动以羞辱儒生。叔孙通是个博士，初次见刘邦时，他是峨冠博带，一身儒服，刘邦见了很不痛快，以后他就换成短衣，一身楚人的打扮见刘邦了，刘邦见到他这身打扮，很是高兴。跟随着叔孙通的学生有一百多人，叔孙通一个也不向刘邦推荐，他只是一个劲儿地向刘邦推荐那些当过强盗的壮士。他的学生很不满意，埋怨叔孙通说："我们跟随先生多年，今日又跟随先生投降了汉，是想得到先生的推荐，求得个一官半职。可是先生却从来不推荐我们，专事推荐那些强盗，这是什么道理？"叔孙通向他们解释说："现在汉王亲自冒矢石，与项羽以武力争天下，你们能帮他打仗吗？因此我是先向刘邦推荐能斩将搴旗的壮士。望你们稍安毋躁，等待时机，我不会忘记你们的。"刘邦也拜叔孙通为博士，号稷嗣君。

后来刘邦终于打败了项羽，做了皇帝，叔孙通帮着刘邦规划礼仪号令，刘邦将秦代的朝仪全部废去不用，因此朝廷上的礼仪十分简单。群臣饮酒争功，醉了就胡言乱语，大声呼喊，拔剑击柱，很不成体统。刘邦看到这一切，当然很不舒服，但又无可奈何。叔孙通知道刘邦对此已很不满意，就对刘邦说："儒生难与进取，却可与守成。我愿意召集鲁地的儒生来，同我的学生一起，为陛下制定朝仪。"刘邦说："这朝仪恐怕实行起来很困难吧？"叔孙通说："五帝不同乐，三王不同礼。礼是根据当时的人情而加以约束和文饰的一套行为准则。因而夏、商、周三代的礼损益可知的原因，就是因为它们并不完全一样的缘故。我将根据古代和秦代的礼仪互相参照，制定出一套大汉的礼仪来。"刘邦同意了叔孙通的建议，让他先去准备、试行，并指示其原则是切实可行，不要强人所难。于是叔孙通便奉皇帝的命令到鲁地去征召儒生30余人，其中有二人不愿应征，他们对叔孙通说："你所奉事的主子已近十个，你都是阿谀奉承以求亲贵。现在天下刚刚安定，死者未葬，伤者未起，你就要制定礼乐。礼乐需要积德百年后才可以兴起，我们不愿意跟在你后面干，你所干的事不符合古法，我们不去京城，你走吧，不要污损了我们！"叔孙通听了他们的指责后，不仅不生气，反而笑着说："你们真是鄙儒，一点不晓得时变！"就带着应征的30名鲁儒来到都城，这三十名儒生都成了刘邦身边的学者，和叔孙通的学生们在郊外演习朝仪。经一个多月的斟酌、讨论、修改和演习，已将朝仪制定就绪。就请刘邦到现场参观，刘邦参观后表示满意，遂令群臣练习。当时正好是岁首，长乐宫建成，诸侯群臣都来朝贺，因而便

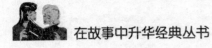

利用这个机会正式颁行叔孙通所制定的朝仪。

这一天天刚亮，司仪谒者带领诸侯王和群臣按官爵高低依次进入殿门，廷中陈列着车马，戍卒卫官手执武器和旗帜整齐地排列着。谒者传令："趋！"诸侯将相百官们便整齐地通过殿下，殿下有郎官数百人，分两排列于台阶旁，诸侯将相百官来到殿中，武将按等级站立于大殿的西边，面朝东，文官按等级站立于大殿的东边，面朝西，等他们站定了，皇帝才乘辇出房，百官执戟传呼警卫，引导诸侯王以下至六百石吏依次向皇帝朝贺，百官人人震恐肃敬。礼毕，皇帝赐酒宴，百官个个伏受，以尊卑次序依次向皇帝敬酒。斟过九次酒后，谒者命令罢酒。御史执法纠察不按规矩办事的人，立即将其带出。整个早晨置酒，没有敢喧哗失礼的人。于是刘邦极其高兴地说："我今日才知道做皇帝的尊贵！"拜叔孙通为奉常，叔孙通遂成为掌管国家宗庙礼仪的最高行政长官，为九卿之一。刘邦又赏赐他黄金五百斤，叔孙通又对刘邦说："诸儒生和我的学生跟随我已经很久了，我请求陛下赐给他们官职。"刘邦于是让他们全部当了郎官。叔孙通将五百斤黄金全部分给了诸儒生和自己的学生，他们一个个喜气洋洋，称颂叔孙通是通达时务的圣人。

汉高祖九年（前198年），刘邦任命叔孙通为太子太傅。汉高祖十二年（前195年），刘邦打算废太子刘盈，立赵王刘如意为太子。叔孙通谏刘邦说："以往晋国的献公废太子申生，立公子奚齐为太子，晋国因此乱了几十年，成为天下笑柄。秦因为不早立扶苏为太子，胡亥得以篡夺皇位，使得秦很快灭亡，这是陛下亲眼所见的历史事实。现在太子仁孝，天下皆知，吕后与陛下是患难夫妻，怎么可以背弃他们呢？陛下若真的要废嫡立少，我愿先死，以颈血污地！"刘邦说："你算了吧！我不过是开玩笑而已。"叔孙通又说："太子是天下的根本，根本一动摇，天下震动，怎么能拿天下当儿戏呢？"刘邦才说："我听你的就是了。"后来张良又设计让刘邦看到他长久以来想延请的四个隐士却在辅佐太子，刘邦才放弃了废黜太子的念头。因而叔孙通不仅是惠帝刘盈的师傅，也是他的大功臣。刘邦逝世后，刘盈即位，因为园陵寝庙的礼仪，除了叔孙通，无人知晓，就委任叔孙通为奉常。叔孙通在此期间，又制定了宗庙的仪法和其它有关礼仪。著有《汉羽仪》十二篇和《汉官礼器制度》等。

惠帝因为要到东宫朝见母亲吕后，每次都要戒严烦民，他就下令筑复道通长乐宫，因为复道是架设在空中的，这样惠帝行走时就不必戒严扰民了。叔孙通私下里对惠帝说："先帝的衣服，每月要从宫里面拿出来游行至他的庙中一次，现在陛下筑复道，要从这条道上通过，这是大不孝的行为。"惠帝听了急忙说："那就将复道赶快拆除了。"叔孙通又说："人主是不应该有错误的举动的。现在复道已开始建造，百姓都已闻知，不如另外在渭北再建一所高祖的庙，这样高祖的衣冠每月出游，就不从现在的这条道上经过。这样做既不妨碍建造复道，陛下又可获得孝敬先帝的好名声，岂不两全其美？"于是惠帝就下令建造了原庙。惠帝常常到郊外的离宫别馆中游玩，这当然也不是一个好皇帝的所作所为，叔孙通为了使皇帝玩得痛快，又能名正言顺，就对惠帝说："古时候的宗庙中有春天尝新鲜水果的祭祀仪式，现在正是樱桃成熟的时节，希望你出去游玩的时候，顺便摘取一些樱桃呈献在宗庙中。惠帝自然非常乐意接受了这一建议，而且成为了一项制度为后代所承袭。

《史记》的作者司马迁评价叔孙通说："叔孙通希世度务，制礼进退，与时变化，卒为汉家儒宗。士直若屈，道固逶迤，盖谓是乎！"这个评价是极其正确的。教育的目的是为了提高受教育者分析问题、解决问题的能力，叔孙通不仅自己，而且也要求他的学生能认清形势，为于可为之时，根据自己所学的知识，结合具体的实际情况，加以变通，解决现实中的问题，做到了学以致用，他与墨守成说的那两个鲁之鄙儒的差别，真正是不可同日而语！

伊尹论教育

伊尹是商王朝的开创者成汤最主要的助手，他不仅以"师保"的职责辅佐几位商王，而且曾把成汤之孙太甲放逐于桐宫进行教育。因此，伊尹不仅是商王朝的一位著名的政治家，而且也是我国上古时代一位著名的严师。

伊尹是夏末商初时期的人，出身于居住在今豫东一带的有侁氏部落。据《吕氏春秋·本味》篇说，有侁氏的一位女子采桑，在一棵树洞里拣回一个婴儿，被有侁氏的一位厨师收养。原来，这个婴儿的母亲初居于伊水岸边，她怀孕时，梦见神灵告诫说：假若石臼中有水涌出，那就是洪水来临的征兆，要趁机速往东逃，千万不能回头看。第二天，果然如同神灵所言，石臼出水，她急忙告诉大家往东逃。逃到离乡邑十里左右的地方时，她十分担心乡邑的情况，便不由自主地回头看了一眼，只见其邑尽为水淹，她自己也随即变成了一棵长空了的桑树，婴儿就在这棵树的树洞里。因为他的母亲居于伊水岸边，所以这个孩子就起名字叫伊尹。这个故事虽然是神话传说，但也反映了伊尹出身的氏族部落的一些情况和他幼年的不寻常的经历。

由于伊尹自幼随厨师长大，所以他对庖厨烹调技术十分精通，对烹调美味佳肴的奥妙也有深刻的了解。可是他更多的时间还是随族众一起从事农作，在有优氏的田地上播种收获。伊尹喜欢尧舜之道，以古人的优秀品德砥砺自己，并且时常关心天下大事，成为闻名遐迩的一位有高尚情操的人。

这时候，正是成汤为灭夏大业进行准备的时期。成汤急切地想寻访一位师傅教诲自己并为灭夏大业出谋划策。《吕氏春秋》的《尊师》篇说，成汤以伊尹为师，《当染》篇说成汤从伊尹那里学到不少知识。这些说法与其他的古代文献记载以及春秋时期的铜器铭文记载都相一致，说明伊尹确曾成为成汤之师。

古代的部落首领和政治家多以德高望重的人为师。除了成汤以伊尹为师以外，据记载还有黄帝以大挠为师，舜以许由为师，文王武王以吕望和周公旦为师，齐桓公以管仲为师，等等，所以，孟子说："王者师臣也。"（《吕氏春秋·当染》高注引）《吕氏春秋·尊师》篇说：古代的圣人贤者"未有不尊师者也"。上古时代的师和我们今天的老师的概念有一定的区别。这个区别在于上古代社会分工不大明确，为师的人又可以有许多别的职责，而现在的老师的职责就比较简单了。在原始时代，往往是部落的酋长或其它有威望的人担任老师，他们既负责部落的大小事务，又负责对部落成员进行教育。在夏、商、西周时代，这种情况依然存在，并没有太大的变化，因此不少君主或本身为师，或请德高望重之人为师。春秋时期晋国有一位名叫师旷的乐师，他谈到这种情况时说，社会上有君主来治理百姓，还要有卿佐为君主的副职，"使师保之，勿使过度"（《左传》襄公十四年），让卿佐为君主的"师保"，教诲君主，不让君主恣意妄为。伊尹就是成汤及其以后时期的以"师保"著称的卿佐。

成汤极力寻求伊尹为师，不仅由于伊尹是诸方国和部落里的很有名望的杰出人才，而且想通过聘请伊尹为师，使有侁氏和商联合起来共同灭夏。成汤曾经派人携带币帛等贵重礼物去聘请伊尹，伊尹知道后懊恼地说："我怎么能为成汤的币帛一类的礼物动心呢，与其贪图礼物而应聘，倒不如我在畎亩之中耕作，以尧舜之道为乐趣呢。"伊尹认为成汤的聘币实在是玷污了他，伊尹把师保之职看得非常高尚，按照他的"非其道也，禄之以天下弗顾也，系马千驷弗视也"（《孟子·万章》上）的品德，他是不会为聘币所驱使的。

伊尹对师保之职高度重视的态度，使成汤对他更加敬重几分。成汤决定亲赴有侁氏去聘请伊尹。在路途上，驾车的彭氏之子向成汤说："伊尹是个出身卑贱之人，只消您把他召来拜见就是了，何必亲自前往呢？"成汤严肃地告诉彭氏之子，说："这不是你所能通晓的。假如现在有灵丹妙药，吃了它，可以使耳聪眼明，那么，我一定会很高兴地把它吃下去。现在，我们如果聘请不到伊尹，那就如同失去了良医善药一样，损失不可估量。你不愿意让我去拜见伊尹，简直是往火坑里推我。"成汤越说越气愤，竟将彭氏之子撵下车去。（《墨子·贵义》）成汤亲往聘请，使伊尹很受感动，遂答应了请求。然而，好事多磨，有侁氏的酋长和族众却不让伊尹前往为成汤师。在这种情况下，相传成汤施展计谋，先向有侁氏求婚，结为婚姻，博得有侁氏酋长和族众的欢心，然后在迎娶时，让伊尹以媵臣，即陪嫁奴仆的身分随同，这才使得成汤的愿望得以实现。

伊尹到商以后，成为成汤最信任的师保。成汤为伊尹特意举行了盛大的祭典，以祈求神灵保佑，祭典之后又虔诚地向伊尹请教治国平天下的计谋。伊尹为了使自己的说教更有感染力，曾经亲自安排鼎、俎一类的用具，以高超的烹饪技术为成汤做出很有滋味的菜肴。通过品尝滋味，伊尹教给成汤许多道理，指出要想成就王业，必须像烹制美味佳肴一样，"不可强为，必先知道"（《吕氏春秋·本味》），意思是要顺应形势发展，要先知晓治理天下之"道"。伊尹说，烹调的时候，鼎中的变化精妙微细，简直不能以言语来形容其奥秘，所以成就王业要像烹调时掌握火候一样不可坐失良机。伊尹还讲了许多历史经验，以殷人先王为例说明如何使国势强盛的道理。从以上情况可以看出，伊尹作为师保，对于阐述道理进行教诲是很有经验的，他很擅长以形象的比喻来讲解道理。

据史载，伊尹曾被成汤"举任以国政"（《史记·殷本纪》）。他除了辅佐成汤处理军国大事外，还多次被派遣出使夏朝，了解夏的动向，并及时劝成汤作出决断，树立灭夏的信心。灭夏以后，伊尹是主要执政者之一。《诗经·长发》篇追述商的发祥史，曾经强调指出作为师保的伊尹的巨大影响：

昔在中叶，［从前在中期的时候，

有震且业。我们震惧而且恐怖。

允也天子，虔诚的天子——汤啊！

降于卿士。上帝派卿士伊尹辅助他。

实维阿衡，只有伊尹力挽狂澜，

实左右商王。才能保佑君主商王。］

伊尹曾经主持商王朝的占卜和祭祀。《尚书·君奭》篇说，成汤受天命为君主的时候，伊尹曾经"格于皇天"，即与天帝神灵相感通。伊尹的教诲很有权威，与此应当是有关系的。

成汤去世后，伊尹的师保地位更加显赫。成汤的儿子太丁未立而卒，于是伊尹就立太丁之弟外丙为商王，外丙之后又立其弟仲壬。仲壬以后，伊尹不立仲壬之弟，而立太丁之子太甲为商王。为了使太甲能继承成汤所开创的事业，伊尹亲自写了一些文章用作教诲太甲的教本。他写的《咸有一德》讲君臣如何同心同德；《伊训》讲太甲如何光大烈祖之业；《肆命》讲应该发布哪些政教命令；《徂后》讲成汤的法度。伊尹想让太甲通过学习成为有所作为的英明的君王。可是，太甲却冥顽不灵，暴虐无道，不听伊尹教诲，不遵成汤所充法度，而恣意为非作歹。见到这种情况，伊尹表示不能对这种堕落行为听任不管，遂决心以非常的手段来教育太甲。

在太甲继位三年的时候，伊尹果断地将太甲流放到桐宫（今河南偃师，一说在河北临漳），让他改恶从善。相传桐宫是成汤葬地，伊尹将太甲放逐于此，含有让他思念成汤的品德和法度，从而反省自身的用义。太甲被放逐于桐宫三年。这期间，"伊尹摄行政当国，以朝诸侯"（《史记·殷本纪》）。伊尹不愧是一位杰出的有远见卓识的严师。他之所以敢于放逐太甲于桐宫，采取这种非常的教育手段，一方面是由于伊尹本人拥有巨大影响，是一位德高望重的开国元勋，另一方面，伊尹具有以天下为己任的高尚品德。他说："哪个君主，不可以侍奉？哪个百姓，不可以使唤？上天生育百姓就是要让先知先觉的人来开导后知后觉的人。我是天生之民中的先觉者，我将以尧舜之道开导百姓。"（《孟子·万章》下）伊尹很有一些"天下英雄舍我其谁"的气概，他敢于放逐太甲而自立，就是一个确凿的证据。太甲被放逐期间，伊尹对他进行了耐心教育。他谆谆嘱咐太甲说："不要坠失先祖之命以自甘堕落。就像田猎时要弓弩张开瞄准以后再放箭一样，治理天下要审时度势，然后再发号施令。"（《礼记·缁衣》引《太甲》）

在伊尹的耐心教诲下，太甲幡然悔悟，并深为自己过去的放荡暴虐而悔恨。太甲说："天作孽，可违也；自作孽，不可以逭。"（同上）意思是，天降的灾祸尚可躲避，而自作的罪孽，则是无可逃避的。伊尹认为太甲的这个说法很对。伊尹说："从前，上天讨伐夏桀的罪恶，这是夏桀在宫室里由他自己造成的，我们只不过开始在殷都亳邑里有所打算罢了，所以夏桀实际上是自取灭亡。"（《孟子·万章》上引《伊训》）太甲认识的提高，说明他确有改邪归正的决心。

伊尹根据太甲改恶从善的情况，及时作出决定，从桐宫迎太甲返回亳都，并还政于太甲。太甲重新执政以后，"修德，诸侯咸归殷，百姓以宁"（《史记·殷本纪》）。此后，伊尹仍然没有放弃师保之责，他作《太甲训》三篇，教导太甲牢记教训，再不可荒废政事。太甲子沃丁当政的时候，伊尹年老故去，被葬以天子之礼。甲骨卜辞记载了不少殷人祭祀伊尹、成汤的情况，说明殷人对伊尹是很尊崇的。

总之，伊尹作为一名德高望重的严师，他不仅以师保的身份竭诚辅佐成汤，从而被称为成汤之师，而且敢于采取严厉的教育措施，通过放逐太甲而使他改恶从善。战国时期，有人问孟子，如果君主不贤，那么臣下可以放逐他吗？孟子说："有伊尹之志则可；无伊尹之志则篡也。"《孟子·尽心》上由此可见，伊尹宽阔无私的襟怀是他成为一名德高望重的严师的主要条件。

周公论教育

西周时代是我国古代教育的开创时期。这个时期的代表人物就是周公。

周公，姓姬名旦，是周文王的第四子。他曾经协助武王伐纣灭商。武王病逝以后，周公当政称王，东征平定管叔、武庚等的叛乱，又分封诸侯，营建成周雒邑，制礼作乐，最后还政成王，为西周王朝的建立和巩固作出了杰出贡献。春秋时代伟大的教育家孔子非常推崇周公，赞美"周公之才之美"（《论语·泰伯》），直到年老的时候还慨叹"甚矣吾衰也！久矣吾不复梦见周公"（《论语·述而》）。孔子对于周公的赞美是多方面的，周公在制礼作乐时对于教育的重视是其中的一项重要内容。

周公十分重视对民众的教育，这跟他的敬德保民思想有直接关系。周公曾经敏锐而深刻地认识到了商周之际社会革命的根本原因在于民心的向背。武王伐纣时，殷人前徒倒戈，使商王朝倾刻瓦解，这使周公认识到民众力量的巨大。他后来曾引用古人的话说："人无于水监，当于民监，今惟殷坠厥命，我岂可不大监抚于时！"（《尚书·酒诰》）周公认为，人不要只在水里察看自己的形象，还应当在民众那里察看自己，如今殷坠陨国运，我们怎么能不好好总结这个历史教训呢？周公主张总结历史经验，以民情为"监"（镜），加强对民众和贵族的教育。

周初社会酗酒成风，周公曾作《酒诰》进行诰诫和教育。在《酒诰》里，他称引"文王诰教小子，有正有事"，即文王教育年青人和一般官员的事例，说明教育的重要性，并让庶士、有正、庶伯君子等人员"典听朕教"，常听其教诲，并经常"克用文王教"。周公反复强调"教"字，由此可见他对教育是很重视的。在刑罚和教育的关系上，周公主张区别情况，具体对待，一般应当教育在前，刑罚在后。他说："惟殷之迪诸臣、惟工，乃湎于酒，勿庸杀之，惟姑教之有斯明享。乃不用我教辞，惟我一人弗恤，弗蠲乃事，时同于杀。"意思是说，如果殷的臣僚和工匠酗酒，那就不必杀他们，而应当教育他们只在祭祀时才饮酒。假若他们不听我的教诲，不能改恶从善，这才可以将其杀掉。和古代不教而诛的情况比起来，周公的这些主张显然具有历史的进步性。周公对殷遗民采取特殊的教育的办法实际上是一种宽大的处理措施。当时规定，发现群饮酗酒者，要"尽执拘以归于周，予其杀"，周人酗酒要抓起来杀掉，目的在于避免周人染上恶习，重蹈殷人亡国的覆辙。他对殷人采取先教后刑，是为了缓和周王朝与殷遗民的矛盾，巩固周朝统治秩序。

在这里，周公是把教育作为治国安邦的重要政策认真对待的。周公不仅把自己的"教辞"明令公诸于民众，而且身体力行，对社会各个阶层的代表人物进行谆谆教诲，引经据典，反复讲清道理，这些对于后世教育的发展都起了积极的作用。

周公是一位多才多艺的人。相传武王灭商以后不久就患重病，周公十分虔诚地向神灵祈祷让自己替武王去死，理由是自己"多才多艺，能事鬼神"（《尚书·金縢》）。从周公注重"民情"和"多才多艺"这两方面的情况看，他很可能在制礼作乐时规定了采集民风、观察教育民众情况的制度。在周初平定管叔、武庚等叛乱的时候，"周公遭变故，陈后稷先公风化之所由，致王业之艰难也"（《诗经·七月》序），据说《诗经·七月》这首反映农事劳苦的诗歌即由周公选辑并用以教育成王的。通过对于民间风俗的了解，周公主张不同的地区应当根据具体情况采取不同的教化原则。例如，其子伯禽被封到鲁国，治理三年才使政治走上轨道，而太公望封于齐，仅用五个月就搞好了政治，周公分析情况，发现这是由于伯禽、太公望两人各自采取了不同的处置风俗的原则而造成的结果，因此，周公指出要化民易俗，必须平易近民，这样才能使教化取得良好的结果。

重视各种诰辞的撰写和传播，这是周公致力于社会教化的一个重要内容。西周初年所发布的《大诰》、《酒诰》、《召诰》等都和周公有直接的关系。周初，管叔、武庚等叛乱时，周公毅然亲自率军，兴师东伐，在出师之前，作《大诰》，向社会各个阶层的人讲明形势的严重和平叛的决心，并且用民众日常生活中的事例进行说服教育。他说：如果一位父亲要造房子，已经定妥了建造的方法，但他的儿子却不肯去打地基，这样怎能建起房子来呢？如果父亲要种地，但他的儿子却不肯去播种，这样怎能有收获呢？所以民众应像儿子顺从父亲一样，听从周公的安排去平定叛乱，这样才能取得胜利。他还针对民众迷信占卜的情绪，宣布"今卜并吉"，平叛的事情为天所保佑。从后来周公挥师东进，迅速取得平叛胜利的情况看，他对民众所进行的耐心教育显然是卓有成效的。周公对于殷遗民的说服，也是他善于对民众进行教育的一个典型例证。殷王朝灭亡后，一部分殷遗民被分封给鲁、卫等诸侯国，另一部分则被迁于成周。为迁移之事，周公曾经发布文告，即《尚书·多方》篇。

在诰辞里，虽然周公明确表示了强硬态度，宣布假若殷遗民不服从命令，就要采取严厉措施，"大罚殛之"，但更多的是在诰辞里进行说服教育，消除殷民的敌对情绪。周公从以下几个方面进行教育。首先，他告诉殷遗民，周代替殷，正如当初殷代替夏一样，都是由不可抗拒的天命所安排的，并非周人故意与殷作对。其次，周公宣布，从成汤直至帝乙的所有历代商王没有不"明德慎罚"的，这些商王都为周人尊敬，殷所不好的只在于其最后一个王——纣王，他胡作非为，弄得天怒人怨，才使商王朝灭亡了的。再次，如果殷遗民能够服从命令，安于在成周的住宅和田地，周公将选拔他们担任官职。这几个方面的内容，周公说得合情合理。此后，在周的政局发展中，殷遗民再也没有发生过叛乱，许多殷遗民还逐渐和周人融合一起，应当说周公的说服教育在开始是起了关键作用的。

周朝初年，周公为成王太师，召公为成王太保。周公十分重视师保的作用。师保是成王的教师和监护人，周公专门著有《尚书·君奭》篇，诚恳地劝告召公和他同心合力辅佐成王，对成王进行道德教育。在《尚书·君奭》篇里，他指出周王朝的巩固有一个关键因素，即对成王的教育。我们不敢安于天命，而要顾虑着天下大业，是因为"后嗣子孙"能否担当大任还是一个问题。如果"后嗣子孙"不能恭恭敬敬地尊奉天命、勤事下民，不能继承先祖的美好品德，那就会坠陨国运，给周王朝带来不堪设想的后果。周公还说："在今予小子旦，非克有正；迪惟前人光，施于我冲子。"意思是说我没有什么长处，只是想把祖先的光彩留传给年青的君主——成王。

周公言行如一，他对成王力尽师保之责，一方面辅佐成王治理天下，处置政务，另一方面又循循善诱地从各个方面教诲成王以及其它贵族子弟。周公所著的《尚书·无逸》篇，就是他实行师保之教的典型论述。周公善于从正反两个方面进行教育，并举出历史上实例进行说理以增强教育效果。在《尚书·无逸》篇里，周公主要教育成王不可贪图安逸，而要兢兢业业，勤劳于政事。他先从正面讲道理说："君子所其无逸，先知稼穑之艰难，乃逸；则知小人之依。"周公认为君子不要贪图享乐，应当先了解稼穑的艰难，然后再去享乐，这样才能知道民众的痛苦。这方面的例证是殷代诸王，特别是殷王武丁和祖甲。武丁继位以前，曾经"旧劳于外，爱暨小人"，长久地在民间辛劳，和普通民众住在一起；祖甲也曾经"旧为小人"，过了很久的普通民众的生活，因此，武丁和祖甲才能长期占据王位，"嘉靖殷邦"，把殷王朝治理得很好。周代几位著名的先王也是这方面的典型，周公举出的有周太王、王季和文王三位。周公特别推崇文王"怀保小民"、爱护民众的事迹，说他每天忙碌，"自朝至于日中昃，不遑暇食，用咸和万民"。通过这些事例，周公深刻地向成王阐述了不可贪图安逸的道理。关于这些，周公还从反面加以说明。他指出，如果父母只知勤劳而不教诲其子女，那么其子女便"不知稼穑之艰难"，甚至会讥笑父母孤陋寡闻。周公告诫成王千万不要像殷纣王那样奢侈腐化、酗酒胡闹。从《尚书·无逸》篇里我们可以看到，周公不仅具有远见卓识，而且善于诱导和阐述道理，所以他的教诲是很成效的。周公认为，国君的道德品质对于国家的治乱安危至关重要，国君应当时刻牢记先王创业的艰难，并且要关心民众的疾苦，这样才能使国家长治久安。

周公既重言教，也重身教。他以勤勉为政、公而忘私等高风亮节著称。这种以身作则的教育方法起到了很好的作用。例如武王灭商以后仅两年就身患重病，太公望和召公曾经想通过占卜的方法为武王驱除灾难，但周公认为仅仅占卜并不能感动先王，于是他就筑起三座祭坛作为神灵降临的场所，又在这三座祭坛的南边另筑一坛，为周公所站立之处。周公令人把祭坛打扫干净以后，自己拿着玉器，又在地上安置了祭祀所用的玉器，然后向著名的周先王太王、王季、文王进行祷告，让史官向神灵颂读典册所载的周公的祝辞：如今诸位祖先神灵的长孙武王，染上了险恶的疾病，你们实有保护长孙的责任，我们要以周公姬旦代替武王的身子。我姬旦仁厚而且孝顺，又多才多艺，能很好地侍奉鬼神。相反，你们的亢孙武王却不如姬旦多才多艺，还不能侍奉鬼神。你们的亢孙武王受命于天廷，在下界保佑四方，福佐周的民众，所以他为四方之民所景仰。请诸位先祖让我替武王归天去事奉神灵。祝祷完毕之后，即将载有祷辞的典册置于金滕之匮中。周公的这些做法在今天看来当然是幼稚可笑的，然而在迷信气氛非常浓厚的商周时代却是一项舍己救人的勇敢的作为。后来，管叔等人散布流言蜚语，离间周公和成王的关系。成王曾和大臣们郑重地开启金滕之匮，读到当初周公欲以己身代替武王的祷辞，这才深切认识到周公光明磊落的高贵品质。成王被周公的无私壮举感动得泪流满面，说道："昔公勤劳王家，惟予冲人弗及知，今天动威以彰周公之德。"《尚书·金縢》成王所说的意思是，当年周公为我们国家勤劳，只有我这年轻人没能知道，现在老天动威来表彰周公的功德了。据说这年的秋天禾苗长得很好，成熟以后还未收获就遭到雷电大风，使"禾尽偃，大木斯拔，邦人大恐"，待成王和大臣们走出郊外去迎接周公时，天转晴，刮起回头风，使原先被刮倒的庄稼都站立了起来，这年终于有了好收成。《尚书·金縢》所载的"禾则尽起"的事情当然只能是一种传说，实际生活中不大可能发生，但这个记载却反映了周公的高贵品质在周朝时的广泛影响，人们认为周公的作为可以感天动地，所以才会有这种神奇的传说。周公不仅兢兢业业勤劳国事，以自己的实际作为去影响教育别人，而且还能直率大方地去进行教诲。《史记·鲁周公世家》有这样一段记载：

"周公戒伯禽，我文王之子，武王之弟，成王之叔父，我于天下亦不贱矣。然我一沐三捉发，一饭三吐哺，起以待士，犹恐失天下之贤人。子之鲁，慎无以国骄人。"

周公告诫伯禽的这段话是伯禽受封为鲁候，在赴鲁临行前所说的。周公的意思是，像我这样作为文王之子、武王之弟、成王叔父的人，其地位不能说是卑贱的了，然而我却礼贤下士，只要有士来访，我就不顾洗发或吃饭，都要停下来去接见他们，就是这样我还担心失去天下贤人的拥护，所以你伯禽到鲁国去，千万要谨慎从事，不可因为是国君就骄横地对待国人。据史书记载，伯禽到鲁国后，外患频繁，淮夷、徐戎等屡次进犯，但伯禽却能够率领国人讨伐敌国，保卫疆域，并在鲁国"变其俗，革其礼"，使鲁国成为贯彻周礼最显著的国家，成为周王朝的一大支柱。伯禽在鲁国的政绩应当与周公的孜孜教诲有直接关系。周公还曾教育伯禽广泛联络各个阶层的人，对人要全面衡量，适当任用。他曾这样对伯禽说：

君子不施其亲，不使大臣怨乎不以。故旧无大故，则不弃也。无求备于一人！（《论语·微子》）

周公所说的意思是，君子不应当骄横而怠慢亲族，也不要使大臣抱怨他未被任用。老臣和故人如果没有严重过失，就不要抛弃他，不要对某一个人求全责备。从伯禽在鲁国的作为看，他是做到了周公这些教诲的。

　　古代贵族子弟常常骄奢蛮横、不遵礼仪，所以对贵族子弟的教育，历来是一个大问题。周公除了经常向子弟们进行教诲，苦口婆心地向他们讲道理以外，还敢于对贵族子弟严格管教。例如，伯禽和康叔无视礼仪，不懂父子之道，对长辈傲慢，所以他们去拜见周公时，"三见而三笞"（《尚书大传·梓材》），即拜见三次就挨打三次，使伯禽和康叔不得不恭敬地向学识渊博的商子求教。商子便让他们到南山的阳坡上去观看乔木，只见乔木伟岸高大，令人敬仰。商子就告诉他们，乔木的高大形象是和"父道"一样的，如同景仰乔木一样，你们也应当尊崇父辈。此后，商子又让伯禽到南山的阴坡去观看梓树，只见梓树俯循柔顺，令人可爱。商子又告诉他们，梓树的谦恭形象是和"子道"一样的。如同梓树博得人们喜爱一样，你们也应当虚心谨慎地赢得父辈的欢心。这种形象化的教育，使伯禽和康叔明白了晚辈和长辈之间的礼仪，知道了自己挨打的缘故。他们再次去拜见周公时，没有了贵族子弟的高傲姿态，而是"入门而趋，登堂而跪"，彬彬有礼，周公爱抚地摸着他们的脑袋，还拿来好吃的东西让他们吃，鼓励伯禽和康叔的进步。在周公的耐心教育下，伯禽和康叔后来都成了很懂礼仪的人。

　　关于教诲子弟的具体内容，周公并不拘泥，而能根据实际情况，灵活变通。据史载，太公望封到齐国之后，"通商工之业，便鱼盐之利"（《史记·齐太公世家》），很快改变了齐国的面貌，仅仅五个月的时间就向周公汇报施政情况。周公问太公望，为什么这么快就能取得治国安邦的效果，太公望回答说："吾简其君臣礼，以其俗为也。"（《史记·鲁周公世家》）意思是我能简化君臣之间的礼仪，入乡随俗，根据实际情况决定施政方针，所以仅仅五个月就能看出成果。跟太公望的情况大异其趣的是，伯禽被封到鲁国之后，虽然也有些成绩，却进展缓慢，经过三年才向周公汇报施政情况。周公问他为什么如此之慢，伯禽回答说："变其俗，革其礼，丧三年然后除之，故迟。"（同上）意思说，我在鲁国大力推行周礼，改变鲁国当地的风俗，革新原有的礼仪，比如鲁地原来的丧礼比较简单，我就改变这种丧礼，让鲁国人都实行为父祖行三年之丧的礼仪，这样的变动很多，也很麻烦，所以历经三年之久，才迟迟地向您汇报施政情况。周公知晓了这种情况，非常感慨。他认为伯禽是听了他的教诲才恪守礼仪而不知变通的，他告诉伯禽，"夫政不简不易，民不有近，平易近民，民必归之。"（同上）意思说，施行政治如果不能做到简便易行，民众就不会靠近统治者，只有使政治平易近民，才能使民众都服顺。周公教诲伯禽，让他及时改变施政方针，采取切合实际而且简便易行的政策，这样才能使鲁国迅速发展。否则的话便会形成鲁的后世子孙臣服于齐的情况，伯禽听从了周公的教诲，改变了政策，终于使鲁国成为西周时期以及春秋初年的头等大国，周公施行教育的内容是十分广泛的，他能够及时加以调整，这应当是他在教育方面取得重要成绩的一个重要原因。

周公尽师保之责，教诲并辅佐成王执掌国政的内容是多方面的。在他授国柄于成王之后，为了教育成王明确分官设职之道，特意作了《尚书·立政》篇，用以告诫成王和其左右的常伯、常任、准人、缀衣、虎贲等官员。周公以夏商两代官员任用方面的得失，告诫说用人乃是施政的根本。夏桀、商纣因为用人不当而身亡国灭，相反，夏禹、商汤却因为善于用人而使国泰民安，久居君位。周公语重心长地对成王说："呜呼！孺子王矣！继自今，我其立政、立事。"意思说，年轻的人，你现在已经是君主了，从今以后我们就要慎重地设立首长，建置官职。周公还说："孺子王矣！继自今，文子文孙，其勿误于庶狱。"意思是从今以后，先王的子孙要慎于治狱，不可发生错误。周公教诲说："呜呼！继自今后王立政，其惟克用常人。"意思是说，从今以后的王要设立官员，必须任用善良的有才能的人。可以说，在《尚书·立政》篇里，周公详细地向成王阐述了识别人才、选拔人才和使用人才的问题，假若把这篇文字看成是成王学习人才问题的课本，那是并不过分的。除了《立政》之外，《尚书》的许多诰辞也都可以看成周公进行教诲而撰著的课本。不仅如此，就连《诗经》中的《鸱鸮》篇，相传也是周公为成王所作的寓言诗。这首诗以善良之鸟眷恋其家室和雏鸟作比喻，来说明父辈和子辈之间的情爱之心和笃厚的感情。全诗情真意切，教诲成王不要忘记周王室创业的艰难。

总之，周公不仅是我国古代著名的政治家和思想家，是周朝的缔造者之一，而且也是一位教育家。他顺应了当时历史发展的潮流，抓住了对于民众和贵族子弟进行教育这一重要问题。周公不仅言传，而且身教，他以自己的高风亮节赢得了人们的普遍尊崇。周公一方面重视教育，另一方面又善于教育。可以说他是我国古代教育的开创者。

商鞅论教育

商鞅是战国中期的一位改革家，他主持的秦国的变法对于战国时代的历史发展有很大的促进作用。他在变法改革的过程中，大力提倡以法为教，对于战国时代教育的发展有很大影响。

商鞅的生平

商鞅，姓公孙，名鞅，原名公孙鞅。由于他是卫国贵族后代，所以又称其为卫鞅，后来他的封地内有商邑，故号为商君，历史上便称其为商鞅。他年轻的时候，喜好刑名之学，曾在魏相公叔座手下任中庶子的官职。商鞅有自己的独到见解，对自己的分析和判断很有信心。公叔座知晓商鞅的杰出才能，在他病笃的时候曾向魏惠王建议重用年轻而有奇才的商鞅，没被惠王采纳。公叔座又建议，若不能重用商鞅，那就将他杀死，以免他到别的国家去而给魏国造成危害。此后，公叔座又将他向魏惠王建议的情况告诉商鞅，叫他赶快逃离魏境。商鞅闻此，毫不惊慌，他镇定地说："既然惠王没有采纳您的建议来任用我，那么他也就不会听您的话来杀我。"终于没逃走，而惠王也果如商鞅的预料，既没有任用，也没有将商鞅杀掉。

公叔座死后，商鞅入秦，被秦孝公重用，任命为左庶长，进行变法，取得极大成功。他在秦国先后执政21年。孝公死后，商鞅被宗室大臣攻讦，最后被车裂。商鞅虽然死去，但变法的成果仍然保存了下来，并且许多百姓家中都留有商鞅的著作，可见他的思想有很大影响。今存世的《商君书》是研究商鞅思想的重要资料。

商鞅进行变法的主要理论是"治世不一道，便国不法古"（《史记·商君列传》）的历史进化论。他认为，治理人民并非只是一种方法，为国家谋利益就不必一味地效法古人。商汤、周武的兴起，正由于他们不拘守古法；殷纣、夏桀的灭亡，正由于他们不改革旧礼。夏、商、周三代的礼制不同，而都成就了王业；春秋时五霸的法度也不同，而都成就了霸业。所以，智慧的人创造法度，而愚昧的人只能受法度的制裁；贤人改革礼制，而庸人只会被礼制约束。总之，商鞅认为社会历史是在发展的，因此，一切措施、命令也要因时制宜，不断改变。

从这种历史进化论出发，商鞅强调教育必须改革。自春秋以来儒、墨两家称为显学，他们的教育内容在社会上影响很大。商鞅主张的教育改革首先是对儒家教育内容的批判。他认为儒家关于仁义道德的说教是一些花言巧语所装饰起来的虚伪道理。如果老百姓都听信这种花言巧语，那就会变得奸诈虚伪，结果就会使国家缺乏力量、国土被敌人侵削。商鞅曾从许多方面阐述他的农战政策，认为农民积极从事农业，国家才可以富；勇于参加战争，国家才可以强。商鞅指出，如果一个国家的人都认为不必推行农战政策，只须空谈仁、义而不耕作从军就可轻取官爵，那么有才干的人就会听从儒家的教诲，努力去学习《诗》、《书》，并追随外国势力以谋取高官厚禄，而一般的人也不去从事农战。这对于一个国家来说是很危险的，"民以此为教者，其国必削"（《商君书·农战》）。因此，善于治理国家的人，绝不应当这样来教育民众。

商鞅认为，国家绝不应当鼓励民众去学习儒家的《诗》、《书》，因为一个国家假若有一千个人从事农战，但却有一个人在那里诵读儒家所教诲的《诗》、《书》，并侈谈智慧、巧言论辩，那么这一千个人被其影响也都会懒于农战的。儒家通过教育，大肆宣传仁义礼乐，商鞅认为这对于任何一个国家都是有害无益的。如果国君只考虑人们的智慧就来任用，那么智慧的人就会观望君主的爱憎以迎合国君的心意，因此，官吏就没有常规，国家就会纷乱动荡，而智慧之人则浑水摸鱼，捞取好处。像这样，老百姓怎么会有专一的志向，土地又怎么会不荒芜呢？如果这样的话，"虽有《诗》、《书》，乡一束，家一员（卷），犹无益于治也"（《商君书·农战》，就是每个乡邑、每个家庭，都有成束成卷的《诗》、《书》，也无益于治理国家。商鞅说："如果国家仅仅有儒家教诲的礼、乐、《诗》、《书》、孝、弟等，那么君主就没有办法使老百姓参战出征，国家就会削弱灭亡。他把儒家的这些教育内容称为"六虱"（《商君书·靳令》），视其象虱子一样的害人虫，如果"六虱成群"，就会使民贫国亡。从这些认识出发，商鞅主张"燔《诗》《书》而明法令"（《韩非子·和氏》），可见他对儒家教育的内容是深恶痛绝的。

平实而论，商鞅对于儒家教育的批判是过分偏激了的，他对于《诗》、

《书》等古代文化典籍作用的认识，也并不合乎实际。可是商鞅还是正确地指出了儒家教育内容的一些缺陷，主要是对于生产劳动等的忽视和脱离社会实际的学风。从这个方面来说，商鞅的批判尚有一定的积极意义。

商鞅的思想学说

商鞅大力提倡以法为教，重视法治的宣传和教育。他说："如果由圣人治理国家，那他就必然要统一赏赐、统一刑罚、统一教育。统一了赏赐，兵力就会天下无敌；统一了刑罚，政令就会得到贯彻实行；统一了教育，臣下就会心悦诚服地听从君主的命令。"关于统一教育的问题，商鞅以战争为例作了说明。他认为，要通过教育，使所有的人都知道只有勇于参加战争、立下功劳，才能求取富贵，于是，所有的人，不管是父子、兄弟，或是亲戚、朋友，都会努力参战，强壮的人出征，老弱的人守城，使生者奋勇前进，死者毫不后悔。这就算是统一教育的一个方面了。至于统一赏赐、统一刑罚，那也是教育的形式，商鞅把它们和普通的教育合在一起，称为"参（三）教"（《商君书·赏刑》），即三种教育。

在变法的过程中，商鞅特别重视法治教育的广泛性。秦孝公曾经询问商鞅："假如今天制定了法令，希望明天就能使全国的官吏和民众都对法令有明确认识，并且一并遵从执行，应该怎样做才行呢？"商鞅为秦孝公设计了一整套的法治教育措施。他指出，国君要为法令的教育和执行设置官吏，寻求那些明晓法令条文的人来担负这种职务。这种官吏的任用，应当是慎重而严肃的，要由下面向君主推荐，君主向被推荐的人郑重地交代任务，再让他们上任。各个主管法令的人要严格执行法令，如果官员胆敢去掉某项法令，那就用这项法令来治其罪；如果有人胆敢删改法令，增减一字以上，就要判处死罪，决不赦免。主管法令的官员要认真而明确地回答别人的关于法令条文的询问。商鞅还指出，诸侯和郡县只要一接到朝廷发布命令，就要赶快弄明白法令条文，让大家都通晓。这样，官吏们知道老百姓都懂得法令，也就不敢以非法的手段对待百姓，老百姓也不敢明知故犯，做出违法的事情。通过普遍性的教育，使"天下之吏民无不知法者"（《商君书·定分》），这就是商鞅提倡的以法为教所要达到的目标。

要使法令家喻户晓并贯彻执行，商鞅认为必须教育民众认识法令的威严，相信法令一定会不折不扣地实行。在商鞅变法的时候，他郑重地拟定了变法命令以后，并没有立即颁布，因为他担心民众对法令的执行缺乏信心。于是，他派人在都城市场的南门竖立起一根三丈长的木头，并招募民众，谁能把这根木头搬到市场北门就给予十金。大家感到奇怪，没有人敢应募来搬这根木头。于是又对大家许诺，有能搬者给予五十金。重赏之下，果然有人应募，按要求搬了这根木头，果真得到五十金的赏赐。商鞅用这个办法向民众明确表示官府对于执行法令是言而有信的。在此之后所颁布的变法命令果然被顺利地执行了。在变法过程中，商鞅还教育大家认识法令的重要性。他说："法令者民之命也，为治之本也，所以备民也。"（《商君书·定分》）把法令看成是民众的生命、治国的根本、防备民众造反的工具。商鞅认为，治理国家有三个基本的条件：第一是法度，第二是信用，第三是权柄。法度是君臣共同遵守的东西；信用是君臣共同树立的东西；权柄是国君单独掌握的东西。法度是排在首位的东西，如果抛弃了它而听任个人恣意妄为，国家就非混乱不可。所以，圣明的君主都要建立法度，通过教育使老百姓和官吏都遵守法度，这样才能使国家强盛。

商鞅指出，要教育民众懂得法令、遵守法令，那就要有师承传授。他说："古代圣人著书，要想流传后代，那就必须由老师传授给弟子，弟子才能知道书中的文字及其意义；如果不由老师传授，只想以个人的想法来随意讲授，那么到死也不能知道书中的文字及其意义。"商鞅认为，既然老师的地位这么重要，那就要慎重选择老师，特别是不能以宣扬《诗》《书》礼义的儒生为老师。他指出："圣人必为法令置官也、置吏也，为天下师。"（《商君书·定分》）以官吏为天下之师，有许多好处，主要是可以更好地对民众进行法治教育。

就教育的内容看，商鞅认为以法令为内容要比那些玄妙的高谈阔论强得多。他说："微妙的思想言论，上等智慧的人都不易懂。不需要学习法令准则而能正确行动的，这在千万人中只能有一人。圣人是针对千万人来治理天下的，所以就不必要用只有上等智慧的人才能懂的玄妙理论作为教育民众的内容。圣人制定的法度必定是十分明白的，无论愚昧或智慧的人都能懂得。"除此之外，商鞅认为还要把法令内容广泛宣传，进行教育，"为置法官，置主法之吏，以为天下师"（《商君书·定分》）。因此，圣人治理天下，可以使天下太平，老百姓避祸就福，这都是因为法治教育内容的得当，和官吏为天下之师的结果。商鞅所主张的教育内容，除了法令以外，还有社会风俗的教化。秦国原居于戎翟之地，风俗上习惯于"父子无别，同室而居"，商鞅在变法的时候，"更制其教"（《史记·商君列传》），规定父子兄弟不得同室居住，兄弟要分别立户，否则要加倍纳赋税。这些移风易俗的教化措施，对社会发展具有积极意义。

总之，商鞅不遗余力的提倡以法为教，这在战国中后期具有广泛影响，这种法治教育对于秦国的发展起了积极的促进作用，历史记载说，商鞅的一系列措施，很受老百姓拥护，"秦民大说（悦），道不拾遗，山无盗贼，家给人足，民勇于公战，怯于私斗，乡邑大治"（《史记·商君列传》）。商鞅所强调并严格实行的以鼓励耕战为中心的法治教育，尽管适应当时秦国加强中央集权进行社会变革的需要，一时取得了很大成功，但他忽视了古代文化知识的教育和民众道德教育，这些从长远上看对于社会的发展是不利的。

韩非论教育

作为战国时期法家学说的集大成者，韩非也有比较丰富的教育理论。他的教育思想和他的其它方面的理论一样，贯穿了反对守旧、积极革新的精神。

韩非的教育思想

韩非是战国后期韩国的诸公子之一。他年轻的时候很喜欢刑名法术一类的学问，后来对黄老之学有了浓厚兴趣，还进行过不少研究。他和李斯俱受业于荀子，由于他才思敏捷，善于撰著，使得李斯自愧不如。韩非是一位爱国者，他很忧虑韩国的日益削弱，曾多次向韩王进谏富国强兵之术，不被采纳。于是，韩非总结历史上的"得失之变"，著书十余万言（《史记·老子韩非列传》）。书传至秦，大为秦王赏识，秦王派兵急攻韩，索取韩非。韩非受命于韩国危难之际，作为韩使西入秦。后遭李斯、姚贾等潜害，被系捕。韩非欲面见秦王进行辩解，却无可能，不得已，吞食李斯派人送来的毒药而自杀于狱中。

　　韩非教育思想的中心是主张以吏为师进行法治教育。因此，他非常强调法对于国家的重要性。韩非指出，国家没有永远强盛不衰的，也没有永远贫弱而不能强盛的。强弱的关键在于是否进行法治教育，在于执行法律的人的坚强和懦弱。"奉法者强则国强，奉法者弱则国弱"（《韩非子·有度》）。既然法令和执法之人如此重要，那就应当坚决以法治国。有功劳的人要依法赏赐，就是为国君所疏远的卑贱之人也要照样赏赐；有罪的人要依法处罚，就是为国君所亲近的高贵之人也要照样处罚。君主要使群臣谁也不能游离于法令之外，都要为法令所约束，还要使群臣正确执行法令，谁也不能在法令之内谋取私利。只要"以法治国"，就能举措得当，避免过失。法令决不为权贵而曲从更改，只要是依照法令所宣布的赏罚，那就谁也不能变动。"刑过不避大臣，赏善不遗匹夫"（《商君书·有度》）。韩非认为只有这样执行法令，才能使君主不为臣下蒙蔽，从而富国强兵。儒家多主张任用智能之士，而不依靠法治，韩非认为那是不可靠的。他曾举出关于郑国的子产的一件事为例说明。有一次子产早晨外出，路过名叫东匠的闾邑，听到有妇人啼哭，便停下车静听一会，即命吏捉拿这个妇人审问，原来是杀死其夫的一名淫妇。其后，驭手请教子产何以判断的如此准确，子产说："这个妇人啼哭时有恐惧之声，这是不合情理的，因为亲近之人病笃时往往恐惧其有不测，病死之后则只应有悲哀，不再有什么恐惧了。如今这个妇人之夫已死，其哭却只惧而不哀，因此知其必有奸情"。韩非认为子产处理这件事情不依靠法令和官吏，仅恃个人的小聪明，这是"以智治国"，实不可以为训。

　　向民众普遍地进行法治的教育，是韩非所十分强调的。他对于"法"下了这样的定义："法者，编著之图籍，设之于官府，而布之于百姓者也。"国家制定法令不是为了束之高阁，而是要让"境内卑贱莫不闻知"（《韩非子·难三》）。韩非曾经系统地阐述过"法"和"术"的关系。有人问韩非："申不害讲作为君主控制臣下的手段的"术"，商鞅则讲"法"，两者哪个重要？"韩非回答说："两者是不可比较的。例如，人有十天不吃饭就会饿死，大寒之日不穿衣服便会冻死，在这种情况下就无法判断吃饭和穿衣哪一项对人更重要，只能说是缺一不可。术和法的情况和这类相似，只不过侧重点不同罢了，术是君主对臣下操杀生之柄的手段，法则是臣民所师法的标准。"从整个看来，韩非更重视的是"法"。他认为"法也者，官之所以师也"（《韩非子·说疑》，法是统治民众的标准，所以要将法令广为宣传教育，"使民知之"（《韩非子·五蠹》），依法所进行的处置要使民众心服，即所谓的"刑罚必于民心"（《韩非子·定法》）。这些都说明了普遍的法治教育的重要性。

要进行法治教育，就要有老师。韩非主张以官吏为老师。他认为"明主之国，无书简之文，以法为教；无先王之语，以吏为师。"（《韩非子·五蠹》），就是理想的教育方式。他提出"以吏为师"，所以也就很重视官吏的选拔，以求养出能以法治教育民众并执行法令的人才。国家通过教育应当培养的是"智术之士"和"能法之士"。在当时的社会上，旧的贵族势力很强大。韩非认为"智术之士"、"能法之士"要敢于同"私家"、"私门"等贵戚势力作斗争。他们应当具有"远见而明察"、"强毅而劲直"的品质，因为只有"明察"，才能弄清权贵们营私舞弊的罪行；只有"劲直"，才能敢于处罚权贵。权贵们不遵从法令而擅自行动，损害法令以谋私利，耗费国家资财以为家族提供方便，并且极力骗取君主的信任。他们对国家造成很大危害，因此"智术之士"、"能法之士"的培养和任用，就会有力地打击权贵们的非法活动，"故智术能法之士用，则贵重之臣必在绳之外矣"（《韩非子·孤愤》）。

韩非认为"以法为教""以吏为师"就是最好的教育形式。他曾经把这种教育跟父母、同乡以及普通师长的教育进行对比。韩非指出，那些不肖子弟，不听父母的话，就是父母怒斥，其恶习也不改；他们也听不进同乡们的劝告，就是同乡们的责备也不能使他们动心；他们也不服从普通师长的教诲，不为师长教诲而改变。就是把父母之爱、乡人之劝、师长之教三者合在一起，也不能使不肖子弟有丝毫改恶从善的变化。但是执掌国家法令和刑罚的官吏却可以使这些不肖子弟感到恐惧，从而"变其节、易其行"（《韩非子·五蠹》）。由此可见，"以吏为师"的影响是超过了父母、同乡以及普通师长的影响的。当时社会上私学盛行，儒家墨家等学派往往广招学徒，传道授业。韩非认为这些对于国家只能是有害无利。因为这些人只是通过高谈阔论礼乐仁义而被信任，甚至居官执政，或者是凭阅读古书舞文弄墨而尊为"明师"，以至地位显著，荣誉倍加。这样，实际上就形成了"无功而受事、无爵而显荣"（同上）的局面，结果使"国必乱、主必危"（同上）。总之这种老师是

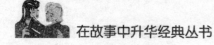

不应当提倡的。按照韩非的观点，只有"以吏为师"才是富国强兵、君主专制的保证。

韩非的主要学说

韩非在教与学的方法以及教育内容等方面都提出了不少精辟见解。这些是以其朴素的唯物主义认识论和历史进化论为基础的。他认为后一个时代要比前一个时代进步。历史可以分作上古、中古和近古。上古是有巢氏的时代，燧人氏的时代，人民遭受禽兽虫蛇之害，又多疾病，生活很苦。中古是鲧和禹的时代，洪水泛滥，人民生活也不太好。近古是商汤、周武的时代，当时桀、纣暴乱、汤武征伐，社会并不安定。总之，历史是向前发展的，古代并非象儒家吹嘘的那样美好。所以，"圣人不期修古，不法常可，论世之事，因为之备"（《韩非子·五蠹》），即不必遵循古代的礼仪制度，不认为有永久通用的规则可以效法，而只是因时制宜，根据现实情况来准备相应的对策。如果在夏朝还有人要像有巢氏、燧人氏那样，在树上筑巢居住，靠钻木的办法取火，就一定被鲧、禹所耻笑；如果在商周时代还有人把治理洪水作为最迫切的任务，就一定会被商汤和周武王耻笑；如果在今天还有人认为尧舜汤武等的治世之道完全合于当今的需要，一定也会被今天的圣人所耻笑。因此，要随着社会的变化来改变措施，切不可故守自封，守株待兔。

从这种历史进化的观点出发，韩非认为传统的儒家的教育内容也应当因时而变。他说儒家的"以仁义教人"是不切实际的、无益于国计民生的空洞说教。如果有人狂妄地断定某人将来一定充满智慧，那么大家一定以为这个狂妄之徒在胡说八道。因为智愚是人的本性，寿夭为命所注定。所以这些都不是人所能预先断言的。"以仁义教人"的儒家的说教，与狂妄之徒的虚夸之言是一样的。韩非抨击儒学、墨学为"愚诬之学、杂反之辞"（《韩非子·显学》），必须像"冰炭不同器而久，寒暑不兼时而至"（同上）一样，对其说教进行批判。儒家之学常和法律抵牾。例如，有一位鲁国人随鲁君外出争战，在战争中怯懦惧死，三次参战，三次败北逃跑。孔子问他何原因，他回答说："我有老父亲在家，假若我战死了，就没有人侍奉父亲了。"孔子认为这个人能尽孝道，便荐举这个人作官。韩非指出，孔子的如此赞赏，结果是使鲁国人临阵脱逃，战争失败，所以说是"儒以文乱法"（《韩非子·五蠹》）。儒家教育内容一个重要特点是盛赞先王，美化夏商周三代之治，而对于当世之政则多所抨击。韩非指出，只有混乱的国家，其学者才称许先王之道，宣扬礼乐仁义，穿着宽衣博带去到处说教，疑惑当世的法令，扰乱君主治国的决心。这些宣传儒家礼义的学者实为国家的蠹虫，应当予以根除的。韩非还详细地分析了儒家教育内容对于国家的危害。他指出，儒家所谓的不忘恩负义就是替亲朋故友营私谋利，这就使官吏作奸犯科；儒家所称道的仁人就是把公财分施给私人的人，这就使人们化公为私；儒家所赞誉的君子就是轻视国家俸禄而只关心个人安危的人，这样的"君子"多了，国家就将无法统率民众；儒家所提倡的德行就是曲解法令以庇护亲族，这种德行将使法治毁弃。这种儒家的教育内容危国害君，必须在进行法治时将其摈弃。韩非痛斥儒家私学为"逆世"的"二心私学"，指出"凡乱上反世者，常士有二心私学者也"（《韩非子·诡使》）。所谓"乱上反世"就是诽谤法令、造谣惑众。韩非对于儒家教育内容的批判有不少过激之处，但也正确地指出了其是古非今、虚浮空谈等弊病。

韩非认为教育民众不能像儒家那样大讲仁义礼乐、选智举能，而只能是以法治为主来进行教育。为什么要以法治为主要的教育内容呢？韩非回答这个问题的理论出发点是从荀子以来所发展起来的人性自私说。韩非认为，灾祸是由人的邪心引起的，而邪心则由人的各种私欲而诱发，即所谓"祸难生于邪心，邪心诱于可欲"《韩非子·解老》。这种私欲是人所固有的，"人无毛羽，不衣则不犯寒。上不属天，而下不著地，以肠胃为根本，不食则不能活，是以不免于利欲之心"（《韩非子·解老》）。韩非认为既然趋利避害为人的本性，既然"安利者就之，危害者去之，此人之情也"（《韩非子·奸劫弑臣》），所以在君臣、父子、亲朋等关系中，人们总是从私欲出发来对待的。显而易见，韩非的这些观点是对荀子性恶论的发挥。韩非所发挥的这些，都是为其法治教育所服务的。要制止人的私欲，使其改恶从善，不能靠慈爱感化，而只能靠法治。他认为，只有权力和威势才可以禁止残暴，而仁德宽厚是不能制服混乱的。这正如君主和君主的关系一样，对于敌国的君主，虽然可以晓喻以大义，但却不会因此就来纳贡称臣，因为对于敌国的君主，你的威势起不到作用，然而国内的诸侯则会俯首贴耳的称臣，这是因为他慑服于

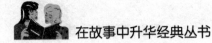

君主的威势。圣人治理国家，不依靠人们的善心，而是靠法治使人们不得为非作歹。所以说"严家无悍虏，而慈母有败子"（《韩非子·显学》），其根本原因是对于人们的私欲来说，只有法治才是最好的教育方法。

在学习方法上，韩非坚持朴素的唯物主义认识论。他认为，要对事物有正确的了解，必须"循名实而定是非，因参验而审言辞"（《韩非子·奸劫弑臣》），即根据名实相符的原则以判别是非，经过实际验证以审核言辞的正确或谬误。要判断是非，切忌偏听偏信。韩非讲了这样一个故事加以说明：楚王之弟春申君有一位名叫余的爱妾，她欲使春申君抛弃其正妻，便自伤其身，然后向春申君哭诉，说夫人将其打伤。春申君听信余的谗言，将正妻废弃。余又想让春申君废弃夫人所生之子名甲者，而立自己的儿子为继嗣。于是，余便自己将衣服撕破，又哭诉于春申君之前，说甲调戏她，她至死不从，以至甲将其衣服撕破。春申君闻此，大怒而杀甲。听信谗言，不作参验，是春申君弃妻杀子的错误的根源所在。韩非认为，一切判断都不应当无根据地妄自猜测。认识应在对事物的考察之后，而不是在此之前，如若不然，那就是所谓的"前识"。韩非说："先物行、先理动之谓前识。前识者，无缘而忘（妄）意度也。"（《韩非子·解老》）显而易见，这种"前识"，是脱离实际的主观臆断。韩非主张对于民众的法治教育要讲求实效，言行一致，"用其力不听其言，赏其功必禁无用"（《韩非子·五蠹》），"境内之民，其言谈者必轨于法"（同上）。这种强调向实际学习的理论具有积极的意义。

在道德教育方面，韩非的理论也贯穿了法治教育的内容，他认为忠、孝、仁、义等道德规范都应当去私行公，儒家所鼓吹的尧舜汤武之道，都不合去私行公的规范，都不符合君臣之义，皆是"乱后世之教"（《韩非子·忠孝》）。据韩非考察，尧舜都曾以臣凌驾于君之上，而商汤、周武王则曾以臣弑君，都不值得赞扬。儒家所大肆宣扬的禅让，"父而让子，君而让臣，此非所以定位一教之道也"（同上）。韩非认为，如果儿子经常赞扬别人的父亲，说别人的父亲如何晚睡早起，如何勤劳生财给子女带来富贵等等，这实际上是在诽谤自己的父亲。按照相同的道理，如果臣下总是称誉先王如何仁德宽厚，阐说自己如何崇拜尊敬先王，这实际上是在诽谤自己的君主。所以，在法治教育下，人们都不应当盲目地颂扬尧、舜之贤，赞美汤、武的功劳，而应当尽力守法，做一个专心侍奉君主的忠臣。在韩非的道德观念里，君主专制下的等级关系是天经地义的事情。他虽然对儒学的道德观念进行了严厉的批判，但并不反对伦理道德。他认为像禽兽一样的没有道德规范的放荡行为是可耻的，像隐士那样的脱离社会而离群索居的孤独生活也是不可取的。人们应当按照一定的道德规范进行生活，这规范就是"臣事君、子事父、妻事夫"三项，只要理顺了这三者的关系，就能有稳固的社会秩序，"三者顺则天下治，三者逆则天下乱，此天下之常道也"（《韩非子·忠孝》）。韩非的这种道德教育显然是为当时的地主阶级政权服务的。

总之，韩非的教育理论具有鲜明的时代的和阶级的特征。他基于历史进化论的观点，主张教育要突破儒家、墨家等的局限，更多的和法治结合。在教和学的方法上，他从朴素的唯物主义认识论出发，主张学用结合。韩非的这些主张对于战国后期和秦代的教育，有很大的影响，起到了一定的积极作用。

申培论教育

申培的生平

申培，后世一般称他为申公，或申培公，战国末年鲁国人。大约生于战国末年，即公元前215年左右，死于汉武帝初年，即公元前130年前后，活了80多岁。

据说，申培年轻的时候，曾向战国末年齐国人浮丘伯学诗。汉高祖刘邦即位后，一次经过鲁地，申培曾经跟着老师受到刘邦的接见。吕太后专权时，申培来到当时的京师长安（今西安附近）游学，与元王刘交的儿子刘郢同学，后来刘郢当了楚王，就请申培教他的儿子刘戊读书，刘戊娇生惯养，不愿学习，而申培对他又要求很严，所以刘戊对申培很反感，以至刘郢死后，刘戊当上了楚王，就借故陷害申培，让申培受了腐刑（即割去男子的睾丸），申培受了这样一个奇耻大辱以后，就回到山东老家，闭门教书，汉武帝（刘彻）即位以后，申培的学生御史大夫赵绾和孝景帝时为太子少傅的王臧联名向汉武帝建议立"明堂"，并建议请他们的老师来京城。汉武帝接受这个建议，立即派人带上礼物和车马迎请申培。申培来京以后，汉武帝召见了他，并向他询问了有关治乱的事情，申培这时已经80多岁了，他向汉武帝说："管理国家要少说话，多做事。"刘彻听了他的意见，很不以为然。但是已经请来了，于是就让他参加讨论立明堂的问题。后来因赵绾、王臧获罪下狱，申培也因年老多病，于是离开京师，回到家乡，几年以后就死去了。

申培的教育思想

申培是我国西汉初年兴办私学的一个著名教育家，是我国汉代"鲁诗"的传播者。（"诗"遭秦焚以后，在汉代出现了"鲁"、"齐"、"韩"三家，并同时被立为学官）他的学生据司马迁讲有百余人（《汉书》的作者则说有千余人，似不足信，其中学有成就，后来当了西汉太学博士的就有10多人，还有不少人成为汉代各级封建官吏。如临淮太守孔安国、东海太守兰陵、胶西内史周霸等。）申培所传"鲁诗"（以及"齐诗""韩诗"）现在已经失传了，不能窥见其本来面目，现在的"诗经"是另一人毛苌所传。申培无其它著作留存下来，所以他当时的详细教学情况，我们今天也无从了解。

王充论教育

王充的生平

王充，字仲任，会稽上虞人，生于东汉建武三年（公元27年）。他的祖先本是魏郡元城人（今河北大名），在某一时期因参军有功，曾被封于会稽阳亭，但为期不久，就被取消了，因而住在会稽，依靠耕田种桑过活。后来，王充的祖父王沉率领全家迁居钱唐县，专以买卖为业。王［XC凡. EPS；P］生二子，大的王蒙，小的王诵（王充的父亲）。王蒙与王诵在当时依仗自己的勇武，专打抱不平，与当地土豪丁伯等结成深仇，因此把全家迁到上虞地方去居住。

在幼儿时代，王充与同辈游戏，不喜欢欺侮人家。六岁时开始读书，已能表现出恭敬、老实、仁厚、谦让的态度，所以他的父母对他未曾责罚过，邻里对他未曾批评过。到了 8 岁入书馆读书，同学百余人都因过失受到老师的体罚，而王充则进步很快，又不犯过失，习字完毕，即跟老师学习《论语》和《尚书》，一天可以读熟 1000 字，不久就把经读完了。到 20 岁左右，就被保送到京师，入太学受业，观天子亲临辟雍，曾作《六儒论》，并拜当时著名的儒学大师扶风人班彪为老师，爱好博览群书而不守章句的拘束。后来经学搞通了，德业也成就了，就离开师门进行自己的专门研究工作，所读书籍也日益广博。王充家贫，无力买书，时常到洛阳书铺中去阅读当时在太学里所不易读到的书籍。由于他记忆力强，一经过目，便能背诵不忘，所以能够"博通众流百家之言"。王充好发议论，人初听时好像很奇怪，到后来就会觉得都有实理。他对当时一般人认为正宗的儒家学说，多抱怀疑态度，甚至认为"伪书俗文，多不实诚"，"俗儒守文，多失其真"，他不肯盲目地笃信任何一家之言，而采取批评的态度进行独立研究。最后他回居乡里，"闭门潜思，绝庆吊之礼，户牖墙壁，各置刀笔"，一面教授生徒，一面著《论衡》85篇 20 余万言。

王充在壮年时代曾做过地方上的小官吏，在本县做过县府的佐吏功曹，在都尉府也当过功曹，在太守府当过佐吏五官功曹行事，在州里又当过刺史的佐吏从事。他不希望侥幸成名，也不愿为自己利害关系向上有所请求。在得到官位时并不加喜，失去时不加急恨；在安逸时没有过分的欲望；在贫苦时志气也不沮丧。王充在当时既不愿趋炎附势，又不甘与世俗苟同，所以非但没有升到高官，反而不久罢职回家，"居贫苦而志不倦，淫读古文，甘闻异言"，"幽处独居，考论实虚"，把精力集中于著作。到了元和三年（公元八十六年），王充又迁家至扬州。扬州刺史董勤聘请他为从事，转升治中，但不多时他就自动请求罢官回家。同乡谢夷吾上书推荐他的才学，天子下诏聘请，但他托病不行。据《后汉书》所载，永元中（约在公元 905 年~104 年间）王充病死于家，享年 70 岁左右。

王充的思想学说

王充的著作，最初有《六儒论》，是青年时代在太学就业时写的。《后汉书》和《玉海》中提到过这部著作。此外，在传记中所载的作品，都是他晚年所写的，如因批判"俗情"忘恩负义而写的《讥俗节义》，是在第一次弃官之后写的，其次是《政务》一书。他的主要作品是《论衡》，写的时期在传记中都未曾指出。最后的作品是《养性书》十六篇。以上这些作品，除了30卷85篇的《论衡》能保存而留传至今以外，其他都已散佚，连历代书目的文献中也未提及。

王充是中国古代伟大的唯物主义思想家。他批判地吸取了先秦诸子的学说，自成一个独立的思想体系，把春秋战国时代的朴素唯物主义学说向前推进了一步。特别值得注意的，他是第一个公开向封建统治思想所支持的"天人感应"的神学思想进行攻击的人。他的《论衡》一书批判了当时统治阶级的错误思想，奠定了新的宇宙观的基础。

王充所处的时代，正是封建统治阶级支配思想和统制政策极盛的时代，汉武帝采用董仲舒的"罢黜百家，独尊儒术"的建议之后，把儒家学说变为推论"灾异"的神学，想借用"天人感应"、"善恶报应"等迷信的说法来麻醉与缓和人民的斗争意志。王充生在贫贱的家庭里，根据自己现实生活的体会和渊博学问的推论，深深感到过去统治阶级利用各种邪说进行说教，完全是不符合实际的，因而他提出唯物的合乎自然发展规律的宇宙观，大胆地驳斥了那些迷信和神权的各种谬论，这种斗争勇气，不仅在当时独一无二，即使在整个封建时代，也是罕见的。

王充基本上是以唯物主义和无神论的观点来解释天的。他根本否定有意志的天，坚决驳斥"天地故（有目的有意识的）生人"，"故生万物"（《论衡》《物势篇》）的说法，主张天道自然无为，天是无知觉无意识的自然存在，世间万物都是由阴阳合气自然产生的，有它自己的发生、发展和死亡的规律。他说："何以知天之自然也？以天无口目也。案有为者口目之类也。……"他认为天既无口目，当然不能有目的地去创造人和万物。天地仅是一种气体，这种气体不过像云烟之属而已。他曾说天地又没有手，怎么能创造万物呢？所以说："万物，自然也，如谓天地为之，为之宜用手，天地安得万万千千年，安得万万千千物乎？"（《自然篇》）他认为万物的发生，既然由于阴阳交错变化自然产生，所以并不需要有什么意志的天，春夏秋冬四时变化，也是自然之道，并不是有目的地来生育万物的。他说："天道无为，故春不为生，而夏不为长，秋不为成，冬不为藏，阳气自出，物自生长，阴气自起，物自成藏。"（同上）他又认为人也是万物之一，所谓"人，物也，物，亦物也"（《论衡》《论死篇》），"人禽皆物也，俱为万物"（同上《寒温篇》），所以人也和万物一样是天地合气不期然而然产生的，并且形成了各个不同的类别，然后各就类别生生不息。既然肯定人和万物都是由于天地合气自然产生的，因而就否定了有意志的天，否定了"天地故生人"、"天地故生万物"的谬论，并进一步认为一切"灾异"都是一种自然现象，根本不是天对人的一种"谴告"，所以说"灾变时至，气自为之。夫天地不能为，亦不能知也。"（同上《自然篇》）

王充引用各种论据，证明人死后便丧失所有的理性活动和意识活动，人和其他动物一样，终不免于死亡。他认为人有生必有死，"有血脉之类，无有不生，生无不死；以其生，故知其死也。"（同上《道虚篇》）人所以能生，由于他有精气血脉，人死则"精气灭"，"血脉绝"，形体腐朽而变为灰土，哪里还会有知还会有鬼呢？（同上《论死篇》）

王充这种反对神权、反对迷信、说明天地自然生物的道理，都是极其宝贵的，尤其是以唯物主义观点来解释世界现象，提出一系列不容怀疑的科学论证，承认世界的现实性和真实性，为最有价值，所以他终于成为汉代最伟大的唯物主义思想家。在我国古代哲学史上，他的学说占有光辉的一页。但是由于时代的限制，他的这种唯物主义思想，基本上属于朴素唯物主义的范畴，还有些不彻底的地方。如他在揭发许多宗教迷信之后，却还保留着"瑞符"的观念，认为帝王得到政权的时候，会有吉祥的事物出现；同时，又认为人生而有命，命是"吉凶之主"，非人力所能变动；人身的"骨相"，已经决定了人一生的富贵贫贱等等，这是王充学说中旧意识的残余。

王充的学说中与教育最有关系的是人性论。在春秋战国时代，各派学者对人性善恶问题都提出过自己的主张，引起不少的争辩。孟子主张"性善"，荀子主张"性恶"，告子主张"性无善无不善"。到了汉代，学者们还是各异其说，董仲舒说"性未至于善"，扬雄则说性的善恶是混杂的。他们都是离开人的社会性和阶级性来谈人性问题的。王充的论人性，虽然企图独创一说，但仍不能超越前人所论述的范围。

王充认为人性是有善恶的，上等的人生来性善，下等的人生来性恶，惟

中等的人是有善有恶的，因之，他就把人性分为三等。他说："孟轲言人性善者，中人以上者也；孙卿言人性恶者，中人以下者也；扬雄之言人性善恶混者，中人也。"（《论衡》《本性篇》）他这种观点，完全是从他所说人性善恶是由于禀气厚薄多少不同而推论出来的。他以为人的本性是禀先天的元气而成，不过"气有多少，故性有贤愚"；"禀气有厚泊，故性有善恶"（《论衡》《率性篇》）。因此，他又提出人性可分为三类，都是由于人初生时的感受不同而起的。如果人所感受的是"五常之性"，则为"正性"；人所感受的是"随父母之性"，则为"随性"；人所感受的是"遭得恶物象之故"，则为"遭性"（《论衡》《命义篇》）。因为胎儿在顷刻间所感受的不同，所以成性也就有显然善恶的差别，因之他又特别重视胎教，所谓"礼有胎教之法，子在身时，席不正不坐，割不正不食，非正色目不视，非正声耳不听"（同上）。王充这样论性，离开了唯物主义观点而陷入唯心主义，这是无可讳言的。

但是王充从这种人性观点出发，强调环境与教育的作用，也有些可取的地方。他用练丝和蓬纱来作比喻，练丝"染之蓝则青，染之丹则赤；十五之子，其犹丝也，其有所渐，化为善恶，犹蓝丹之染练丝，使之为青赤也。……人之性善，可变为恶，恶可变为善，犹此类也。蓬生麻间，不扶自直，白纱入缁，不练自黑。……夫人之性犹蓬纱也，有所渐染而善恶变矣。"（《论衡》《率性篇》）这种说法，虽然是引述前人的思想，但却比他们说得更深刻些。他又以为齐人的性情"舒缓"，秦人"慢易"，楚人"急促"，燕人"戆投"，如果他们处在庄岳四国交界的地方，则四国人民互相交往，性情必易变更。这就说明了环境对于人性的改变，有着决定性的作用。

王充认为，人性的改变，不仅与环境有密切关系，而且受教育的影响，教育的作用更大。他说："夫性恶者，心比木石，木石犹为人用，况非木石。"（同上《率性篇》）"欲令凡众见礼义之教，学校勉其前，法禁防其后，使丹朱之志，亦将可勉。"（同上）他还以土地高下作比喻："低下的土地，可由人的"埤增"而成为高地，同时，高地亦可使之变为低地。"（同上）他的意思是说明，人的本性虽有善恶的不同，但一经教育的陶冶，他的学问，"知能成就"，也可同"骨象玉石"经过"切磋琢磨"成为宝器一样。教育对于人性的改变，起着主导作用。可知王充在人性问题上虽然仍不免有唯心主义的倾向，但他的重视环境与教育的作用，还是有些进步意义的。

王充论教育目的的观点，完全是从教育的作用出发的。他肯定教育能改变人性，并进一步认为教育的目的不仅在于陶冶儿童的本性，而且在于发展他们的才能，培养他们的人格。他说："夫儒生之所以过文吏者，学问日多，简练其性，雕琢其材也。故夫学者，所以反情治性，尽材成德也。"（《论衡》《量知篇》）他又说："物实无中核者，谓之郁，无刀斧之断者，谓之朴。文吏不学，世之教无核也。"（同上）他所说的"世之教无核"，就是说教育没有目的、没有内容的意思。如果教育无目的、无内容，便不能达到"反情治性，尽材成德"的地步。

王充认为，通过教育培养的人物，可分为四等：第一是"鸿儒"，因为这等人能"精思著文，连结篇章"，"兴论立说"，这就是能独立思考、创造学说的思想家。其次，是"文人"，因为这等人能"采掇传书，以上书奏记"，是能掌握历史知识来从事政治工作的人。又次，是"通人"，这等人仅能掌握一般的知识，"以教授为人师"，并不能创造新的学识，所以远不如"鸿儒"和"文人"。最低的一等是"儒生"，他们在学问修养上，仅"能说一经"，所以知识只限于一隅，无"温故知新"之明。他所最鄙视的则为"文吏"，更远不如"儒生"。从此可知，王充所主张的教育的目的，在于"反情治性，尽材成德"，以造就相当的人才，这些人才，应该是能够独立思考、具有创造性、能学以致用、在学术上有所贡献的"鸿儒"与"文人"。

王充在教育观点上有他卓越的见解，特别在认识论方面作出了许多新的贡献，尽管这种认识论是属于朴素唯物主义的。他首先反对儒者认为圣人生而知之，能"前知千岁，后知万世，有独见之明，独听之聪，事来则名，不学自知，不同自晓"（《论衡》《实知篇》）等唯心主义的说法，并举出十六条论证（同上《知实篇》）进行批判。他肯定一切知识的来源，都是要从"学"和"问"中去求得的。他说："不学自知，不问自晓，古今行事，未之有也。……故智能之士，不学不成，不问不知。……人才有高下，知物由学，学之乃知，不问不识。"（同上《实知篇》）

王充认为，知识的获得，必须先使客观事物通过感觉器官，作为求得知识的起点，才能尽知。他说："如无闻见，则无所状"；"不目见口问，不能尽知也";"实者圣贤不能知性（知），须任耳目以定情实；其任耳目也，可知之事，思之辄决，不可知之事，待问乃解。"（同上）他认为人们对客观事物的认识，必先通过感觉器官，才能正确，所以知识起源于感觉，起源于感觉所积累的经验，可知王充这种感觉论是唯物主义的。但是王充并不是一个感觉主义者，他以为人们要获得正确知识，明辨是非，不完全单靠耳目从外界所得的感觉，必须再从内部开动"心意"，进行思考，加以分析、判断，才能得到理性的认识。他说："夫论不留精澄意，苟以外效立事是非，信闻见于外，不诠订于内，是用耳目论，不以心意议也。夫以耳目论，则以虚象为言。虚象效，则以实事为非是。故是非者，不徒耳目，必开心意。"（《论衡》《薄葬篇》）

他所说的"必开心意"，就是要动脑筋，对于感觉所得到的材料，进行思考，加以分析研究。用"诠订"的功夫，"去伪存真"，"去粗取精"，找出事物的本质。否则仅凭耳闻目见的东西，不"开心意"，进行审察分析，怎样来决定它的虚实呢？从此可知，王充既极重视理性知识，同时又不忽视感性知识。

至于正确认识真理的标准是什么呢？王充提出"效验"与"有证"，作为鉴定真理的标准。他说："凡论事违实，不引效验，则虽甘义繁说，众不见信。"（《论衡》《知实篇》）又说："事莫明于有效，论莫定于有证。"（同上《薄葬篇》）他所说的"效验"和"有证"，就是说理论必须符合实际，有事实上的根据，才算是正确的理论。这也就是说，主观认识必须与客观事实相一致，才算是真正的理性认识。王充这种认识论，基本上是属于唯物主义的，在中国古代哲学史上确是卓越的贡献。

总之，王充是中国古代一位杰出的伟大的唯物主义思想家。他的哲学思想针对着当时以董仲舒为代表的封建神学的反动思想，从原则上和实例上给以深刻的批判。因之，他的唯物主义的宇宙观，成为劳动人民与封建神学斗争的武器，后代无神论者也以之作为有力的根据。在哲学观点上，他认为世界物质基础是气，万物由气而生，都是按照自然规律而发生与发展的，打破了天有意志、"善恶报应"的迷信观念；在人性问题上，虽然仍不免有唯心的倾向，但对改变性恶为善，特别重视教育的作用；在认识论方面，承认感觉与经验是知识的来源，同时在认识过程中，重视思维的作用，把"效验"和"有证"作为确定真理的标准，这些对于当时和后代教育思想的影响是巨大的。当然，他的思想也受了历史条件的限制，还不免有些错误的观点，但它对中国哲学史和教育史确有巨大的贡献。

张禹论教育

张禹，字子文，西汉河内郡轵（今河南济源南）人，父亲徙家厘莲勺（今陕西蒲城南）。张禹少儿时随家中人到市场里，他很喜爱看占卜、算命、看相的人营生的情况，看的次数多了，他就懂了别蓍草，排列卦象的意思，有时竟也在旁边插嘴说上一两句。卜者感到这小孩很可爱，又认为他的相貌长得奇特，就对他的父亲说："这个小孩很聪明，可以教他学习儒家经典。"张禹长大后，就到长安中求学，师事沛郡（今安徽东北，河南东南部一带）施雠学习《易经》，向琅王牙（今山东东南部）王阳、胶东国（今山东胶县以北，莱西一带）的庸生求教《论语》，学成后，他也教授学生，学生的数量还很多。后被举为郡里的文学。汉宣帝甘露年间（公元前53～公元前50年）诸儒把他推荐至皇帝，皇帝下诏至太子太傅肖望之处接受考试，张禹以《易经》和《论语》的大义回答，使肖望之很是满意。回禀皇帝说张禹精习经学，有师法，可以授以官职试用。但是皇帝并没有授给他官职，而是让他又回到郡里当文学去了。过了很久，他又参加考试，成了朝廷的博士。初元年间（公元前48—公元前44年）立皇太子，博士郑宽中以《尚书》教授太子，他推荐张禹精于《论语》，因而皇帝就命张禹以《论语》教授太子，从此张禹便步入高级官僚阶层。后升迁为光禄大夫，数年后又出为东平国内史，元帝死后，成帝即位，郑宽中、张禹都因为曾当过皇帝的老师被封为关内侯，郑宽中食邑八百户，张禹食邑六百户，并拜为诸吏光禄大夫，秩中二千石，给事中，领尚书事。当时皇帝的舅舅阳平侯王凤为大将军，辅政专权，皇帝年轻谦让，爱好儒术，敬重师傅，张禹和郑宽中同领尚书事，很害怕得罪了王凤，为了明哲保身，他就多次称病，上书要求退休。皇帝回答说："我年幼执政，万机具失其中，你以道德为我的老师，我才将国家大事托付给你。你何

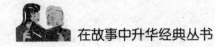

必疑虑，多次要求退休？忘记了我们之间多年的师生友情，是为了躲避流言吗？我并没有听到什么流言，希望你专心致志总管诸事，出以诚心，不要违背了我的本意。"特加赐黄金百斤，养牛上尊酒。命太官送餐，侍医视疾，使者探望。张禹是既感谢又惶恐，这才起来办公。河平四年（公元前25年）代王商为丞相，封安昌侯。张禹当了六年丞相，于鸿嘉元年（公元前20年）因年老多病，请求退休，皇帝再三挽留不成才同意，赐安车驷马，黄金百斤，罢归府第，以列侯身份于每月的朔、望日入朝，位特进，见礼如同丞相。还为他置从事史五人，益封四百户。皇帝还多次地加以赏赐，前后达数千万。

张禹为人谨慎、笃厚、内殖货财。家本以田为业，富贵后，多买田至四百顷，都是泾渭水滨灌溉良好的膏腴上价之田。另外还有财产与田产相当。张禹懂得音律，生活奢侈淫逸，身居大宅，后堂丝竹管弦之声不绝。张禹成就的弟子中，最为知名的为淮阳国的彭宣和沛郡的戴崇。彭宣官至大司空，戴崇官至少府。彭宣为人恭谦俭约，有法度，戴崇和乐多智，风流倜傥，二人异行。张禹亲爱戴崇，对彭宣是敬而远之。戴崇每次到张禹处，都对张禹说："老师应该置酒设乐与弟子共同娱乐。"张禹就带着戴崇入后堂饮食，美女相对，优伶管弦铿锵，极乐昏夜才散。可是彭宣来见，张禹坐于便座之上，只跟他讲论经义，日晚请他吃饭，不过是一肉，卮酒相对而已，彭宣从来未曾得进入张禹的后堂。两个学生碰到一起，各说老师的待遇，因而互相知晓，但各得其所哉。

张禹年老，自治坟茔起祠室，心爱平陵肥牛亭部地，此处又近成帝的延陵，就向皇帝请求赐给他作为坟地，皇帝答应了他的请求。曲阳侯王根听说后，认为不可。他规谏皇帝说："此地正好在昭帝平陵寝庙衣冠出游的路上，张禹为师傅，不遵谦让，以致敢要求先帝衣冠出游之道，又徒坏旧亭，这是十分不应该的。孔子说：'赐爱其羊，我爱其礼'，不可不重视礼法，应该以其他的地赐给张禹。"王根虽然是皇帝的舅舅，但皇帝对他的敬重却不如对张禹的敬重，王根的话虽说得很有道理，但是皇帝并不采纳，终于还是将肥牛亭地赏赐给了张禹。王根从此忌恨张禹得帝宠，多次地攻击张禹，虽如此却不能动摇张禹在皇帝心目中的地位，皇帝倒反而越发地敬重张禹了。张禹每次生病，皇帝都要派人探望，向他汇报张禹的饮食起居情况，甚至自己乘车驾到张禹家中，拜在张禹床下，张禹是磕头谢恩不迭。他对皇帝说："老臣有四男一女，爱女儿甚过儿子，但女儿嫁给了张掖太守肖成为妻。父子私情，很想念她。"皇帝就立即调肖成为弘农太守。张禹的小儿子还没有做官，张禹趁皇帝来探望他的时候，就多次地看着他的小儿子，皇帝明白了他的意思，立即在张禹的床下，授给张禹的小儿子黄门郎之职，给事中。

　　张禹虽然退休在家中，仍以特进为天子老师，国家每有重大决策，必定要征求他的意见。永始、元延之间（公元前 16 年—公元前 9 年）日食、地震更加频繁，吏民不少人上书说灾异之应，是由于外戚王氏专政所致。皇帝很害怕上天对他的惩戒，也很相信吏民的说法，但自己又没有主见，就乘车驾到张禹的家中，命左右之人避开，亲自向张禹请教，并且把吏民所上的书给张禹看。张禹可是个老谋深算的人，他知道自己已年老，行将就木，而子孙还很弱小，以前又与曲阳侯王根有过矛盾，担心被王氏怨恨，冤家宜解不宜结，不如卖个人情给王氏，以巩固自身的利益，因而他就对皇帝说："春秋二百四十二年间，日蚀三十多次，地震五十六次，有的是因为诸侯相杀，有的是因为夷狄侵中国，灾变的事情，深远难察，因此孔子这样的圣人罕言命，不语怪、力、乱、神。性和天道如此高深的学问，连子贡他们都不可能听到孔子有所传授，更何况浅见陋儒们，他们怎会懂得这些大道理？陛下应该致力于政事，多行善政以应天变，与下民同福善，这才是符合经义的举动。新学小生，乱道误人，不要听信他们的胡言乱语。"皇帝十分信任张禹，从此以后，不再怀疑外戚王氏了。后来曲阳侯王根和诸王氏子弟，听到张禹与皇帝谈话的内容，都十分感激张禹，便都主动来同张禹拉关系，表示亲近了。

　　张禹见时有变异，或皇帝身体欠佳，便要选择日子，戒斋、正衣冠站立占卜，如得吉兆，就将其占卜的结果上奏，如得不吉，他就要忧虑万分。成帝死后，张禹尚健在，直至哀帝建平二年（公元前 5 年）张禹才离开人世。

　　张禹在任皇帝师傅的时候，曾将他解答皇帝提问的内容，著成《论语章句》一书献给皇帝。在此以前鲁扶卿以及夏侯胜、王阳、肖望之、韦玄成都曾著有解说《论语》的书或文章，但各家内容不一。张禹先是师事王阳，后又从庸生，博采众家之长，他的《论语章句》后出，而本人又尊贵，他的著作便大行于世。诸儒相与语说："欲为《论》，念张文"。因此学者们都是根据张禹的观点来理解《论语》，张禹就成为西汉后期治《论语》的大师。

徐干论教育

徐干，字伟长，山东北海（今山东潍坊市西南）人，生于汉灵帝建宁四年（171年），死于汉献帝建安二十三年，（218年）活了四十八岁。

徐干聪敏，博闻，很会写文章，但他生性恬淡寡欲，不慕名利，不求富贵。与孔融、王粲、陈琳、阮瑀、应玚、刘祯等被时人称为"建安七子"。汉献帝建安中，他曾经一度作司空军谋祭酒的僚属、五官将文学，并受到曹操的特别嘉奖。徐干死后，魏文帝曹丕在给吴质的信中赞扬徐干"怀文抱质，有箕山之志，著《中论》廿余篇，成一家之业，辞义典雅，足传于后，此子为不朽矣。"（《三国志·魏书》）

徐干专门从事教育活动的时间不多，但他在教育方面的许多卓越见解，对当时教育的影响很大。归纳起来，有以下几点：

第一，教育在于启发儿童智慧。徐干认为，儿童初生智力尚未发展，生活在人世中，就像处在暗室里一样，虽然室内有许多珍宝，他也看不见。而教育就如同白昼，它的光亮可以使儿童能够逐渐寻到宝贵的知识，这时儿童天性中聪明颖悟的资质就能获得发展。同时徐干还指出，要通过教育，培养儿童的好品德，消除坏习惯，把他们培养成道德高尚的人。他说："人虽有美质而不习道，则不为君子，故学者，求学道也。"（《中论·虚道》）又说："故才敏过人，未足贵也，博辩过人，未足贵也，勇决过人，未足贵也。君子所贵者，迁善惧其不及，改过恶其有余。"（《中论·虚道》）也就是说，知识对人虽然重要，但道德修养对于人也是同样重要的，而且要求人们应当毫不松懈地提高自己道德修养的积极性。

第二，关于教育、教学方法，徐干也提出了一些很深刻的见解。徐干提出要深刻了解和考查儿童的本性、能力以及他们在不同时期的心理活动，这是成功地进行教育、教学的前提。他说："是以君子将语人以大本之源，而谈性义之极者，必先度其心志，本其气量，视其锐气，察其坠衰，然后唱焉以观其和，导焉以观其随。随和之微发乎音声，形乎视听，著乎颜色，动乎身体，然后可以发幽而步远，功察而治微。于是乎闾张以致之，因求以进之，审论以明之，杂称以广之，立准以正之，疏烦以理之，疾而勿迫，徐而勿失，杂而勿结，放而勿逸，欲其自得之也。故大禹善水，而君子善导。导人必因其性，治水必因其势。是以功无废而言无弃也。"（《中论·贵言》）同时，徐干还认为，应在全面了解学生的基础上，实行因材施教，使学生自得。他说："故君子与人言也，使辞足以达其智虑之所至，事足以合其性情之所安，弗过其任而强牵制也，苟过其任而强牵制，则将昏瞀委滞，而遂疑君子以为欺我也。不则曰，无闻知矣，非故也，明偏，而示之以幽，弗能照也；听寡而告之以微，弗能察也。"（《中论·贵言》）

关于求学的态度和方法，徐干提出，求学首先要立志。他说："故虽有其才，而无其志，亦不兴其功也。志者学之师也，才者学之徒也，学者不患才之不瞻，而患志之不立。是以为之者亿兆，而成之者无几，故君子必匹其志。"（《中论·治学》）徐干还提出学习要虚心，强调学习应注意了解大义，反对死记名词术语。

关于道德修养，徐干主张培养向前看的乐观主义精神，每个人都应该珍惜自己的生命，反对"轻爱生而重哀死"的现象。他说："人之过在于哀死，而不在于爱生，在于悔往，而不在怀来。喜悦乎已然，好争乎遂事，坠于今日，而害于后旬，如斯以及于老。"（《中论·修本》）。

徐干是东汉末年的著名学者，他的教育主张和见解，曾对曹魏时期的教育产生过一定的影响。

徐干的著作有《中论》二十篇。

严植之论教育

严植之，字孝源，南北朝时南朝齐、梁时人，南朝教育家，建平（今四川巫山）秭归人。生于南朝宋孝武帝孝建三年（456年），死于梁武帝天监七年（508年），活了53岁。严植之很小的时候，父亲就病死了。他父亲死后，严植之为了表示对父亲的哀悼，曾经有23年不吃荤食。严植之为人正直厚道、淳孝仁慈，又博学多才。在家乡时，一次，他在野外山间看见一位病势垂危的人倒在路旁，已经不能说话了。严植之用车子把这个病人载回家去，并请医生给他治疗，过了几天，终因医治无效，病人死了，严植之又用棺材把他掩埋了，一直不知道这个病人的姓名。又一次，严植之路过水塘，看见一个病人睡在水塘边，严植之问他为什么睡在这里，病人回答说，他姓黄，是荆州人，帮人驾船到此地，因为生病，不能再驾船了，船主就将他抛弃在岸边，把船开走了。严植之听说以后，对这个人的遭遇十分同情，于是把他带回家去，请医生给予治疗，经过一年多的医治，姓黄的人终于好了。为了报答严植之救命之恩，表示愿意终身作严植之的家仆。严植之不同意，还拿出钱给姓黄的人作路费，让他回荆州与家人团聚。

严植之从小就刻苦好学，年轻的时候，就对老庄的学说有很深的造诣，并且精通《孝经》、《论语》。成年以后，又专心学习、研究郑注"三礼"、《周易》、《毛诗》及《左氏春秋》。严植之虽然博学多才，但他却非常谦虚，从不以自己才高在他人面前炫耀。南朝齐明帝建武时期，严植之被提升为员外郎、散骑常侍，后来，还担任康乐侯相。严植之做官也公正廉浇，一般官员和老百姓都很称赞他。

天监二年（503年），梁武帝萧衍下诏求名儒修"五经"，天监四年分置五经博士，并任严植之为五经博士。严植之在馆讲学，很受学生的欢迎，每当他登台讲授，五馆学生全都来参加听讲，当时听众有一千余人。天监六年，严植之被提升为中抚军记室参军，同时仍然兼任五经博士。

严植之不仅博学多识，讲课能旁征博引，而且他的教学方法也很好。《南史·儒林传》记载他讲课"有区段次第、析理分明"，就是说他讲课条理清楚，分析深透，能够深入浅出。同时，他在教学中还特别注意用自己的行动影响学生。

严植之在担任五经博士时，从他生病不能讲学时起，他就不再接受官府给他的薪俸。他从天监四年任五经博士起，一直到天监七年病死，都是在馆从事教学工作。因为他平时乐善好施，用自己的收入接济一些穷困的人，自己没有什么积蓄，所以他死后安葬费用都没有，还是由他的学生集资进行安葬。

严植之的著作有《凶礼仪注》479卷。

徐遵明论教育

徐遵明，字子判，陕西华阴人，北朝著名教育家。生于北魏孝文帝延兴四年（474年），死于北魏孝庄帝永安二年（公元529年），活了56岁。

徐遵明是北魏时代的一个著名的经学大师，一个著名的教育实践家，他讲学二十余年，在他门下学习的先后有一万余人，并且培养了不少有成就的人物。

徐遵明幼年时代就死去了父亲，他从小就非常好学。17岁时离开家庭同邻居毛灵结伴到外地去访师求学，他先后向王聪、张吾贵、田猛等人学习，但他对这些人都不满意。后来，到了一个名叫唐迁的人那里学习，才勉强如意。当时他寄居在一个养蚕的房子里，学习非常刻苦，平时门院都不出，休息的时候，就弹筝吹笛以自娱，这样的生活一直过了六年。后来他听说当时阳平一个姓赵的大地主家藏书很多，并且藏有服［XC岭．EPS；P］注的《春秋》善本书，于是他就赶到阳平去向赵家借读。徐遵明经过长时期的刻苦攻读，把自己读《春秋》的心得写成了《春秋义章》30卷。

徐遵明从30岁左右起，就开始从事教育工作。起初学生不多，后来才名声日大，学生逐渐地多了起来。徐遵明在教学的时候，态度非常认真严肃，他每次讲课，一定要带着"经"和"疏"（对"经"的注释），后来他的学生把这种作法当作一种传统，教学的时候也一定要拿着"经"和"疏"。

徐遵明虽然从事教学工作廿多年，但是他没有把自己的教学经验进行总结，也没有在教育上提出什么意见和主张，他为人从小就放荡不羁，爱财如命，以至他后来在讲学时，每讲一次都要规定收费价格，让听众缴纳一定数量的金钱。因此，被当时的读书人看不起，认为"有损儒者之风"（《魏书·儒林传》），但由于他教学不墨守成规，能提出自己的见解，对古人的言论有所发挥，所以人们仍然很景仰他，各地都有学生来向他学习。他的学生李兴业说人们"杖策不远千里，束修受业，编录将逾万人。"（《魏书·儒林传》），可见他的学生之多，真不愧是一个教育实践家。

徐遵明的著作有《春秋义章》三十卷。

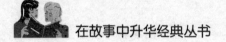

熊安生论教育

熊安生，字植之，长乐阜城（今河南濮阳）人，北朝教育家。生于北魏孝文帝太和中期（495年前后），死于北周武宣政元年（578年），活了80余岁。

熊安生从小就很喜欢学习，而且读书刻苦认真。他曾经先后拜当时名儒徐遵明、李铉等人为师，学习经学。学成以后，他自己开始教授生徒。他本人虽然学通五经，但他在教学中却只给学生讲"三礼"（即《周礼》、《仪礼》、《礼记》）。由于他博学多才，在教授中能旁征博引，并提出自己的独立见解，而不是拾人牙慧，人云亦云，所以他的教学很受人们的欢迎，从各地向他学习的前后有1000多人。

大约在公元564年（河清三年）熊安生被北齐武成帝梁湛任命为国学博士。

当时北周与北齐通好，北周武帝宇文邕很重视礼乐文教，特别强调《周礼》，因此，朝中公卿大夫都着重于学习《周礼》。但他们在学习中遇到了许多疑难问题，当时又找不到学者给予解答。一次，北周派使者到北齐，使者名叫尹公正，在北周国内素以辩才著名。他与熊安生讨论《周礼》时，把北周公卿在学习中遇到的疑难问题全部提了出来，熊安生逐一给他作了详细的解答，使者非常满意熊安生的解答，回国以后，特别向周武帝汇报了熊安生的博学多才。

公元577年，北周灭北齐，北周兵入齐的首都邺（今河南安阳市北），熊安生立即命令家人打扫庭院，家人问其原因，熊安生说："周武帝一贯重视儒道，他现在既然来到这里，一定要来见我。"果然，不出熊安生所料，一会儿，周武帝就亲自登门来访，并且同熊安生进行了亲切的交谈。周武帝很器重熊安生，命人给了他许多赏赐，并邀请他随驾入朝。熊安生随周武帝到了长安，就被委派在大圣佛寺参议五经。公元578年拜为露门博士，不久就病死了。

熊安生长期从事教育工作，在河南、河北一带有很大的影响，是当时一个有名的教育实践家，培养了许多有成就的人才，隋唐时期著名学者刘焯、刘炫、马荣伯、张黑奴等都是他的学生。

熊安生著有《周礼义疏》二十卷、《礼记义疏》四十卷、《孝经义》一卷。

乐逊论教育

乐逊，字遵贤，河东猗氏（今山西夏县）人，北朝教育家。生于北魏宣武帝景明元年（500 年），死于北周宣帝大成元年即隋文帝开皇元年（581 年），活了82 岁。

乐逊为人谦虚谨慎，温柔忠厚，不善交游。曾经在北朝教育家徐遵明门下学习多年，后来山东发生农民起义，徐遵明的学生多数都逃散了，而乐逊在战火纷飞的时期，仍然专心学习，学业成就以后，就在地方上开办私学，从事教育工作。

公元541 年，西魏文帝任命乐逊为子都督，公元544 年，太尉李弼因慕乐逊博学多才，特地聘他教授自己的几个儿子。由于乐逊教授有方，在他门下学习的人收获大，进步快，因此很多人都争相聘他。西魏文帝大统十六年（551 年），乐逊被提升为建忠将军，左中郎将，不久又升为辅国将军、中散大夫，太尉李弼府的西阁祭酒。西魏废帝二年（553 年）太祖周文帝也特邀乐逊与其它儒生一道教授王室诸子达六年之久。当时人们称赞乐逊"甚有训导之方"，有"牧人之才"。西魏恭帝二年（555 年），乐逊被任命为太学助教。

公元557 年，西魏灭亡，北周孝闵帝宇文觉即皇帝位，任命他为秋官府上士，太学博士，并且让王室诸弟子在他门下学习经术。公元559 年，北周曾出现长时期的大雨，明帝命令群臣各自提解决涝灾的办法，乐逊当时也提出了十四条建议，其中有五条是关于政治、文教的措施：崇教方、省造法、明选举、重战伐、禁奢侈。这些意见受到了周明帝的称赞。北周武帝保定二年（561 年），迁升乐逊为遂伯中大夫与标骑大将军、大都督。公元565 年，北周武帝又下诏，命令皇室鲁公赟（音永）、毕公贤等都到乐逊门下学习。

公元 566 年，乐逊被举为贤良。公元 570 年，乐逊上书称老，要求辞官，周武帝不许，并委任他为湖州刺史。当时湖州文化比较落后，是汉族和少数民族杂居的地方。乐逊上任以后，大力提倡教化，鼓励人们学习，并举行考试，奖励学习好的人。经过乐逊的努力，几年以后，湖州地区的文化水平有了显著的提高，原来的许多陋习也被革除了。乐逊任期满后，又回到京师，仍在露门馆教授皇太子。公元 578 年进位上仪同大将军。北周静帝大象元年（579 年）进爵为崇业郡公、露门博士。

乐逊一生，经历了西魏、北周二朝，他虽然担任过各种官职，但他主要的是从事于教学工作。他从西魏文帝大统七年开始到北周静帝末年，前后共四十年时间从事教育活动，是北朝一个很有影响的教育家。

乐逊的主要著作有《左氏春秋序论》、《春秋本义》等。

沈重论教育

沈重，字子厚，亦名德厚，吴兴武康（今浙江吴兴湖州镇南）人，南北朝时的教育家。沈重生于南朝齐永元二年（500 年），死于陈后主至德元年即隋文帝开皇三年（583 年），活了 84 岁。

沈重在幼年时代就死去了父亲，但他资质聪敏，刻苦好学，博览群书。为了找一个好的教师，他可以跋涉千里而不辞辛劳。因此，他成年以后，不仅精通儒学，而且对阴阳图律、道经、释典以及音乐等都有很深的造诣，成为当时一个博学多才的著名的儒家学者。

南朝梁武帝中大通四年（532 年），沈重被任命为国子助教，梁武帝大同二年（536 年），又升为五经博士。公元 552 年，梁元帝肖绎在江陵即帝位，因羡慕沈重的博学，专门派人将沈重请到江陵。后梁元帝被西魏处死，沈重又被梁主肖登委任为中书侍郎等官，并讲《周礼》。

梁于公元 556 年灭国，北周武帝慕沈重之名，专门写信并派柳裘专程到沈重那里聘请他到北周讲学。公元 565 年，沈重受聘来到北周京师洛阳，周武帝下诏请他参加讨论五经，校定钟律。随后又让沈重在紫极殿讲解"三教教义"，朝廷官员、一般知识分子、僧侣、道士前来听讲的多达二千余人。由于他的讲解条理清楚，分析透彻，并且深入浅出，因此大受听众的欢迎，人们当时把沈重关于经义的说明，都当作最权威性的解释。公元571年，北周武帝特授沈重为骠骑大将军，露门博士，并请沈重在露门馆为皇太子讲解《论语》。

公元578年，沈重认为他在北周已讲学多年，向周武帝上书，请求回归故里，武帝初不许，后经多次请求，武帝才让他回去。北周静帝大象二年（580年），沈重又到洛阳朝见静帝，隋文帝开皇三年（583年）沈重病死。死后隋文帝专门派人参加悼念，并追封为许州（今河南许昌市）太守。

沈重一生从事于教学工作，为当时培养了许多人材，对当时的教育产生过较大的影响。此外，他还写了大量的文章，他曾经著《三礼义》九十六卷、《毛诗义》二十八卷、《丧服经义》五卷、《周礼音》一卷、《仪礼音》一卷、《礼记音》二卷、《毛诗音》二卷。

曹宪论教育

曹宪，扬州江都（今江苏省江都县）人，生卒年代不详，约生于南朝梁代，死于唐太宗贞观年间，活了105岁。

曹宪曾担任过隋朝秘书学士的官职。每次开门讲学学生经常数百人。当时朝廷公卿以下的官员都曾向曹宪学习，大都是曹宪的学生。隋朝灭亡后，曹宪继续在家乡开办私学。唐贞观中，曾授予他弘文馆学士的官职，他因年老没有去长安任职，于是唐太宗又派使者到他家里，授予他朝散大夫的官职。唐太宗读书时，凡是遇到在字书上都查不到的难字，就经常派使者到曹宪家里去向曹宪请教。每次曹宪都对唐太宗所提出的难字的字义和读音作详细的解答。唐太宗对曹宪渊博的学识，非常惊奇和赞赏。

曹宪从事教育工作数十年，他与历代师儒讲学所不同的地方主要是曹宪教学生的教材不是传统的"五经"。他采用梁朝《昭明文选》为教材，自成一家。与曹宪同郡的魏模、公孙罗以及江夏（今湖北武昌）的李善和句容县的许淹等人都依照曹宪的主张，采用《文选》为教材来教育学生。这些人都成为当时南方兴办教育的名家，形成了所谓的"文选派"。这个"文选派"

对当时学校教育的影响很大。

曹宪除从事教育工作外，还对各家文字书籍很有研究，所以他擅长文字学。自从汉代杜林、卫宏以后，研究文字学的人极少，古文字几乎失传。通过曹宪对文字的研究，文字学的研究工作才逐渐被重视，参加文字学研究的人也才逐渐多起来。隋炀帝大业中，曹宪任秘书学士时，炀帝命令他与一些学者编撰《桂苑珠丛》共一百卷。当时就认为这部著作的内容既广博又精要。同时曹宪又训释张揖撰写的《广雅》一书，分为十卷。炀帝命令把这些著作都珍藏于秘书阁。此外，曹宪的著作还有《文选音义》，这部著作在当时就受到学者们的重视。

徐文远论教育

徐文远，名旷。洛州偃师（今河南偃师）人。生于梁简文帝大宝元年（550年），死于唐高祖武德六年（623年）活了74岁。

父亲徐彻曾担任过梁朝秘书郎，梁朝灭亡时，全家被俘虏到长安。后来徐文远的哥哥徐文林在长安开书店。徐文远每天到书店里去读书，于是通晓"五经"，特别对《左氏春秋》很有研究。

徐文远通过刻苦自学成为一位学识渊博的学者。隋朝的几个著名人物窦威、杨玄感、李密、王世充等都是他的学生。隋文帝开皇年间，著名的儒家学者沈重在太学讲学，听讲的人经常是一千多人。徐文远也曾经去听过沈重讲学，但是他只听了几天就走了。学者们问他为什么只听几天就不听了呢，徐文远回答说："他讲的都是书本上有的，我已经早就背熟了。除此之外，没有什么深奥的新内容。"学者们把他的看法告诉了沈重。于是沈重请他来共同讨论，经过反复的辩论，沈重也十分佩服徐文远的学识。

徐文远一生从事于教学工作，从隋初到唐初约四十多年，任过太学博士、国子监博士等职，是隋代和唐初的一位很有影响的教育家，他讲课不是照本宣科，不拘泥于儒家经典，而是讲出新的意义。在讲解中仔细分析评论前代儒家经典中的正确和错误的地方，以及当代学者的见解，同时讲明自己对这些问题的看法。旁征博引而又很有条理，很有说服力，学生听起来完全忘记了疲倦，很受学生的欢迎。尤其是他对《左氏春秋》有深邃的研究。公元623年（唐高祖武德六年），李渊到国子监参加开学典礼，由徐文远宣讲《春秋》，当时的儒家学者向他提出了许多问题，他都一一作了详细的回答，没有一个问题把他难住。唐高祖对他渊博的学识感到十分惊奇。

徐文远的著作有《左传音》三卷、《左传义疏》六十卷。

陆德明论教育

陆德明，名元朗，苏州吴县（今江苏省苏州吴县）人，生于梁敬帝太平元年（556年），死于唐太宗贞观元年（627年），活了七十二岁。

南朝陈太建时期，陈后主为太子时，曾经召集全国有名的儒生学者到承光殿讲论经义，当时陆德明还是一个不到二十岁的青年，也应召参加，被安排在最末一个坐位上。国子祭酒徐孝克讲述经义，他依仗自己的显贵地位十分傲慢而且盛气凌人地与儒生学者进行辩论，参加的儒生学者都辩论不过他，只有陆德明和他相持辩难，而且陆德明还多次把徐孝克的立论驳倒，大家对陆德明的学识非常钦佩和赞赏。因此陆德明就被任命为始兴王国左常侍，后又委任为国子助教。陈朝灭亡以后，陆德明回到家乡吴县。

隋炀帝初年，被任命为秘书学士，大业时期升任为国子助教。越王侗委任他暂任国子监的副长官，即国子司业。隋末，陆德明将家迁到成皋（今河南荥阳县汜水镇）。

唐初，被征召为秦王府文学馆学士。并拜为中山王承乾的老师。后来又补升为太学博士。贞观初，委任为国子监博士。

陆德明是隋末唐初有名的儒家学者和教育家。最初，他曾拜周弘正为师，研究过玄学，因此长于论述玄理。后又刻苦钻研"五经"。隋炀帝大业时期，曾下令广泛召集通晓"五经"的学者、儒生授予官职，全国应召的很多。陆德明也应召到京城，后来与鲁达、孔褒等人一同派到门下省，互相辩难，大家都不及陆德明的学识广博，于是被委任为国子监的助教。王世充在洛阳称帝时，也十分羡慕陆德明的学识，并叫他的儿子汉王玄恕拜陆德明为师，但被陆德明拒绝了。唐高祖武德六年（623年），李渊到国子监巡察。由国子博士徐文远讲《孝经》，和尚惠乘讲《波若经》，道士刘进喜讲《老子》，陆德明根据他们讲述的内容提出许多新问题和他们辩论。三位学者都被陆德明提出的问题问住了，不能回答。唐高祖对陆德明的学识极为赞赏，并奖赏陆德明五十匹锦帛。陆德明死后，唐太宗读到陆德明撰写的书籍，也极力称赞陆德明的学识渊博。由此可见，陆德明是当时一位学识水平很高的教育家和学者。

陆德明的主要著作有《经典释文》三十卷、《老子疏》十五卷、《易疏》二十卷。

陆九渊论教育

南宋乾道八年（1172 年），抚州（今江西）金溪县陆家村有一位新科进士名叫陆九渊，字子静，年方 34 岁，中等偏上身材，白净皮肤，举止文雅，看上去好似体弱多病之人。然而他却学问渊博，性情孤傲，不拘言笑。刚从行都归来就在家辟"槐堂书屋"，开门授徒讲学，一时远近风闻，从学者络绎不绝。

陆九渊出生在一个没落的官僚地主家庭，从小就受到良好的文化教育和封建伦理熏陶，养成了好思多疑的治学性格。他五岁入学读书，七八岁时即得乡誉。读《论语》时就怀疑《学而》篇有子三章。后来读《孟子》，对孟子和曾子的思想十分欣赏。他读书一贯注重考索，不轻信他人。他跟别人说："小疑则小进，大疑则大进。"据说他儿时就很善于思考，思天地何所穷际不得，至于不吃饭，父亲呵斥他，遂姑置之而心中常琢磨。十三岁时因读古书见"宇宙"二字解为"四方上下曰宇，往古来今曰宙"得到启迪，提笔在书上注道："宇宙内事，乃己分内事；己分内事，乃宇宙内事。""宇宙便是吾心，吾心即是宇宙。"十七岁时，这位性格旷达的青年写了一首《大人诗》表达自己的远大志向：

从来胆大胸膈宽，虎豹亿万虬龙千，从头收拾一口吞。有时此辈未妥贴，哮吼大嚼无毫全。朝饮渤澥水，暮宿昆仑巅，连山以为琴，长河为之弦，万古不传音，吾当为君宣。（《象山文集》卷25）

陆九渊少年时在趣味和感情方面曾受到庄子的影响，养成好自然、任性情的"狂者"精神性格。青年时期，陆九渊对国家政治、军事利害非常关心，听人一谈靖康间事，复仇之情油然而生，他到处访求智勇之士，大有一番报效沙场的气概。他常常放下书本，练习武艺，设阵画图，研究战法。

24 岁时，陆九渊参加乡试中举，开始形成儒家人生观。他与朋友和考官写信表达志愿，说他少时慕古，长欲穷源，不与世欲背驰而非，必将与圣贤同归而止。要引重任以自强，穷则与山林之士约六经之旨，使孔孟之道昌明天下；达则与庙堂群公同扶纲常，使尧舜之化纯被于斯民。27 岁时参加省试却没有考取，这对他并未造成什么精神压力，相反却促进他进一步潜心研读儒家学说，使得他的思想更具儒家的特质，其人生志向也越来越坚定于宏扬孔孟之道以重建社会思想意识，特别是封建人伦道德方面。所以，自他中年开始讲学，就从一种新的角度标新立异。不久，陆九渊的名声大震，他的学说思想广泛传播，大有压倒当时学术地位相当显赫的朱熹的气势。

陆九渊本来政治抱负十分远大，希望有朝一日跻身朝廷担当大任，以孔孟之道整治天下，以一振赵宋王朝，"使尧舜之化纯被于斯民"，但是自 36 岁到 48 岁，仕途很不得志，一直只做县主簿、国学国子正、敕令所删定官等小官，在政治上几乎没有什么作为。但是，他在学术和教育实践上却都取得很大成绩，集儒家主观唯心主义思想之大成，创立了心学思想体系。

淳熙二年（1175 年），陆九渊应吕祖谦的邀请，偕五兄陆九龄一起去铅山鹅湖寺会见朱熹。这是朱陆二人的第一次会面。朱陆二人在维护封建纲常名教和注重道德修养方面是一致的，只是在修养方法、学习方法上发生了争论。朱熹教人意欲令人泛观博览而后归之约，陆九渊却认为教人应当发明本心而后使之博览；朱熹主张"即物穷理"，陆九渊说"心即理"，只需发明本心；朱熹认为道德修养之法在于先求学问方法，而后进于德行，陆九渊以为德行的本体就是学问，故专以"尊德性"教人；朱熹教人以"道问学"，陆九渊则反之以易简直截；朱熹要求学者修身在次第上始于洒扫应对进退之末，极之礼法威仪之至，凡节文度数并有不可不重，陆九渊要求学者遇事须践履，不必细分节目次第先后；朱熹以六经为金科玉律，主张"穷理在于读书"，注重考据注释，陆九渊则反对注释考训，以为"学苟知本，六经皆我注脚"，

"六经当注我，我何注六经"。总之，朱熹的方法是经验的、归纳的，故学者力量不足或流入支离灭裂，而陆九渊则是直觉的、演绎的，简易直截，自彻上下。朱陆二人由于在上述教学方法上意见不合，结果争论了很久，谁也不能说服谁。朱以陆教人太简，陆以朱教人为支离，并写诗批评道："易简工夫终久大，支离事业竟浮沉。"朱熹当时很是老大不高兴，接着次日再就上述问题展开激烈辩论，结果还是相持不下，致使这次辩论终无一致意见。三年后，朱熹乃答诗曰："旧学商量加邃密，新知培养转深沉。"

朱陆二人在学术观点上的争论是十分尖锐的，但他们之间有着十分深厚的友谊。淳熙八年（1181年）春二月，江南的早春到处莺歌燕舞，鸟语花香，风景如画。崇安县主簿陆九渊轻装徒步径向庐山五老峰下的白鹿洞书院走来。因为他的好朋友朱熹正在南康任太守，为了昌明理学，他修复了白鹿洞书院。在这里时贤彦士聚集一堂，在朱熹的主持与教育下在一起研习儒家经典，辩论各种疑难。陆九渊深敬朱熹的办学热情和卓越的办学能力，不辞跋山涉水之劳，走访白鹿洞书院，一来看看这享有盛誉的教育机关，二来想与阔别六年的朱熹切磋学问。来到白鹿洞书院，朱熹得讯远道相迎，十分客气礼待。久别重逢，这两位理学大师格外亲切，一夜间相谈学问，朱熹发现陆九渊的"辨志"说十分深刻精辟，心学理论也有许多独创发明儒学的地方，并且陆九渊为人涵养深密，躬行笃实，堪为一代人师，这些使朱熹十分钦敬。

翌日早，朱熹恳切地请求陆九渊为白鹿洞诸生讲授"辨志"，陆九渊欣然应从。他以讲解《论语·里仁》"君子喻于义，小人喻于利"为题，批评世俗士人以利禄为心，惟官资崇卑和禄廪厚薄是计，沉心科场得失，泪没于文字章句之末技，全然不顾国事民隐和社稷江山的安危，因此唯个人之利是图，忘怀士君子修身齐家治国平天下之大义。陆九渊的一席讲演，对儒家义利观发明敷畅，言词又恳到明白，其议论之处皆有以切中学者隐微深痼之病，听者莫不竦然动心，至有触动流涕者。当时朱熹也在听讲，当听到陆九渊批评时弊时，不觉毛骨悚然，满头冒汗。他对陆九渊的精湛讲演十分赞赏，特将其讲义勒刻于石，并亲为之跋。至今这块石碑还树立在白鹿洞书院。

陆九渊和朱熹在学问和交谊上都是互为良师益友，在论辩交往中，陆九渊的心学不断发生着哲学的深化。他的"本心"范畴的涵义除了从孟子那里吸收来的、带有儒学传统色彩的"四端"外，还增加了具有宋代时代色彩的理学内容。他提出"心即是道，即是理"的命题，这样"本心"也就有了更深、更高的"道"（理）的品性了。把道或理作为世界最后根源的哲学范畴来理解，是宋代理学的创造，而陆九渊经常是把它理解为人心所固有，所以他说是"心即理"。但是，光说明这一点是不够的，因为现实的人往往违背伦理道德，做出许多非道德的事来，所以必须在论证人的伦理道德行为的根源的同时，寻找出人的违背伦理道德行为的原因。陆九渊在回答这一问题时指出"心有蔽"，也就是说"本心"受到外在的物欲人情的污染。愚不肖者之蔽在于物欲，贤者智者之蔽在于意见，高下污洁虽不同，其为蔽理溺心而不得其正则是一样的。有鉴人心有蔽，陆九渊提出"求放心"和"辨志"等简易工夫之外，增加"剥落"和"读书讲学"等修养方法。他说："人心有病，须是剥落"。所谓"剥落"，就是在躬行实践中克制私欲物念，洗刷非伦理道德的恶念，要像刮垢去污一样使之剥落。他认为剥落得一番就清明一番，欲又起来又剥落又清明，须是剥落得净尽时"本心"才能彻底清明。当"本心"清明时，它自然见父知孝，事君知忠，自然会仁民爱物。所谓"读书讲学"，就是"亲书册"、"亲师友"，去己之不善以归于善。因为人蔽于邪说邪见，陷溺错谬意见，只有通过读书讲学才能明白道理，知道为什么错和错在哪里，然后才能自我于心中"剥落"。但是，不论是"剥落"还是"读书讲学"，都要以"发明本心"为出发点和归宿，在原则上要简易直截，特别是读书讲学要以明理为目的，决不应沉溺文字章句的繁琐哲学。因此，他的这些思想突出强调了以道德修养为教学的根本任务，比起朱熹的读书法则来，更显得目的明确，方法简易。朱熹在晚年见其弟子读书不明，陷溺文字章句训诂支离之弊，才认识到陆九渊的这些方法的正确性，但想纠正自己学术思想的流弊，却因自己年迈精力疲竭，力不从心，以致后悔得很。

陆九渊49岁以后，以祠禄官闲居。这时他在贵溪应天山讲学。后来他改名天山为象山，这是他讲学的极盛时期，也是他的心学完成时期。在此期间从学和问学的人极多，每日间接踵而至，络绎不绝。郡县礼乐之士，时相谒访，喜闻其化，所以四方学徒大集。在象山讲学五年，其花名册上记下的学生姓名逾数千人之多。由此他开创了以他为核心的心学学派，独树一帜，标新立异，远近风闻向慕，天下学士均尊称他为"象山先生"。

象山讲学，不仅规模和影响空前扩大，而且其讲学方式与方法也大有变化。此时陆九渊讲学颇有继承道统的学派首领的姿态。

讲学之地设在象山上他们自己动手建筑的草庐。陆九渊居住在方丈里，众多学生亦聚居在草庐中。每天早晨，精舍鼓响，声震山野，陆九渊乘山轿至讲学之地。众百门生向他行过礼毕，他就升坐开讲。授课之前，学生又以一小牌书姓名年甲以序揭之，依次而坐，齐肃无哗。陆九渊容光焕发，精神抖擞。诸生皆展开书本笔墨，倪首恭听。陆九渊讲授课程，非徒讲经，而旨在启发学生的"本心"，即唤起学生仁义礼智信等封建道德情感和道德信念。他吐音清晰，讲得娓娓动听，引起学生的极大兴趣。初及门的学生有的欲质疑，有的欲致辩，有的以学自负，还有的立崖岸自高，但一当听讲后多自屈服，不敢复发旧时意见。而有的学生愤悱欲言而不能表达时，陆九渊即不时启发诱导，代为之说，宛如学生自己所欲讲出的一样。因此学生无不欢呼雀跃，手舞足蹈不能自已。教学时，陆九渊除了采用讲授法外还提倡自由讨论，学生中凡有片言半辞可取之处，他就马上予以奖掖进益之，所以人皆感激奋砺，以游乐学。有的学生进步之快，大有一日千里者。

陆九渊很注重劳逸结合，反对整天闭门读书。平时他常带领学生抚琴咏唱，高诵抒发情感的豪迈气概的楚词及古诗文，或者漫步山水之间，观看瀑布，以此来陶冶学生的审美情趣和怡然自适的达观性格。陆九渊很热爱大自然，也很注重仪表的美化，即使在盛暑季节，他仍然衣冠整肃，望之如神。

在象山讲学期间，为象山不仅培养了大批的学术人才，而且他的理论思维随着讲学内容的深化而冲出了社会伦理的范围，以整个宇宙为思索背景。在新的理论思维背景下，他将自己的世界观、方法论加以综合，提出了他的心学的最终目标，即落实到教育意义上的明理、立心、做人。

所谓"明理"，即是首先从世界观上确认，世界都是"理"的产物或表现。理即是心，明理即是立心。所谓"立心"，也就是"大心"的意思，即是体认万事万物皆心所生，不要执著于一事一物，要自作主宰，不要役于外事外物。其实，在他看来，"明理""立心"只不过是极力扩充主观自我的思维的过程，这一过程的结局是"做人"。他说："宇宙之间如此广阔，吾身立于其中，须大做一个人。"

"做人"是历代儒家教育的宗旨。然而，做什么样的人呢？陆九渊却与前人有别，一是要做伦理上的"完人"，一是要做独立人格的"超人"。所谓"完人"，就是说人心本有"四端"之善，明理、立心，扩充四端，使仁义礼智都得到完全发展，在伦理道德上尽心尽性，自然耳自聪，目自明，事父母自能孝，事兄自能悌，事君自能忠，待友自能信，本无少缺，不待他求，这样的人就是符合封建伦理道德的完人。所谓"超人"，乃是从"心即理"、"吾心即宇宙"的前提出发而设想的最高理想人格。通过明理、立心，扩充自我，必然要做一个驾驭万物之上的、无所不知、无所不能，不为人情物欲所牵制的"大人"。陆九渊形象地描绘了这种顶天立地的"超人"："仰首攀南斗，翻身倚北辰，举头天外望，无我这般人。"即我与天地万物同为一体，达到儒家最高的"天人合一"的道德境界。由于陆九渊心学的最终目标"做人"，并非一个社会生活的实践过程，而是一个主观思维的自我道德理性的扩张过程，又加上他的立论基础是"心即理"和"吾心即宇宙"，所以时人称他的学说为"心学"。尽管心学具有浓厚的道家和佛禅的某些色彩，甚至它们的某些概念或思想也被加以熔冶改造利用，但心学的本质不是道家或佛禅，而是以儒家传统的伦理道德为根本内容，以教人"做人"为教育宗旨，以积极入世和达观进取为精神，强调其学术经世致用，主张道德、政治的实践，所以心学是改造和发展到宋代时代具有新的面貌的儒家思想形态，其突出的特点或贡献是强调个人主观能动性和道德自我完善的修养方法，对道学尤其程朱学派的修养方法是一种带有批判意味的修正。程朱学派本来与陆九渊学派在维护封建纲常名教方面没有根本的利害冲突，朱熹和陆九渊也本是良朋益友，只是因为后来程朱势力发展更快，并被官方捧为"正统"儒学，加上程朱学派末流与陆氏学派末流争夺"道统"地位，以致互相攻讦，成者为王败者为寇，所以陆学被蒙上"禅学"和"邪学"的罪名，并被后来的朱学末流压迫了四百余年，直到明代王守仁才使陆学和陆九渊的真相大白于天下。

陆九渊的教育思想，主要是关于道德教育的，在道德修养方法上系统言之，大抵有如下几个方面：一、把培养封建伦理道德修养当作学习的唯一目标和内容，学习是认识"本心"而不是认识外界事物。只有先完成认识道德本体，确立了立场，把道德心理的田地打扫干净之后才可以去读书学艺，故"主于道则欲消艺进，主于艺则欲炽道亡，艺亦不进。"二，是整体明了，不是逐一认识和理解。因为"本心"是一个具有根源性的伦理精神实体，它不仅是认识对象，同时也是认识主体，认识了它即认识了世界全体，一了百当，一是皆是，一明皆明。三，批判俗学重科举功名利禄，溺于词章考训，同时也不满朱熹"格物致知"和"读书穷理"的繁琐方法，提出了由"简易工夫"、"剥落"、"优游读书"三个互相联系的道德修养方法。陆九渊是十分注重读书的，但他主张的方法不同于朱熹的读书法。他说："读书固不可不晓文义，然只以晓文义为是，只是儿童之学，须看意旨所在。"还说："所谓读书，须当明物理，揣事情，论事势"，"今之学者读书，只是解字，更不求血脉。"他认为学贵自得于心，"自得、自成、自道，不倚师友载籍。"在经学教育上这种不重考训文字和死啃因循传注的方法，在很大的程度上打破了自古以来圣经贤传的经学传统，强调了个人在学习上的独创精神。这在当时的确是难能可贵的。

陆九渊五十三岁时，出知荆门军。在治理荆门的一年中，他的教育随着他的政治实践经验感受逐步注意由内心道德修养方面转向事功务实轨道。为防御金人南下，他率民筑荆门城墙，信捕获之赏，重奔窜之刑，整治了地方军队，开展了军事教育。他整修烟火保伍，推行王安石的保甲法，革除税务火弊，对官吏及百姓进行政治教育。同时他还力兴郡学贡院，在朔望及暇日亲临学校为诸生讲授，整顿了学校教育。陆九渊的"荆门之政"很快得到了统治上层的赞扬，如丞相周必大就大加赞赏荆门之政，称赞躬行之效。陆九渊自己从治理荆门的政务中认识到："大抵天下事，须是无场屋之累，无富贵之念，而实是平居要研核天下治乱，古今得失底人，方说得有筋力。"

十分惋惜，正当陆九渊渊雄心勃勃要大展其以"心学"来治理政治的宏图时，他却疾病缠身，不幸早死，卒年才54岁。嘉定十年（1217年）赐谥文安。他一生只著有《象山文集》三十二卷，其门人将他的讲学语录亦只收为四卷而已。尽管陆九渊著作不多，但由于他在南宋思想学术界独树一帜，到晚年讲学多与朱熹对垒而立，吸引很多学子。他早年在家乡金溪槐堂书屋授徒，晚年在应天山立象山精舍讲学，中年宦游和任国子正，亦有不少从学问道之士，所以在他死后称陆门弟子者数千人。其中他的及门弟子大多分布在江西和浙东两地，两地弟子的风格和对陆学的建树也有所不同。江西方面多是簇拥象山讲席，致力于陆派门户的确定，以傅梦泉、邓约礼、傅子云为首。浙东方面折服"本心"说，著力于陆九渊心学的阐发和扩展，以杨简、袁燮、舒磷、沈焕四人为代表。其他著名弟子均见诸《宋元学案》。陆九渊学说虽不被官方推崇，但在民间学术界广为流传，至今仍为国内外学者重视和研究。

陈亮论教育

南宋乾道、淳熙年间，在举世风靡程朱理学、陆九渊心学的同时，在浙江崛起了以薛季宣、陈傅良、陈亮、叶适等为代表的事功学派。其中以陈亮、叶适最为杰出，他们对教育问题的认识展示了南宋教育思想的另一个侧面。

陈亮的生平

陈亮，字同甫，浙江永康人，人称龙川先生。他出身于小地主家庭，年轻时即崇尚汉、唐"伯王大略"，喜欢谈论兵事、倡言改革，力主抗金，怀有中兴复仇的抱负，辛弃疾称他有"平益万夫"之慨。

陈亮在51岁时因其对策深得光宗赏识，被亲擢为进士第一名。授官后未及上任即于次年病卒。终身以经营田园和教书为生。

从1182年至1193年，陈亮以书信的形式和朱熹就王霸、义利、成人之道等问题展开了长达11年之久的争论，深刻反映了两者之间在学术和教育思想上的严重分歧。

陈亮的著作有《陈亮集》，是我们研究陈亮教育思想的主要资料。

陈亮的教育思想、教育目标

1. 教育目标

陈亮认为教育的目标应当是培养道德和事功能力兼备的人，结合南宋社会的实际，他认为尤其应该突出强调人才的事功能力，这和朱熹要求培养"粹然醇儒"和"充备盛德"的"圣人"大相径庭。

朱熹认为三代行的是理义和王道，汉唐行的是利欲和霸道，故三代"曰义曰王"，汉、唐"曰利曰霸"。朱熹认为应该追求像三代那样理想的王道社会，教育人们成为"穷理修身，学取圣贤事业，使穷而有以独善其身，达而有以兼善天下"的人。

与朱熹相对立，陈亮认为：首先，事实不可能尽如朱熹所言，"三代以前都无利欲，都无要富贵的人"，"才有人心便有许多不净洁"。其次，汉、唐比之三代"虽礼文多缺"，但也未尝不干了一番轰轰烈烈的事业。历史事实是，社会已经转化成一种"义利双行、王霸并用"的社会，陈亮对这种社会（如汉、唐）给予充分的肯定。与这种社会相适应，陈亮提出教育的目标应该培养具有"推倒一世之智勇、开拓万古之心胸"的人。这种人必须有建功立业的能力和胆识，有救时之志，除乱之功，或至少有某一方面的特长。

基于其"义利双行，王霸并用"的社会政治观点，陈亮认为推动历史前进的未必完全是那些纯粹的道德之士，所以他说："考论人物，要当循其世变而观之，不可以一律例也"。不可"一绳以帝王之盛德"。陈亮批评当时在理学、心学的影响下，士风、学风表现为"一艺一能皆以为不足自通于圣人之道也。……为士者耻言文章、行义，而曰'尽心知性'；居官者耻言政事、书判，而曰'学道爱人'。相蒙相欺以尽废天下之实，则亦终于百事不理而已。"

2. 教育内容和学风

陈亮称不上是一个真正的儒家学者，不推崇"淳儒"。他自称说："亮口诵墨翟之言，身从杨朱之道，外有子贡之形，内居原宪之实。"可见也不以儒自居。他的教育内容已经远远超出了儒学的范围，他除了重视对历史文献的考订以取得对现实政治的借鉴外，尤注意诸如兵法、山川形势、水利、度量权衡、官民商农等事功知识的讲论。他认为学校应该成为讨论学术、参议时政的场所，主张"天子设学校于行都，使之群居切磨、朝暮讲究，斥百家之异说而不以为妄，言当今之利害而不以为狂，所以养成其才而充其气也"。对被儒家学者称之为"异端"的学说，陈亮的看法是，其中有违背常理的一面，也有独到的见地，如果能够"得其颖脱而不惑乎背戾，一旦出而见于设施"，便可"成天下之骏功而莫能御之者。"

陈亮在学风上突出表现为实学、实用的特点。他斥责那些静坐体认、涵养心性、低头拱手以谈性命的心学和理学门徒都是一群"风痹不知痛痒之人"。强调从历史发展的实迹中寻求解决现实问题的手段,提倡"考古今沿革之变,以推极皇帝王伯之道,而得汉、魏、晋、唐长短之由。"陈亮认为,对书卷也应抱适当的怀疑态度,"书卷不足凭","书生之论不足凭",应该参之以实测和亲身体验。与性命之学疏阔的学风相对立,陈亮十分重视知识的实际功效和应用价值,认为"人才以用而见其能否"。人的聪明才智只有在实际政治事务中才能得到识别和提高。

此外,陈亮在学习方法上的一些体会也很有见地。如他认为有些书的内容未必可取,但具有启发心智的作用,我们可以从中学到一种思考问题的方法。

叶适论教育

叶适的生平

叶适,字正则,浙江温州永嘉人。晚年罢官后,退居永嘉水心村著书讲学,所以后人又称他为水村先生。

叶适出身在一个三代贫儒家庭。他成年后,迫于生计先后在故乡永嘉以及乐清、吴县(现属江苏)一带辗转教授。教学内容中不仅贯串了他"博达论类,尽究古今之变"的教育思想,有时他还教授学生一些"齐民治生"之法。事功与求实的精神已表现在他早年的教育活动之中,叶适29岁中进士后,度过了长达近30年的仕途生涯,其间他也未完全脱离教育活动,不仅曾先后担任太学博士和国子司业,且在平时,也常常有弟子相伴随。

由于叶适长期从事政治实践,使他对当时的国情和南宋社会的矛盾有比较深刻的了解。他认为,教育必须服从南宋急需复苏国力、抗金收复失地这一中心政治任务。

叶适的著作有《叶适集》(包括《水心文集》和《水心别集》)和《习学记言序目》,这些都是我们研究叶适教育思想的主要资料。

叶适的教育思想

1. 论人性及教育目标

叶适的人性论排除了道德的先验性。他认为人性是没有道德属性的，古人"不以善恶论性，而所以至于圣人者，则必有道矣"。教育者应着眼于后天的修养，而不要执迷于先天的善恶。但是叶适又认为，对于孟子的性善论和荀子的性恶论都不应予以厚非，并对其在特定的时代背景下的教育实践意义加以肯定。

叶适强调人性的平等性。"性合而中，物至而和，独圣贤哉？乃千万人同有也。"他指出学习是成为圣贤的必要条件，人人都可以成为圣贤。"学者圣之所出，未学者圣之所存"。叶适从天赋平等的观点出发肯定了教育权利的平等。

叶适人性论的最重要的一点是，他在人性平等的基础上强调人之质的差异性。他认为，"性"是对各种不同"质"的抽象，"质"是"性"的具体表现。在一个具体的人身上"性"、"质"是统一的。教育的作用一方面要克服个体因"质"的不同而阻碍人们对维护封建社会生存和发展的"道"的一致认识；另一方面要因"质"施教，培养封建国家所需要的不同类型人才。

叶适这种"性质合一"的人性论思想为他培养道德和事功能力合一的封建统治人才的教育目标提供了理论基础。"尽性"可以在人类共性的基础上统一对封建社会道德和王道理想的共同认识；"因质"可以在人的个性基础上培养丰富多彩的不同类型的封建事功人才。

2. 论教育内容和学习方法

叶适提出的教育内容范围很广，包括：儒家的传统教材《六经》，各代历史，以及诸子百家的书籍，基本上是一个以经学为"统纪"，以史学、诸子百家之学为依托并注意参证实事的体系，即他所说的"据经陈史，质证今事"。

叶适对儒家经典的重视主要是强调以儒家的政治伦理观对历史科学和现实政治的指导以及诸子百家学说的"统纪"作用，目的是为了既能吸收古今不同学派中有利于封建事功的成分，又不让它来动摇封建国家的基本政治伦理原则。

事功学派在教育上的一个明显特点，就是提高史学在教育内容中的地位。叶适认为历史不仅可以帮助人们树立适合封建统治需要的人生观和道德品质，而且可以从历史的治乱兴衰中吸取借鉴，为现实政治服务。

叶适认为人的学习过程是一个学思结合，"内外交相成"的过程。他在批判学习过程中的学而不思、思而不学的两种不良倾向时，把矛头直指心学、理学，认为他们"专以心性为宗主，虚意多，实力少，测知广，凝聚挟，而尧舜以来内外交相成之道废矣"。叶适认为学习过程可以分两种途径，即"自外而入"的途径和"自内而出"的途径。通过"自外而入"的学习途径，可以获得两种类型的知识：一种是由主观和客观的直接结合（"格物"）产生的知识；一种是历代积累的文化遗产。"由内而出"的学习途径，是一种从主体中已具有的知识经验推衍新知识的学习过程，但他必须具备知识和经验基础。无论是哪种学习途径都是叶适所赞许的。"二义不同，而皆足以至道，学者各行其所安可也。"

叶适认为，要有效地获得知识，必须有端正的学习态度和良好的学习方法。

（1）立志。立志具有两层含义，其一是指人生追求的总目标："志者，人之主也，如射之的也"。但人的志向各异，唯一正确的志向是"志于道"。其二是指在实现人生理想过程中虽"备荼苦而蓼辛"，但却百折不挠的刚毅品质。

（2）意与力。"意"是指一种具体学习目标的设计，是心中的愿望；"力"是指为实现目标所付出的实际劳动。"学以知意为始，以尽力为终"。为了杜绝学习过程中长于空想而短于行动的学风，叶适提出：①"宁少于其意而致多于其事。"②立力所能及之意。"力所不及，圣贤犹舍诸；力之所及，则材为实材、德为实德矣。"③"以力从意，不以意为力"。即当确立了学习目标之后，就要为实现目标作出努力，不可以空想代替实干。

（3）勤奋。"智者知之积"，人的才能和智慧是长期学习积累知识的结果，"非一日之勤所能为也"。因此应肯于做细致踏实的功夫，着眼于"一粒之萌芽，一缕之滋长"。

（4）自立于已，虚受于人。在学习中既要有主见，不盲从别人，又要谦虚地向别人学习。学习是一个"其智交相明，其材交相成"的取长补短、共同受益的过程。不可"专于已，绝于人"；亦不可"虚受于人则失已，自立于

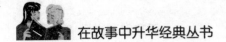

己则失人"，要在既不要强人就己，也不要屈己从人的基础上做到人己的统一。

邢昺论教育

邢昺字叔明，宋曹州（今山东荷泽南）济阴人。北宋初期教育家。生于后唐明宗长兴二年（932年），死于宋真宗大中祥符三年（1011年），活了80岁。宋太宗太平兴国初年，邢昺以通"九经"及第，授予大理评事（司法官），任泰州（今江苏泰州市）盐城监。后召回京师任国子监丞，又讽为国子博士，专门作各王府的老师。宋太宗雍熙时期，升为水部员外郎。端拱元年，又调任为金部郎中。宋真宗即位后，调为司勋郎中。真宗咸平初年，升调为国子祭酒，兼翰林院侍讲学士，给真宗讲《左氏春秋》等。同时奉真宗之命，与当时朝廷的儒家学者杜镐、舒雅、孙奭、李慕清、崔偓佺等人校定《周礼》、《仪礼》、《公羊传》、《谷梁春秋传》、《孝经》、《论语》、《尔雅义疏》等书籍。宋真宗咸平五年，提升为工部侍郎，仍兼国子祭酒、翰林院侍讲学士。真宗景德三年，又调为邢部侍郎。景德四年，邢昺因为年老，请求回家休假，宋真宗提升他为工部尚书，并主管他家乡曹州的工作。宋真宗大中祥符元年，又提升刑昺为礼部尚书。大中祥符三年，邢昺病死。

邢昺一生虽然担任过许多官职，但他的主要活动是在宋王朝的宫廷里和国子监从事教学工作。他从宋太宗太平兴国二年（977年）到国子监任教起，至宋真宋景德四年（1008年）回家乡曹州止，一共在国子监任职三十一年。其中担任国子监祭酒十年。同时还任诸王府的教师和宫廷的教师。他先后给宋真宗和诸王公及其子弟、还有国子监的学生等主讲过《孝经》、《礼记》、《论语》、《易经》、《书经》、《诗经》、《左氏传》等。他在讲授过程中，除了引述各家学说的见解之外，还结合当时情况，举一些具体的实例来说明书中理论的意义。对学生提出的各种问题，他针对不同问题、不同情况给予解答，很受学生的欢迎和真宗皇帝的嘉奖。宋真宗对邢昺十分尊重。在他病死前，专门派了太医院的医生给他治病，而且还打破惯例，亲自到邢昺家里去探望他的病情。

邢昺在宋太宗雍熙时期，编撰有《礼先》二十卷。

孙奭论教育

孙奭，字宗古。宋博州（今山东聊城）博平人。北宋教育家。生于宋太祖建隆三年（962年），死于宋仁宗明道二年（1033年）。活了72岁。孙奭从小就与家乡的少年拜同郡的学者王彻为老师，学习五经。他学习非常努力，成绩特别好。王彻死后，有的同学就向孙奭求教。孙奭对同学们提出的各种问题都给予详细的回答。同学们都很钦佩他的学识。于是原来王彻的数百名学生都拜孙奭为师，学习《五经》经义。宋太宗时，孙奭参加科举"九经"科的考试，被录取，授予莒县（今山东莒县）主簿。又升为大理评事、国子监直讲。宋太宗曾亲自到国子监听他讲《书经》，对孙奭的讲解十分满意，特别给予嘉奖。朱真宗即皇帝位后，委任孙奭为各王府的教师，并兼职于太常礼院、国子监、司农寺。后又升为工部郎中、龙图阁待制。真宗大中祥符六年，以父亲年老为理由，要求辞官回乡，未被批准，并调到密州（今山东诸城）作地方官。两年后又调升为左谏议大夫。不久又调河阳、兖州（今山东兖州）等地作地方官。宋仁宗即位，又调到宋王朝的中央政府，委任为翰林院侍讲学士，还主持审官院兼国子监。后又监太常寺及礼院。并三次担任兵部侍郎、龙图馆学士。因为年老曾经多次请求辞职都没有批准，拜他为工部尚书，仍然主持兖州的工作。还没有离开京城，又改为礼部尚书。孙奭再三请求辞职，后以太子少傅的官职，辞职回家，不久就病死了。

孙奭一生，在宋王朝的中央政府和地方政府作官四十年左右，经历宋太宗、宋真宗、宋仁宗三朝。他一生的主要活动是从事教学工作。他在没有担任官职以前，就在家乡开办私学，进行讲学活动。当他考中宋王朝的"九经"科，被委任为莒县的主簿后，还没有去上任，就向宋太宗写报告，要求到国子监作教师。于是委任他为国子监的直讲。宋真宗时，又被派担任各王府的老师，同时兼任国子监的工作。宋仁宗时，孙奭又被委任为宋王朝宫廷的教师，直到他临死前一年都还在宫廷里讲学。孙奭在几十年的教育工作中，讲述经义时，总是把各种经义和当时宋王朝统治的实际情况结合起来，讽谏宋王朝的统治者，要以前代的"乱君亡国"为鉴诫。他提出"安知今日戍卒无陈胜，饥民无黄巢"来警告宋王朝的统治者，要体恤人民的疾苦，才能巩固统治政权。因为他长期担任教学工作，宋王朝的中央和地方政府的官员，大都是他的学生，所以孙奭在当时就是一位有影响的教育家。

孙奭的著作有：《经典微言》五十卷和《崇祀录》、《乐记图》、《五经节解》、《五服制度》、《真宗实录》等。还与邢昺、杜镐等共校定过诸经正义、《庄子》、《尔雅》释文。考正《尚书》、《论语》、《孝经》、《尔雅》谬误及律音义。

顾炎武论教育

生平及教育活动

顾炎武平生精力超人，从少年到老年，没有一刻时间离开书本，他不管到任何地方，都是以两匹骡子、两匹马载书，经过边塞亭驿，又总是要叫老兵来询问情况，凡是问到山川地名、掌故等与自己所知道的不相符合，就立即翻开书本勘对。经过平原大野时，他就在马背上默默诵读各种经史子集的注疏。他还常常与朋友们讨论学术问题，在讨论中，极力反对陆象山、王阳明的心性之说，提倡通经致用的实学。他最精于经学与音韵学，在考证学方面也可以说是清朝初期的开山祖师。顾炎武与黄宗羲有点不同，他不象黄宗羲那样召集许多学生在一起讲学，他认为这是图虚名以鼓动人心，是一种败坏风俗的事情。他主张与学者们在一起学习，研究经世致用的实学，反对大开讲会，因此，他的学生不如黄宗羲的学生那样多。但他四十五岁以前，多在江南一带，四十五岁以后又走遍了北方各省，与各地的学者们交游探讨学术，因此，顾炎武对于当时南北各省的教育和学风都有一些影响。

教育思想

顾炎武在教育方面，反对明末学者徒劳无益地崇尚空谈，狂妄卑薄，不讲实用之学，不讲气节的风气。并指斥了明末科举的弊病，提出了讲究实学的主张和改革科举考试的意见。

顾炎武特别强调学者应"博学于文，行已有耻"。意思是知识分子要广博地学习，有通经致用的学问，有孝廉尚耻的品德，以挽救社会的颓败风气。这样才能培养出"成德达材，明先王之道，通当时之务，出为公卿大夫，与天子分猷（计谋的意思）共治"（《亭林文集·生员论上》）的治术人才。这种人才有实学，有实践学问的行动，有作为，有操守，在朝廷做官时可以管理国家统治人民，在社会为民时可以移风易俗，而不会空谈心性。

他认为明代的科举制度的弊病有四点：①考试的程序太多，有特殊才能的人不容易选择出来。②考试的范围太狭窄，学问肤浅的人稍加准备都可以侥幸考中，难以培养实学。③作文的格式太古板，容易养成抄袭旧说和文字浮华荒诞的习惯。④取士太滥，任用太急骤，结果造成秀才、举子遍天下，都成为坑害百姓和扰乱社会的蟊贼。改良的方法他也提出了四点：①取消每年从州县学校选拔学生到国子监读书的岁贡法和乡试考举人的方法，以辟举（由中央最高行政长官或地方官自行征聘有名望的人作僚属）和生儒两种制度为取士的途径。辟举的办法是，不管是否秀才，只要有学问就可以由地方政府选送中央。生儒的办法是，州县学校学习成绩好的学生，可以不经过乡试一道手续，即由地方政府选送中央。②州县学校的学生名额必须减少，待遇可以从优，地方政府在向中央选送时必须严格，礼部取中进士后，不仅授予办理文书、事务和管理某方面业务的官职，这样可消弭读书人企图侥幸速成的心理。③试题的范围必须扩大，凡《四书》、《五经》都应出题。所出的题目不限于盛衰治乱，要使投考的人不得按意思惴度，不致抄袭旧文，考试的文章必须是在考试场中所作，这样就可以判断士子是否通晓经书。他们会不会写文章也才可以得到验证。④取消八股文的古板格式，让读书人自由创作，这样有才之士自然就会显露出来。

此外，顾炎武在继承朱熹治学经验的基础上，对从事科学研究提出了两条原则性的要求。第一条，贵有创造。即著书写文章要自成一家。也就是要从研究中得出新的结论，新的见解，然后用自己的心得和创见写成文章或著作，反对抄袭或剽窃。第二条，多方实证。无论是著书或研究问题，都必须从多方面搜取证据，证据分本证与旁证两种，他说："本证者诗自相证也，旁证者采之他书也"（《音论》）。

顾炎武一生著作很丰富，他著有《天下郡国利病书》百20卷，《肇域志》

一篇，《易音》3卷，《唐韵正》20卷，《古音表》2卷，《韵补正》一卷，又撰《金石文字记》、《求古录》、《日知录》20卷，《杜解补正》3卷。其他著作有《二十一史年表》、《历代帝王宅京记》、《营平二州地名记》、《昌平山水记》、《山东考古录》、《京东考古录》、《谲觚》、《菰中随笔》、《亭林文集》、《诗集》等等。

王守仁论教育

生平主要教育活动

王守仁生于明宪宗成化八年（1472年），卒于明世宗嘉靖八年（1529年），字伯安，号阳明，浙江余姚人。他是明中叶政治、军事、教育上叱咤风云的人物，缙绅地主阶级中的豪强派代表，道学革新运动中的领袖，阳明学派的创始人。

王守仁出身于一个封建官僚家庭，父亲王华中过状元，官至南京吏部尚书。他幼时好军事游戏和神话故事，十岁时竟能出口成诗，语惊四座，很有些"天才"气象。由于他常常得到人们的夸奖，因而往往自命不凡，放荡不羁。所读之书大多是词赋文章，对科举考试不感兴趣。塾师劝他用功学习八股文章以备科场举业成名，他却毫不在乎地说："科举成名算得了什么，我要做千古圣贤之人。"他的父亲大不以为然，常常批评他太狂妄自大，不知天高地厚，可是王守仁的爷爷却十分袒护他，有时倒批评起守仁的父亲来，守仁的父亲是个孝子，哪敢顶撞老父亲，于是就让儿子"狂"去罢。

十七岁时，王守仁奉父命从北京来到江西南昌娶表妹成亲，路过广信拜访了理学名儒娄谅一斋先生，向他请教做圣贤的功夫。娄先生劝他必须从研读儒家学说特别是程朱理学开始，通过"格物致知"，然后方能成为圣人。王守仁好不高兴，从此后他遍读宋儒张、程、朱熹的理学著作，常常学到半夜三更，身体也弄坏了。他父亲见此很是心疼，叫人撤走他寝室的油灯。可是，一心要做圣贤的青年王守仁干劲大着哩，晚上他等父亲睡熟了，独自又点起灯来苦读穷研。21岁时，王守仁开始实践朱熹的"格物致知"教导，在庭院里格其竹子来。他虔诚而渴望地坐在竹子旁边，两眼紧盯着，心里反反复复地琢磨着，可是一连格了七天，不仅"沉思不得其理"，反而闹成一场大病，倒床月余不起。试验失败了，王守仁很是有些灰心丧气，以为圣贤本是生成的，做不了。于是随世俗习辞章之学。27岁时，自念词章艺能不足以通圣道，求师友于天下又数不遇，心里一烦闷苦恼，又生了一场大病。此时，他好生痛苦，真是有些心灰意懒，活得无聊。一天，他偶尔遇见一个道人，和他谈起养生，却不知不觉地产生了出家的念头，并且还真的学起佛来。

28岁那年，王守仁赴京师会试，中了进士，从此涉足宦涯。当时由于皇帝昏庸，国家大权为宦官刘瑾所摄持，政治黑暗，农民起义此起彼伏，北方国土屡遭鞑靼蹂躏，严重威胁明王朝统治。王守仁大胆进言，向皇帝上奏《陈言边务疏》，言词剀切地要求"痛革弊源"，整顿纲纪，革新政治，铲除奸宦，重用人才，巩固边防，行法振威。无奈明王朝积弊过重，又加上宦官当道，王守仁的建议不仅没有被听取，反而得罪了当权派。不久因好直言管事而触犯了刘瑾，被廷杖四十大棍，打得皮开肉绽，贬到尚未开化的贵州龙场做驿丞。这龙场驿坐落在万山丛棘之中，更有那毒蛇瘴疠，居民穴居山洞，多是苗僚杂居的少数民族者，言语不通，生活苦不堪言，王守仁十分恐怖忧惧。到这时他什么也不奢想了，只是生死的念头在心中抛不开，于是他让人凿一石棺，默坐其中，直是悲观到了极点。心想，等下辈子再作圣贤罢。

一天晚上，王守仁心里豁然开朗，精神遽然宽舒。他想，"圣人处此，更有何道？"人生在世岂能一遭挫折就坐着等死吗？为什么不能在这种困境中磨砺自己，有所作为呢？于是，从此振作起来，决心从现在做起，以圣人为榜样化民成俗，在改造周围环境中来提炼、整饰、修养自己的身心，使自己成为一个有作为的人。

经过如此一番思想斗争，王守仁开始了乐观进取的生活。他动员当地居民构屋为房，学习中原人民的生活方式，并且向追随他的求学者讲解学问。在批判程朱理学"格物致知"的教育与知行分离的弊病时，他针锋相对地提出"知行合一"的教育思想。贵州地区理学淡化，文化落后，象王守仁这样的学者人们是罕见的，所以王守仁在这里讲学深受人们崇敬和景仰。不久，他的名声越来越大，贵州提学副使席元山知道了，亲自赴龙场拜访这位驿丞。谁知席元山与王守仁一谈起朱陆学说的异同来，听王守仁粗讲"知行合一"就如拨云见雾一般,佩服得五体投地。于是在贵州修葺书院,请王守仁在书院里教授诸生。从此,王守仁就开始了他的教育生涯。在贵州,龙场的龙冈书院是其讲学基地。

正德五年(1510年)初,王守仁离开贵州龙场驿,升任为庐陵知县。他为政不事威刑,惟以开导人心为本,十分重视社会教化。八月,宦官刘瑾伏诛,王守仁被调入京师,升任为南京刑部四川清吏司主事。他与湛若水、黄绾结为学友,经常在一起切磋学问。次年,他在京师演讲"知行合一",但是由于这里是文化中心,理学信徒不满他的学说,有的甚至攻击他的学说是陆九渊的观点。因为明代把朱熹捧上了天,而陆九渊是朱熹的论敌,所以陆九渊的名声很不好,所谓"陆学",实际上是"异端"的代名词。王守仁见到推行"知行合一"的阻力太大,于是便冒天下之讥,为陆九渊辩诬。他这种气魄的确是令人钦佩的。同情他的朋友为他担心,伸舌头,出冷汗;顽固维护朱熹理学的人却攻评他是"狂妄"、"异端",有的甚至把他的学说直接与陆九渊联系在一起,称他们学说为"陆王心学"。

王守仁的学说的确有许多重要的范畴是来源于陆九渊,所攻击的对象也同是程朱,但是陆王二人的学说是有很大的本质区别。陆九渊讲"良知"与"发明本心",主要是讲修养道德要靠培养道德情感和道德自觉性,而不在死抠书本;而王守仁讲"知行合一",主要是强调道德动机与结果、过程与目的要统一。陆九渊反对朱熹的烦琐教学而强调"减担子",而王守仁反对朱熹读书穷理、光知不行而突出道德实践。王守仁为陆九渊辩诬昭雪,一来是为了给当时明代正在勃兴的心学思潮撑腰鼓气,二来是为了给自己的学说发展扫清障碍。

正德七年(1512年),王守仁升考功清吏司郎中。他在些期间招收一些在职官僚为学生,影响颇大。次年改任南京太仆寺少卿,便道归省,时徐爱亦升南京工部员外郎,与王守仁共道同舟。途中王守仁给徐爱讲《大学》宗旨,徐爱将讲授记录整理出来,后来作为《传习录》首卷刊行于世。又次年十月,王守仁至滁州任职,开门授徒,旧学之士纷纷厌倦程朱而向慕阳明而来。王守仁白日办理政事,余时与门人讲学。他采取顺应人情的快乐教学方式,打破传统的八股教学方法,深受广大学生欢迎。他把课堂设在环境优美的大自然里，环龙潭而坐者数百人，诸生可以随时提问，间以歌舞。精神面貌焕然一新。在以后地方官的任上他总是热心教育活动，一方面聚徒讲学，一方面办书院，兴县学，立社学，行乡约等，门徒遍及大江南北。

王守仁后来官越做越大，升为都察院左佥都御史，巡抚南赣、汀、漳等处，奉命镇压江西南部和福建汀州、漳州等地的农民起义。后来他又镇压了横水、桶冈、三浰等地的农民起义，特别是他平定了南昌宁王朱宸濠的叛乱，使得他名声显赫，"四方学者云集而至，始寓射圃，至不能容，乃修濂溪书院。"这时，王守仁一本"知行合一"的事功精神，大讲"致良知"之教，开始在深层次理论上构建他的学说体系。

明代是极端专制主义的封建朝代，在学术上除了钦定《性理大全》、《五经大全》和朱注《四书集注》之外，在教育和科举考试中概不许采用其他学术作为内容。王守仁讲学不论在形式和内容上都表现出与朱学相水火的强烈批判精神。他说，宋儒程朱理学违背孔孟之道，支离破碎，其流弊所及害国殃民，读书人只知做八股文章，考据文字，背诵章句，猎取个人功名利禄，而不知道圣人之学修己治人和经世致用的本旨。他指出现世所传习的朱熹《四书集注》和《朱子语类》等，都是朱熹中年未定之论，朱熹在晚年已经"大悟旧学之非。"，但因未来得及修正，以至流传于世，戕害了天下士子之心。由此，他搜集了大多是朱熹晚年的言论三十四条编辑成册，并予以作序，题名为《朱子晚年定论》而刊行于世。不仅如此，而且他指出朱熹《大学章句》完全是违背《大学古本》原意的，《大学古本》是与《中庸》思想一致，其主旨在于讲"天地万物一体之仁"，是讲"天人合一"、"知行合一"，"情理合一"，讲整体认识天地万物和身心性命，因此不可分割成章句讲解。而朱熹《大学章句》不知其理，将《大学古本》妄加补辑，任意割裂，致使圣人之学变成支离末学与文字章句名物度数末学，失其"修德""立人"的本意。由此王守仁提出抛弃《大学章句》回到原始儒学上来，推崇简易之教，突出道德修养，以改造现实政治、学风、风俗，挽救明王朝政治和经济、道德危机。王守仁一反宋儒的"格物致知"旧说，以为"心即理"、"性即理"，格物，就是"格心"，"正心"，使"不正之心"归于"正"。并且认为这是最简易直截的修养方法，无论是读书人还是为官为民者，都应当注重道德修养。

王守仁的教育理论似乎是针对朱熹的理论缺陷所发的，但实际上是对现实政治和学风的尖锐批评，所以得到了中下层缙绅地主和读书人乃至广大平民的普遍拥护。他在南昌时，四方慕名求学者日盛一日，甚至连京师的名士、贬官，或者巡抚御史、督学佥事、理学名臣等都向他求教问学，一时门庭若市，从学如云。他的影响如此之大，越来越引起了宦官势力代表者的仇恨和嫉妒，有的攻击他的学说是"伪学"，有的甚至诬陷他曾与宁王朱宸濠一起图谋叛乱，无事生端地抓走他的学生冀元亨搞逼供，打得死去活来。本来王守仁忠君为国，镇压农民起义，平定宁王叛乱，九死一生，为挽救明王朝立下了汗马功劳，相反不仅不得加官进爵，反而蒙诬遭谤，一气之下他挂冠辞职，解甲归里，在余姚老家开创阳明书院，当起"专职教育家"来了。

正德十六年（1521 年）九月，王守仁回余姚故里，是年刚好五十岁。由于得到钱德洪、王畿等门徒的拥戴，求学者又风集云涌，日炽一日，使得王守仁将全部精力投入教育事业和创立姚江学派上。他居乡讲学整整六年，专揭"良知"之教，不论是教育实践还是理论建设，这一时期乃是他一生最关键和最有价值的一页。

"良知"之教的宗旨仍然是他长期以来所倡导的"知行合一"、"心即理的精义"，其意在于力排程朱，恢复孔孟，从理论上阐述"知行合一"的基本精神是儒家教育学说的真谛，并以此精神来革新道学，刷新学风，改造教育。

嘉靖二年（1523 年）南宫策士会试，以"心学"为问，没有点名地攻击王守仁学说为"伪学"。王门弟子有不少人参加了这次会试，有的大胆为王守仁学说直发旨意，有的干脆避而不答，如徐珊、钱德洪等下第而归，很是愤愤不平。而王守仁却对他们高兴地说："圣学从兹大明矣"。果然，因会试策问以辟王学为题确实引起了天下学子对王学的关心，客观上帮助王守仁扩大了学术影响。从此后那些不甘受死板僵化了的程朱理学束缚的读书青年和易于接受新学说的学者，都纷纷从全国各地来到浙江余姚向王守仁求教。

次年，王守仁病情渐见好转，开始亲躬教席。郡守南大吉以座主称门生，往复问学，甚是殷切，于是辟建稽山书院，聚八邑彦士，身率讲习以督勉。是时，四方彦士威集，从学如潮。萧蕙、杨汝荣、杨绍芳等来自湖广，杨仕鸣、薛宗铠、黄梦星等来自广东、王艮、孟源、周冲等来自直隶，何泰、黄弘纲等来自南赣、刘邦采、刘文敏等来自安福，魏良政、魏良器等来自新建，曾忭来自泰和。众多求学之士皆环王守仁住所而居，如天妃、光相、能仁等僧舍，也都成了王门弟子的住宿之所，每一室常合食者数十人，夜无卧所，更番就席、歌声彻昏旦。南镇禹穴、阳明洞诸山远近、古刹徙足所到，无非远来求学之人。王守仁每当讲学之时，前后左右环坐而听者常数百人。诸生每听讲出门，未尝不踊跃称快。王守仁教学多采用小先生制，他的高足弟子很多，不仅学识丰富，而且善于问答和演讲，新来学者均由高足弟子引导入门。因方设教，因人问答，是王守仁一贯的教学原则。他十分注意尊重学生的个性和人格，讲学时以情动人，以理服心，循循善诱，启发"良知"，鼓励学生自求自得，保持乐学好学的积极心理状态。他以为教育本身就是发展人的个性，那种不顾人性的八股理学教育纯是戕害身心的"杀人"学术，而任其性情发展的"知行合一"之教，不仅使学生在学习时感到快乐，而且对于增益学问和修养道德效果显著。他说教育就如同植树一样，"种树者必培其根，种德者必养其心；欲树之长，必于始生时删繁枝；欲德之盛，必于始学时去其外好"。教导学生读书时不要沉迷于表面文字，而是要联系自己的思想实际大胆怀疑书本，要有自己的独立见解，要大胆相信自己的"心"有认识真理和发现真理的能力，是与非要有自己来作判断，孔子和朱熹所说的是非都不足为据。虽然他的所谓"良知"带有浓厚的主观唯心主义色彩，然而作为反权威和提倡个性解放的思想，的确是很有时代批判精神的。

　　王守仁不仅重视成人教育要培养创造思维能力，而且关于儿童教育也有许多精辟的见解。在《训蒙大意示教读刘伯颂等》一文中，对程朱理学统治下的儿童教育提出了尖锐的批判，提出教育要适合儿童的性情，注意儿童心理，教学时应如"时雨春风，露被卉木"，使其"自然日长月化"，同时还应当注意儿童的学习兴趣，使之"趋向鼓舞，中心喜悦"。对儿童不要千人一教，用一个模子去束缚学生，应当根据每个儿童的个性和学习能力因材施教。人的资质不同，所以当与人论学，必须随人分限所及。儿童教育如同种树，教师如同园丁，种树有些萌芽，只须适量的水去灌溉，萌芽既长，便多加些水；从幼苗到合抱的大树，灌溉皆随其分限所需，"若些小萌芽，有一桶水在，尽要倾上，便没有不坏死它的"。儿童的教学内容分量不宜过多，但贵精熟，量其资禀。他说，儿童的发展从婴儿到成年，有其发展阶段性，各个时期的"良知"有不同的特点，所以"童子自有童子的格物致知"，教学应当顺其儿童"精气日足，筋力日强，聪明日开"为进学增知顺序。他批评自科举业盛，士皆驰骛于记诵词章，功利之心切，所以教师所教，学生所学，不知有明伦之意。这样的教育不仅未起到发展儿童身心的作用，相反却把儿童引向歧途。

在余姚讲学，王守仁的学说思想体系日臻成熟，加上他的高足弟子众多，四出演讲和发展，于是自成一家之言，形成了以王守仁为代表的阳明学派。阳明学派的思想以"知行合一"为精神，以"良知"为指归，以"狂"为性格，以"补时求弊"为事功，开明代中后期学术之风气。王守仁学说广泛传播，不仅在明代推倒了程朱在上层建筑的统治地位，起到了解放思想的作用，而且它流传到日本、朝鲜、越南等东亚各国，也成为解放思想和促进社会进步的精神力量。

教育思想

1. 论教育的作用

王守仁关于教育作用的主张，并没有超出儒家思孟学派的一贯思想，所不同的是，他用"心学"作了新的解释。他认为"心即理"，"心"是天地万物的来源，是天地万物的主宰，把"心"与"理"合而为一。他说："心外无理"，"万事万物之理不外于吾心"，在他看来世界上不存在离开人的主观认识而独立存在的客观规律。他从"心即理"这一主观唯心主义思想出发认为人人都有"不待学而有，不待虑而得"的"良知"，而"良知"即是"天理"，"天理"即是"心之本体"。"良知"不仅是宇宙的造化者，而且也是伦理道德观念，他说："见父自然知孝，见兄自然知弟，见孺子入井，自然知恻隐，此便是良知，不假外求。""良知"虽然人人都有，但是对于常人说来，"良知"却常常被私欲所蒙蔽，有如光洁的镜子，往往被尘埃所染，须要通过教育引导学生进行积极的内心修养，去掉人后天与外物接触所产生的各种"昏蔽"，"求理于吾心"。他说："性无不善，故知无不良……但不能昏蔽于物欲，故须学以去其昏蔽"。概而言之，教育的作用就是"致良知"，即达到良知的极致，实现"存天理，灭人欲"的根本任务。正如他所说："吾辈用功只求日减，不求日增，减得一分人欲，便是复得一分天理。"

王守仁的"致良知"的教育作用论，要求人们向内心去寻求所谓先天存在的封建道德律，让人们把封建道德看成是自发而不是强制的，内在的而不足外加的，使人们更容易接受三纲五常的束缚，以此来强化封建道德观念，巩固摇摇欲坠的封建制度。

2. 儿童教育观

王守仁继承了理学家重视儿童教育的传统，从"致良知"的观点出发，认为儿童时期"良知"保存得最多，受蒙蔽最少，教育应该从儿童时期抓起。在儿童教育问题上，王守仁提出了一系列精辟的见解。

王守仁针对当时的儿童教育过于重视死记硬背、滥用体罚的做法，提出了尖锐的批评。他认为在儿童教育中采取那种"督以句读，责其检束"，"鞭挞绳缚，若待拘囚"的消极束缚的方法，违背儿童身心发展的规律，只能使儿童"视学舍如囹狱而不肯入，视师长如寇仇而不欲见，窥避掩覆，以遂其嬉游，设诈饰诡，以肆其顽鄙，偷薄庸劣，日趋下流"。这种教育方式不但不能教育儿童"为善"反而"驱之以恶"，必须废止。他提倡对儿童进行教育，要以儿童的年龄特点为依据，从积极的方面入手。他说："大抵童子之情，乐嬉游而惮拘检，如草木之始萌芽，舒畅之则条达，摧挠之则衰痿。今教童子，必使其趋向鼓舞，中心喜悦，则其进自不能已。譬之时雨春风，沾被卉木，莫不萌动发越，自然日长月化。若冰霜剥落，则生意萧索，日就枯槁矣"对儿童教育必须顺应儿童的性情，采用积极的教育方法，"委曲开导"，使之"感发兴起"，这样儿童自然心灵感悟，乐学不倦，日有长进。就像时雨春风滋润草木一样，日长月化，生意盎然。

从教育要适应儿童年龄特点这一观点出发。王守仁主张儿童教育的内容应包括"歌诗"、"习礼"和"读书"三个方面内容。他认为"歌诗"能激发儿童的志向，而且还能把儿童的"跳号咏啸"引向咏歌，将学童内心的忧闷导向音律，调节儿童的心理，陶冶儿童的情感。"习礼"不但能使儿童养成威严的仪容和仪表，而通过"周旋揖让"、"拜起屈伸"等礼义动作，"动荡其血脉"、"固束其筋骸"，达到锻炼身体，增强体质的目的。"读书"不但能增加儿童的知识，开发儿童的智力，同时还能"存心宣志"，培养儿童的道德观念和理想。在他看来对儿童进行教育必须"诱之以歌诗"、"导之以习礼"、"讽之以读书",这样才能使儿童乐学不倦,"进自不能已",在潜移默化中,消除邪僻,在德育、智育、体育、美育诸方面都得到发展。王守仁还进一步对"歌涛"、"习礼"、"读书"的教学提出了具体的要求。他在《社学教条》中指出"凡歌诗须要整容定气,清朗其声音,均审其节调,毋躁而急,毋荡而嚣,毋馁而慑";"凡习礼,须要澄心肃虑,审其仪节,度其容止,毋忽而惰,毋沮而怍,毋经而野,从容而不失迂缓,修谨而不失之拘局"。对于读书则要求"不在徒多,但贵精熟,量其资禀,能二百字者,只有授以一百字,常使精神力量有余,则无厌苦之患,而有自得之美。讽诵之际,务令专心一志,口诵心惟,字字句句,绅绎反复,抑扬其音节,宽虚其心意。"

为了使儿童"乐习不倦","无暇及于邪僻",王守仁还制定了儿童每日活动内容和程序。规定每天按"先考德、次背书、诵书,次习礼或作课仿,次复书诵书讲书、次歌诗"的顺序安排儿童的课程和活动。这样就把"歌诗"、"习礼"、"读书"三项内容分门别类合理地安排在儿童一天的学习生活之中,使学生受到德、智、体、美诸方面的教育。

王守仁的儿童教育思想,虽其目的是为了向儿童灌输封建伦理道德,但是他反对压抑儿童个性的教条式的教学方法和粗暴的体罚等教育手段,提倡按照儿童身心发展的特点对儿童进行具有德、智、体、美诸因素的生动活泼的教育,实属难能可贵。

总之,王守仁的教育思想体系是主观唯心主义的,但在反对当时教育上的形式主义和迷信程朱权威上,却有着解放思想的积极作用。他对儿童教育的见解是他教育思想中的精华所在,值得研究和借鉴。

王艮论教育

明正德十五年(1520年)的秋天,素以物宝天华人杰地灵而蜚声海内的故郡南昌,由于大教育家王守仁在此讲学,一时四方学者风集云涌,街头巷尾到处可见操着不同地方口音,衣冠楚楚的王门弟子,好是一派热闹。

一天,街头突然出现一个衣着稀奇古怪的三十七八岁模样的陌生人,只见他头戴一顶纸糊的帽子，帽围写着"仁义礼智信"字样，身着一件深黑色的古连衣长裰，手捧一块笏板，板上铭刻孔门"四勿"格言，迈着规圆矩方的缙绅步，仰着脸，目中无人地穿过围观的人群，径直朝王守仁官邸走去。来到门前老大不恭地向门卫喊道："喂，通报阳明先生，在下海滨生有事求见。"门卫见他这身打扮和傲慢劲，装作没有听见。后来这位名叫海滨生的怪人闹腾了半天，可门卫就是不让他入衙门，还哄他快点离开。

这位古怪人见执扭不过，二话没说，即刻挥毫赋诗二首：

孤陋愚蒙住海滨，依书践履自家新。

谁知日日加新力，不觉腔中浑是春。

闻得坤方布此春，告违艮地气斯真。

归仁不惮三千里，立志惟希一等人。

去取专心循上帝，从违有命任诸君。

磋磨第愧无胚补，请教空空一鄙民。

呵，围观的王门弟子一见此人出手不凡，立即接过诗来飞快地送呈衙门内的王守仁手中。王守仁接过诗一看，不由一怔，以为来了一位高明道人，二话没说，立即整饬一下衣冠，降阶相迎，延入庭内礼宾亭以礼相拜。来者毫不客气地傲然先入上座，开口便道："昨来时梦拜先生于此亭"。王守仁细细端详了一番，见此人装神作怪，莞尔一笑，轻蔑地说："真人无梦。"来者反问道："孔子何由梦见周公？"王守仁说："此是他真处。"来者未与搭理，只是微微侧了下身子。

王守仁马上话题一转："请问，你戴的是什么帽子？"

"有虞氏冠。"

"穿的什么衣服"？

"老莱子服。"

"为什么这般装扮？"

"表示对父母的孝心。"

"那么，你的孝能贯通昼夜吗？"

"是的。"

"如果你穿这套衣服就是孝，那么你脱衣就寝时，你的孝就不能贯通昼

73

夜了？"

"我的孝在心，哪在衣服上呢？"

"既然如此，何必穿戴古怪衣冠呢？"

"……。"来者无言以对，顿时面有愧色，坐不安席了。

王守仁又莞尔一笑，带有几分讪笑口气："君子思不出其位"。

来者答道："所见极是，我虽为草莽匹夫，然而尧舜君民之心，未敢一日或忘。"

"舜耕于历山，忻然快乐，忘有天下"。

"先生说得在理，但这是因为他有尧君在上呀！"

王守仁一听此言，顿觉来者志向非凡，不是等闲之辈。马上改变态度，换了辩论题目，讲起理学家"格物致知"的学问来。原来这位来者的确是个海滨生长大的"鄙民"，高谈阔论大学问，那是王守仁的对手，话不移时，就折服叹道："先生致良知学说简易直截，吾不及也。"话音刚落，就扑通跪下，口称弟子。

原来，这位自称"海滨生"的怪人名叫王银，是出生于黄海之滨泰州安丰场一个世代烛户人家的灶丁。从小因家境贫寒读不起书，只好跟父兄拮手裸身，设亭立灶，从海水中提煮食盐以养生活命。后来长大成人，习了一些武艺，在齐鲁间冒着生命危险做卖盐生意，发了一点小财，才开始学习医术。25 岁那年，客山东，过阙里，谒孔庙，见到孔子也出身卑微后来成了圣人，心想孔子亦人己亦人，他能成圣贤自己又为何不能呢？于是奋然有任道之志，决心放下盐贩生意来学做圣人。

回家后，他果真日诵《孝经》《论语》以及《大学》等儒家经典。他常将书藏于袖中，逢人质义，而安丰场产盐之地都是些大字不识的灶丁，哪有宿学鸿儒可为师者，没奈何只好以途人为师。32 岁时，他的学问与胆识居然大有长进，尽管粗识《孝经》《论语》一些章句，可他就不泥传注，信口谈解，邈视朱熹，以经证悟，以悟释经，居然讲说经书能多发明自得，很有一些新意。他批评朱熹《四书集注》章句之学不仅学无所用，反而使世学迷蔽，戕害百姓身心。遂有拯时救弊和济世行道的志向，以先觉自封，以明道为己任，开馆授徒传道。由于他出身贫寒，地位低下，读书又不多，功底薄，怕没人上门听讲，于是他左思右想，搞了一个新奇古怪的骗术，到处宣传他29岁时曾做了一场怪梦：天突然塌下来了，千人万马奔走呼号，于是他奋身以手托天而起，看到日月星辰殒乱了次序，便一一整理复原，万民争相欢呼拜谢。这时他一觉醒来哟，满身汗淋沾席，顿觉万物一体，然思宇宙内一人一物又不得其所，侧然思有以救之与物无间。然而人物不二于日用之间，因此他决心以百姓日用之道来拯救天下。他见人就说这等"怪梦"，倒是唬住了许多人，以为他当真是个救世神仙！

见此情形，他就按古代《礼记》等书的记载做了一套冠服，穿戴起来，行则规圆矩方，坐则焚香默识，装出当时自称得道的道学家模样，俨然像个地道的通儒得道的学者，并在门上写上一副对联："此道贯伏羲、神农、尧、舜、禹、文、武、周公、孔子，不以老幼、贵贱、贤愚、有志愿学者传之。"一些灶丁子弟和老弱病残之人，倒是穷开心，凑到门前听他演说。后来，因为他讲演动人，善于抓住听众心里，并且尽讲一些日常生活中的道德伦理的话，慢慢地就吸引了更多的听众，也收了一些学生。

当时有个名叫黄文刚的塾师，是江西吉安人。他听过王守仁的讲学。一天路过王银的门前，挤进人群中听他演讲《论语》，感到诧异，因为所讲的观点与王守仁的很是雷同。后来他告诉王银这件事，王银十分高兴和震惊，说："有这等巧事！虽然王公论良知，我讲格物，岂非老天爷的安排？"于是他立即动身，连日连夜乘船奔赴南昌，要来会一会这个王守仁。

谁知初来乍到，一番辩论，王守仁给了他个下马威，使得他不得不认师称徒。王守仁扶起王银，收为门徒，因嫌王银名字太俗，于是更名为王艮，字汝止，从此王艮的名字就叫开了。

王艮倒挺有些性格，礼宾亭前的辩论虽然被王守仁折服，但退而思之，间有不合，不觉后悔自己太轻率执贽阳明。翌日清晨，王艮早早起来，拜过阳明，并直言不讳地说明后悔一事。阳明一听，马上赞道："善哉，子之不轻信从也。"吃罢早饭，王守仁让王艮复上座如昨，又一次展开辩论，久之，始心悦诚服，遂复执弟子礼。王守仁将了将长须，抹了抹额头的冷汗，再次扶起王艮，对诸门人说："往日我擒宸濠，一无所动，今却为斯人所动矣！此真学圣人者，疑即疑，信即信，一毫不苟，诸君莫及于他啊！"王艮入贽阳明之门，阳明又忧又喜地说："吾党今乃得一狂者。"

王艮入赘后，始终坚持独立思考的学习态度和以先觉为己任的传道抱负，那敢于蔑视程朱权威和托天救世的"狂者"思想性格，深为王守仁所赏识。再加上他来自下层社会有较广泛的社会联系，又善于辩论演讲，这使得王守仁对他寄托了一种神奇莫测的期望。王守仁的学说实际上是明中叶资本主义萌芽时市民阶层要求反对精神束缚和思想学术界反理学思潮的产物，即有思想解放和重视个人独立人格尊严的一面，又有加强封建统治和道德自律的一面。王守仁企图通过教育手段使这一学说走向社会普及化，成为拯时救弊的药方，因此也希望王艮成为他的学说的忠实信徒，把他的学说传播到社会民间。所以王艮受到王守仁的特殊培养和训练。

王艮进步很快，不久就从过去仅以述而不作的演讲发展到能著述文章。在此期间他开始酝酿和写作《复初说》、《明哲保身论》、《乐学歌》、《天理良知说》等，基本上接受了王守仁的学说。并且他常与王门诸弟子相砥砺，因为王门弟子中有的是湛若水门下过来的弟子，所以王艮又受到了湛若水学说的影响，这样就慢慢形成了以"百姓日用为道"和"以身为本"的思想。在王守仁的奖掖之下，王艮很快成为阳明的高足并常代替他给诸生讲学。这样一来，王艮不仅凭借王守仁在政治与学术上的显赫地位提高了社会声望，而且在吸收阳明学说的同时也确实发展了自己的思想。他常常不满师说，甚至往往驾于师说之上。这对王守仁也是一个很大的促进，由此俩人师生感情日深一日，后来王艮把自己的儿子王襞从老家接来，也就学于阳明门下。

因为王守仁的学说是一种反程朱的，要推行，需要广泛的宣传。王艮素有传道救世抱负和讲学热忱。一天，他告诉王守仁要周游天下，伸张师说。他慷慨激昂地说："千载绝学，老天爷已让吾师倡明，既然如此，难道可以使天下之人不领教此学吗！"他提出此行讲学的计划得到了王守仁的批准。

王艮拜别守仁，回到老家自制一辆蒲轮车，又叫招摇车，车上标语："天下一个，万物一体。入山林求会隐逸，过市井启发愚蒙。遵王道，天地弗违；致良知，鬼神莫测。欲同天下人为善，无此招摇做不通，知我者其惟此行乎！罪我者其惟此行乎！"一天早晨，他带着两个仆童推着蒲轮车，招摇上路，径直向北京城进发。

王艮讲学十分成功，北行所至，耸动视听，千百群众，奔走相告，"皆饱义感动。"当蒲轮车推至京都，不但都士人聚观如堵，而且连一些上层社会的士大夫也赶来观听。但是，因为王守仁学说与官方推行的统治思想相抵牾，同时也遭到儒林正统派的攻击，加上王艮冠服、轮车、讲学、言动等不与众人同，非但一路上人情大异，且到京都就被视为"怪魁"。王艮能说会辩，影响超常，不几天京城儒士谤议蠡起，满街风雨。当时王守仁的高足弟子欧阳德等人在京做官，担心王艮讲学会招来上层社会对王学借机攻击，就力阻王艮停止讲学，并把招摇车藏了起来，使人通报王守仁令王艮返归。

王艮此次北行讲学，轰动京师，表现了强烈的反程朱理学的异端色彩。那非凡的讲学才能，也初露锋芒，在社会上的确使土守仁学说得到了广泛的传播。他效法孔子驾车周游天下的故事，沿途聚讲，以广大的士农工商为对象，以社会为讲坛，在讲学内容上也一反传统，言多出自独立见解，与经学传注离异。这些观点猛烈地冲击了本本主义的朱子理学，深得社会下层群众信任。在讲学途中，他作《鳅鳝赋》，把天下百姓比作一缸奄奄若死的鳝，把自己比作"救世之仁"的救鳝之鳅，反映了他对现世政治的不满和对劳动人民的同情。他到处宣传救世之道在于教育，教育者应当"出则为帝者师，处则必为天下万世师。"这对那些整日正襟危坐闭门修养的假道学家无疑是莫大的批评。

自从正德十五年（1520年）入赘王门，到嘉靖七年（1528年）王守仁去世为止的八年间，王艮的大部分时间是在王守仁的身边度过的。北行讲学后，他朝夕侍立于守仁身侧。嘉靖三年（1524年）春，他请求王守仁筑书院以聚同志，并且他以"百姓日用即道"的思想来发明王守仁的良知之学。他以为高明的学问应当是最大众化的实用学问，百姓日用条理处就是圣人条理处，百姓和圣人一样都是有七情六欲的人，如果百姓不明白圣人之道，则最高明的圣贤也毫无能力拯救时弊和觉悟民众。后来，他与同窗共同建立复初书院、安定书院、新泉书院，在这些书院他大讲阳明学说。他一边讲学，一边与当时的著名学者湛若水、王畿、邹守益、欧阳德等交往。广求师友，下至平民百姓，上至上层社会的官僚和学界名士，很快就扩大了自己在社会的影响和提高了自己的社会地位。同时他善于思考，不因循师说，博采百家，注重日用，因此在学说思想界他从姚江学派中脱颖而出，独树一帜，创立了反映明中期平民意识的泰州学派，发展了王守仁"知行合一"的实践精神和战斗精神，成为当时社会上猛烈抨击程朱理学和推行平民教育的一支生力军。

嘉靖八年（1529年），王艮在会稽会葬王守仁期间大会同志，聚讲于阳明书院，与诸友订立伸张师说盟约，尔后他回到家乡开始了自立门户的讲学活动。

经过这几年的学习与锻炼，王艮的形象确实高大起来了。这时的学生就非同昔比，他的门庭若市，时常还有官府士绅乘轿策马造访。54岁以前，王艮外出交往频繁，主要游历江浙一带，因为这一地区阳明学派的彦士甚多。到晚年他就居家讲学，从学和造访之士更是络绎不绝，他的学生中官僚士大夫也不乏其人，但是，更多的还是布衣平民，如早期的学生林春出身佣工，朱恕则是樵夫，后期的学生中如出身陶匠、灶丁、田夫、商贩等不胜其数。

他讲学时间多安排在农闲和晚间，每有农夫灶丁众来造访问学，他总是热情接待，要求来者不要拘泥时俗的繁琐师生礼节，抓紧时间与之讲学论道。来者必教，有问必答，因人施教，重在日常应用中开通思想，解愁排忧，明辨百姓日用生活中的道德是非。

王艮讲学很有些特色。由于他出身灶丁，自少不事文义，缺乏深厚的文化素养，所以"口传心授"成为他讲学的重要方式。他采用口语化的语言讲解儒家学说，这对于那些处于文盲状态的平民来说，比起那传统的照本宣科地演说古奥难懂的经书来，实在是最简易直截的教学方式，更何况王艮又善于联系生活实际，因此平民自然喜欢聆听。王艮讲学旨在"化民成俗"，使人人成为现实世界的赤脚圣人，他从不追求去埋头著述像当时理学家那样的大部头学术论著。他晚年仅写了《格物要旨》、《勉仁方》、《大成歌》、《与南郡诸友》、《均分草荡议》、《王道论》和《答徐子直书》等篇幅不长的文字，这些除了继续发挥"百姓日用之道"以外，还重在阐发他以"尊身立本"为主要内容的淮南格物学，以及具有社会改良主义性质的"王道论"。至于酬酢之作，都是由门人或儿子执笔，他口授占之，一般都三言两语，意明辄止。的确，他没有以文求名的世儒欲望。

晚年，王艮的地位与声誉随着他创立的泰州学派的影响日益扩大而与日升高。很多有学问的人都来拜他为师，他后来也逐渐装起斯文来，给自己取了个雅号，叫作王心斋。忠实的学生把他平时的讲学录和为数不多的著作编辑成册刊刻出来，取名《王心斋先生遗集》，这是他死后的事。他死后其学说后继有人，很是兴旺发达了近百年之久。明末清初的大思想家黄宗羲在《明儒学案·泰州学案》中赞道："阳明之学，有泰州（王艮）龙溪（王畿）而风行天下"。"泰州之后，其人多能赤手以搏龙蛇，传至颜山农、何心隐一派，遂复非名教之所能羁络矣。"泰州学派的继承人李卓吾，那更是反理学名教的斗士，他的学说被封建统治者视为毒蛇猛兽，害怕得要命，结果把他的著作查禁了，把他关进监狱迫害死了。从此，泰州学派就慢慢地衰落下来。但是，直到今天王艮和泰州学派的著名人物的思想学说还流传在民间。

颜元论教育

生平及主要教育活动

颜元生于明毅宗崇祯八年（1635年），卒于康熙四十三年（1704年），字易直，又字浑然，号习斋，世称习斋先生，清初大教育家。颜元自幼贫苦，刻苦自励，以躬耕、行医自给。十五岁以后开始攻读儒学之书，21岁伏读通鉴时以至废寝忘食。23岁学技击，读兵书。24岁以后用心研读陆王程朱的学说，尤其是受王阳明知行思想影响，有志于步王阳明后尘，把"知行合一"、"知行并进"的精神进一步发扬光大成实学，扭转晚明以来坐谈心性的腐朽学风。这一年他开始授徒讲学。

当时他家乡的读书人都十分敬佩他，而且他会技击、会务农、又会医术，教学有方，从学的人越来越多了。李塨是颜元最得意的高足，他在求学时，不仅对颜元形成实学思想帮助很大，而且在他学业完成之后，更是发扬和光大了先生的学说，在民间和学术界广为传播，后来被人们称为"颜李学派"。颜李学派提倡实习、实行、经世致用，反对坐谈心性的空疏无用教育。它反映了清初社会革新儒学、批判程朱、改造陆王的思想潮流。颜元在我国古代教育史、学术史、思想史上占有重要地位。

然而，这位伟大的教育家的身世和经历却是十分痛苦和坎坷的。颜元的父亲颜昶，本是直隶（今河北）博野县北杨村人，幼年因家贫被送到蠡县刘村朱家为养子，遂改姓朱。颜元四岁时，父亲乘清兵入关窜京畿骚扰的兵荒马乱之际，抛下妻子儿女，孑然一身，离乡背井，跑到关外沈阳安身。颜母因丈夫去关外八年毫无音讯，于是便改嫁到蠡县随东村，遗下 12 岁的颜元在朱家过着孤苦伶仃的生活。

八岁时，颜元曾读过私塾，就学于吴洞云先生。这位吴先生能骑射剑戟，壮志凌云，目睹明季国事日非，曾潜心百战神机，撰写了《攻战守事宜》兵书二册。可惜他不见用于世，后清兵入关，他就弃教行医。吴先生的学识与为人对颜元儿时的影响是深远的，他后来经常提起这位吴先生。十九岁时，颜元中秀才。本来他是可以继续攻习八股文，考个举人进士什么的，但因家遭不幸而破落，迫不得已只好弃学躬耕，行医治病，赚钱糊口。

清初的许多汉族知识分子深感亡国切肤之痛，象王夫之、顾炎武、黄宗羲等人都曾积极组织武装力量抗击清兵，企图恢复明王朝，但均未成功，被迫转入对明代学术、思想、教育、政治等方面的历史反思，猛烈批判明代专制统治和宋明理学教育，指责八股之害甚于焚坑，科举教育不仅灭绝"人欲"，而且也灭绝了经世致用的治国人才，致使明朝大好河山沦陷于满清少数民族。这种深刻的反思与自我批判意识与日高涨，逐步形成一种民族自觉和民主启蒙的社会思潮。青年颜元面对这一社会思潮，心潮起伏，激动不已。他认真地阅读孔孟著作和《资治通鉴》，研究国家兴衰的历史原因，研习《七家兵书》以及战守机宜，练习技击战术、射骑枪法等武艺，发愤忘食，常常彻夜难眠。他鉴于宋儒不知兵法，终于"屈于辽夏、辱于金元"的惨痛教训，由此而远迈宋儒，直追三代，认为要培养经世致用的人才，就要教之"三事、六府、六德、六行、六艺之道。""三事"是指"正德、利用、厚生"，"六府"是指"金、木、水、火、土、谷"，"六德"是指"知、仁、圣、义、中、和"，"六行"是指"礼、乐、射、御、书、教"。他特别重视"三事"，认为这是教养人才的根本，学生不攻读兵法，不研习技击，不钻研农学，只在"文墨世界"里在文字书本上做工夫，清谈讲论，要想"求天下之治，乌可得哉"！

当时，他与孙夏峰、刁蒙吉等人交往甚亲密，常在一起评论程朱陆王之学得失，他对王阳明重"行"学说在晚明没有得到应有的发挥和应用深感遗恨，他决心在批判宋明理学的同时倡明王阳明的"知行合一"学说，重建一种经世致用的"习行之学"来恢复先儒事功务实的优良传统。他指出理学教育空疏无用，误人误国，特别是朱熹提倡的教育败坏了宋明学风。他说："朱子论学，只是论读书"，"朱子必教人读天下许多书，是将道全看在书上，将学全看在读上，这种坏风气是"率天下入故纸中耗尽身心气力，作弱人、病人、无用人。"他还说："朱子教人半日静坐，半日读书，无异于半日做和尚，半日当汉儒，"其结果是"空静之理，愈说愈惑；空静之静，愈妙愈妄"！因此，"误人才，败天下事者，宋人之学也。"

青年颜元对宋明理学的批判主要是出于民族自尊感情的激愤，表现在行动上往往是愤世嫉俗，十分"狂癫"。蠡县北泗村有个王法乾的学者，因出于对亡国的义愤，焚帖括，骂程朱，投佛像于井，居必衣冠，率家众朔望拜祖而不信佛，时人却说他疯癫，而颜元则驰书大加褒奖，并亲往拜访，结为学友，与人说："士皆如此癫，儒道幸矣。"

颜元批判宋明理学是猛烈的，但是他并没有真正抛弃它。自30岁时他却不自觉地钻研起《性理大全》和《陆王要语》来，以为每日"勘心"自省数次，就可以克服空谈心性的陋习了。他每日做《省身录》，凡言行之得失，意念之欺罔，逐时自行勘注，"过改则销。"他全神贯注这类个人道德实践，并付出了牺牲一切代价的热忱。他把这种严格的自我克制应用于日常事务，使得他的生活方式变得高度礼仪化，不论是吃饭穿衣，还是走路说话，都极端拘谨礼仪。32岁时，养祖母去世，他严守《家礼》，决心代父承重服，哀毁过甚，连病带饿，几致于死。养祖母葬后，他在墓旁盖一茅庐，差不多两个月他昼夜穿着孝衣守在这里，结果四肢生了疱疹，病重难支。后来有一位老翁可怜他的性命，私自告诉他非朱姓子姓，当时他大为诧异，等问明出嫁的母亲后，才从这种自我折磨的痛苦中解脱出来。等养祖父死后，他便回到博野北杨村，复姓颜。仍行医卖药，躬耕农事，教授颜族子弟。时年39岁。

经历了这场肉体的痛苦，颜元觉得《家礼》不合情理，又反复校以古礼，发现《家礼》任意删削，不当之处甚多，由此遂对宋明理学的学术和教育方法怀疑与否定。进一步认识到只有"周公之六德、六行、六艺，孔子之四教"

才是"正学。"35 岁那年，他著《存性》、《存学》二编，开始从理论上清算宋明理学教育思想的流毒。他认为"思不如学，而学必以习"，因此改"思古斋"为"习斋"。为了恢复儒家正学，他教授门徒学习礼乐书数，研攻兵农水火诸学。在思想理论上开始真正背离程朱，把教育重心放在"习"而不是静坐和读书上，强调具体教育活动领域要有实际习行的内容，教育的宗旨是培养经世致用的治国人才，而不限于个人道德修养。

《存性编》是颜元的重要教育理论著作。他根据孟子性善说，批判程朱关于气质之性不善和将人性割裂为二重人性的理论错误，同时他把探索人类自我实现的"本质"的课题作为教育追求的目的，阐述了一种新的儒家人性概念。他以为儒家教育是教人做人的教育，现实的人的真实人性是儒家全部著作的立论基础和现实教育的出发点。而朱熹论述人性问题的方式深受张载"气质之性"概念的影响，因为张载把人性分成"天地之性"与"气质之性"，尽管使得儒学人性理论的深层结构和表层结构更加全面而均衡，使得"存天理灭人欲"的教育更理论化和逻辑化，但这一理论没有确切把握儒家人性的真实精神，背离了孟子人性本善的学说，颜元指出，朱熹固于张载"气质之性"的观念，试图发展更加圆满的人性论，结果比张载错得更远。

颜元以为孟子性善论和解决人性问题的方式是对完整人格的尊重。性善论有"大体"与"小体"之分，"大体"是指人存在的基础，即人性中仁义礼智等深层结构；"小体"即人的物质肉体，这是人性的表层结构。孟子以为修身教育并不要求完全牺牲人的物质肉体来扩充人固有的"善端"，相反，它是通过培养人性的"善端"来使"小体"也相应地得到"滋养"，即所谓"德润身"。孟子相信人心具有为着自我实现而在较高层次上使"大体"日臻完善的能力，借此能力，人就可以成其为"志士仁人"和"大丈夫"，自我实现人生价值。而朱熹把人性割裂为二，把人的一切善都归于深层结构的"天地之性"，把一切恶都归于表层结构的"气质之性"，结果使完整的人格破坏了。以扼制"小体"来发展"大体"的做法实际上为了虚假的自我完善而彻底否认了人的肉体存在价值，否认了人的真性。

基此批判，颜元认为教育应以现实的人为对象，以现实的人的发展需要为出发点，教育目标在于培养完整的人格，发展人的德、情、才，既要使人在道德境界中自我实现人生道德价值，又要使物质肉体得到快乐幸福，同时又必须在现实社会政治生活中发挥自己的多方面才能，为社会、国家、他人作出贡献，这样才是兼顾人性的深层结构。颜元指出以"禁欲"与自我净化手段作为追求实现圣人境界的修身教育，从根本上说是没有道理的。他大胆肯定人欲的合理性，"理在欲中"、"理在事中"，离开了"人欲"就没有了"天理"，"人欲"的满足才是"天理"之正。他说男女之情是人的"真情至性"，人的真情至性就是"天理"，因此一切教育都应当面对现实的人生生活，要落实到"习行"之上。在禁欲主义的封建社会，颜元的这些思想是多么地难得可贵啊！

《存学编》也是颜元的重要教育理论著作，它是《存性编》的姐妹篇。在这一著作中，颜元阐发了他的实学教育思想。他主张以"真实"、"实学"作为教学内容，以"担荷圣道"、"拯救生民"的真圣真贤作为教育目标，只有这样才能使教育实现经世致用的目的。他说"宁使天下无学，不可有掺杂佛老章句之学；宁使百姓无圣，不可有将就冒认标榜之圣。"真学实学与真圣真贤的标准是现实社会政治中的经世致用。他进一步指出实学教育内容的内在联系："三事"与"三物"名异而实同，"正德"就是"六德"的作用，"厚生"就是"六行"的作用；以体用而言，六德为体，六行六艺为用；以本末先后而言，六艺为本，故教育宜从此入手，六艺精而施之于社会，人伦日用则为六行、六德。他说："夫德行之实事，皆在六艺，艺失则德行俱失"。还说"主艺可以修齐，可以治平，较这辞赋八比之无用，又不可同年而语矣。"同时，颜元还主张实学内容还应当包括孔门四教即"文行忠信"和《大学》三纲八目。实学要与实事相结合，因为要想获得事物之理和实际才能，就必须在实事实物上磨练和下苦功；只有得之于习行，见之于身世，验之于事功，才能"致和"事物，才能获得人的真性和才艺，才能修己治人，成为真圣贤。这些思想的确是对王守仁重行思想的最好继承和发展。

41岁时，颜元的影响很大，远近来学者日众，于是他揭示教条二十则于学舍，其中最重要的是"习六艺"一条。依照这条规定，学生要立志学习礼、乐、射、御、书、数，以及兵、农、钱、谷、水、火、工、虞等经世之学。他排定了分日学习六艺的课程表；每逢一、六日课数；三、八日习礼；四、九日歌词习乐；五、十日习射。习书则每日午饭后写字半张。因六艺教育中缺习御一项，他拟以骑术和技击代替之。在教育实践活动中贯彻他的上述思想。

48岁那年，颜元又著《唤迷途》，后改名为《存人编》，根据他早年著作《存治编》中《清异端》要旨，召唤寻常僧道、参禅悟道僧道、番僧、惑于佛老二氏之儒以及各色邪徒众等，改邪归正，尊崇儒道，回到现实人生和社会生活中来，做一个正当的健康的"真人"。这些思想与明末李贽反理学观点一脉相承，与宋明假道学的禁欲主义伦理观针锋相对，嘲同也有其反对佛道，振必儒学的作用。

到此为止，颜元已完成了《存治》、《存性》、《存学》、《存人》四篇重要著作，后人辑之为《四存编》。《四存编》是颜元的代表作，其影响之深远是他当时所未预料到的。如1925年北京的一所高级中学就是以"四存"命名的，他的学说思想一直流传到我国近现代。

颜元五十七岁时，他决定使其学说广播天下，亲自去到社会上宣传演讲。这年三月，他南游中州，历安平、深州、顺德、安阳、浚县、夏峰、开封、杞县、鄢陵、上蔡、淇县、汤阴、临城等，十月才回博野。这次南游，使得他的眼界大开，思想发生了巨大变化。在中州游历所见所闻和对学者们的广泛接触了解，深深认识到程朱理学对社会造成的危害有甚于佛道二氏，因为"仙佛之害、止蔽庸人，程朱之害，偏迷贤智"。于是他决心不作道统中"乡愿"，旗帜鲜明地反对和批判程朱理学和空疏无用教育。

由于他攻击程朱，反对科举教育，批判八股死板学风，因此而招致恪守程朱理学的人们的种种攻击和侮辱。然而，颜元坚定骨力，不畏流言，笑毁不挫，矢志逾坚。在这一年他写下《四书正误》和《朱子语类评》，不遗余力地抨击程朱所提倡的静坐和死读书，指斥理学教育"离事求理"，灭杀人性；以"冥想"、"静坐"来"体验天理"，愚同佛僧；而提倡行先于知，"由行而得知"，强调知识来源于实践，要求教育着力"习行"，颜元的《朱子语类评》是从《朱子语类》中选择若干条目，逐条加以批驳的学术著作，旨在正本清源，是当时批判程朱理学最激烈、最重要的流传书之一，他的学生王源称颜元"开二千年不能开之口，下二千年不敢下之笔。"李塨称赞他："先生之力行，为天下第一人。"近人杜国痒也说："理学的批判，到了颜元手里，做得比说得都彻底。"这些评论的确不是什么溢美之词。

颜元一生都是在艰苦条件下奋斗，过着自食其力的教学和种田行医生活，他满怀热忱地救国救民，从未做过官，也从未想过做官，而只想通过实学、实功来达到富国强兵的目的。在他晚年的教育活动中有一件在教育史上很有意义的事件，即他在肥乡县屯子堡主教漳南书院一事是值得一提的。

61岁那年，颜元受聘于漳南书院。按照他的计划，书院教学分六斋进行。第一斋为文事斋，课礼、乐、书、数、天文、地理等科目。第二斋为武备斋，课《黄帝》、《太公》及孙、吴诸子兵书，攻守、营阵、陆水诸战法，并射、御、技击等。第三斋为经史斋，课十三经、历代史、诰制、章奏、诸文等。第四斋为艺能斋，课水学、火学、工学、象数学等。第五斋为理学斋、课静坐、偏重程朱陆王之学。第六斋为帖括斋，课八股举业。理学和帖括斋的设立是有用意的，它为了适应时代的需要，兼以表示书院博大能容的精神。当积习已改、学风不变时，即废除此二斋。颜元认为学校是人才之本，"无学术则无人才，无人才则无政事，无政事则无治平无民命。"他说："昔人言本原之地在朝廷，吾以为本原之地在学校。"颜元提倡改革学校，废除科举八股。他曾用对联揭橥漳南书院的办学宗旨："聊存孔绪，励习行，脱去乡愿、禅宗、训诂、帖括之套"；"恭体天心，学经济，斡旋人才、政事、道统、气数之机。"他主张改书院为"道院"，改讲堂为"学堂"。

漳南书院的组织形式，规模和教学计划，具体反映了颜元的教育思想。这种分斋分科的学习方法，在某种意义上看，与近代洋务派所办的书院很有相似之处，俨然似一所多种性的大学，举凡政治、军事、文哲、史地、数理、农业、工程等科，无不齐备。

十分惋惜，踌躇满志的颜元，风尘仆仆地来到肥乡屯子堡创办这所设计已久的书院，却没有选择好基建场地。四月动工建设，却遭上八月漳水暴涨，书际堂舍盖被淹没。平日大谈水利和砥砺习行的老人，经受不了这汪洋大水的讽刺性打击，他束手无策，只好长叹一声，垂头丧气地辞官告归。当时父老弟子再三挽留，面对泣面相送的弟子，他洒下了一把难言的辛酸泪，踏上归返博野的坎坷道路。

主要教育思想

1. 对传统教育的批判

颜元面对激烈动荡的社会现实，从维护和挽救封建统治的立场出发，主张"实学"教育，培养实用人才，从而振兴民族和国家。因此他极力反对和批判自汉到清初二千年的重文轻实的传统教育，并把矛头指向了宋明理学。

他认为自汉唐以来，教育就走进了背离孔孟圣学的"文墨世界"，汉儒讲章句训诂之学，晋人竞尚清谈，隋唐又流为佛老，到了宋儒更是变本加厉，讲主敬主静之学，只是在文字书本上做功夫，为害甚大。他说："训诂、清谈、禅宗、乡愿，有一足以诬民，而宋人兼而有之，乌得不晦圣道误苍生至此也。"他把传统教育造成的祸害归结为"坏人才，灭圣学，厄世运"。

所谓"坏人才"，是指培养出来的人软弱无力，毫无经天纬地之略和礼乐兵农之才。因此，他说："读书愈多愈愚，审事愈无识，办经济愈无务"。他还直接批评朱熹说："千余年来，率天下入故纸中，耗尽身心气力，作弱人、病人、无用人者，皆晦菴为之也。"

所谓"灭圣学"是指宋明理学只从章句训诂、注解讲读上用功，从而陷入一种文墨世界，孔门实事实理的学术便日见衰竭。致使国家取士，贤师之劝课，父兄之提示，朋友之切磋，都以文字为准，这种教育"中于心则害心，中于身则害身，中于家国则害家国"。他特别指出八股取士为害更大。他说："八股行而天下无学术，无学术则无政事，无政事则无治功，无治功则无升平矣！故八股之害，甚于焚坑"。

一所谓"厄世运"是指传统教育的主敬读书，败坏了学术和社会风气，造成社会道德、经济和人才的衰败。他尖锐地指出："天下皆读作、著述、静坐，则使人减弃士农工商之业，天下之德不唯不正，且将无德，天下之用不唯不利，且将无用；天下之生不唯不厚，且将无生……渐至今日，旷代不见一帝臣王佐之才，千里不见一礼乐和好之家，数乡不见一孝悌忠信之人。徒闻家家程注朱注，人人套文钞策，子午科也，卯酉科也，乾坤全坏于无用老学究。"

颜元对这种严重脱离实际的传统教育，尤其是程朱理学教育深恶痛绝，提倡实施"学以致用"的实学教育，培养德才兼备的有经韬伟略或有专业特长的贤能君相和百职人才，以实现他的"富天下，强天下，安天下"的政治理想。

2. 育的内容

颜元关于教育内容的主张，表现了强烈的反传统、反教条、反程朱理学脱离实际的书本文字教育的精神。他认为要培养"有学术"，"有治功"的学用一致的人才，教育内容就必须以"实学"、"实用"为原则。

他认为，"秦汉以来著述讲论之功多，而实学实教之力少。"所谓训诂、清谈、性理之学，实际上都是一些空疏无用的东西。他主张以"实学"即"三事"、"六府"、"三物"为教育内容。他在《删补三字书序》中曾扼要地说："三事、六府，尧舜之道也。六德、六行、六艺，周孔之学也。古者师以是教，弟子以是学，居以养德，出以辅政，朝廷以取士，百官以奉职。六经之文，记此簿记耳。"颜元所谓的"三事"即指《左传》上说的"正德、利用、厚生"，这既是他的政治目的，又是他的教育目的。六府是指《左传》上说的"金、木、水、火、土、谷"。他认为，"六府"是"三事"之目，也即"三事"的具体纲目。所谓"三物"是指"六德、六行、六艺"而言。"六德"指智、仁、圣、义、中、和。"六行"指孝、友、睦、姻、任、[XC 血.EPS；P]。"六艺"指礼、乐、射、御、书、数。在"三物"之中，又以"六艺"为最基本。所以"六艺"又是颜元实学的主要内容。他认为"六艺"教育更突出"实"字。"六艺"教育既兼顾了身心发展，又与客观事物相结合。应该指出，颜元虽借托尧舜周孔之道，阐明他的"实学"内容，但并不是搞复古倒退，而是以此为依据反对当时空疏无用的教育，并且根据当时社会的需要增添了新的内容。颜元晚年曾亲自为漳南书院设计了一个"教育计划"，这个计划集中体现了他关于教育内容的主张。他把书院分为六斋，各斋的教育内容为：

第一，文事斋：课礼、乐、书、数、天文、地理等科；

第二，武备斋：黄帝、太公以及孙、吴五子兵法，并攻守、营阵、陆水诸战法，射御、技击等科；

第三，经史斋：课《十三经》、历代史、诰制、奏章、诗文等科；

第四，艺能斋：课水学、火学、工学、象数等科；

第五，理学斋：课静坐、编著、程、朱、陆、王之学；

第六，帖括斋：课八股举业。

上述六斋中的理学斋和帖括斋是作为孔门正学的对立物而设的，同时也是为"应时制"不得不设。漳南书院计划体现出了他的丰富而实用的教育内容，无论在深度，还是在广度上都超出了"六艺"教育的范围。它除了经史礼乐等知识外，还把诸多门类的自然科技知识、各种军事知识和技能正式列进教育内容，并且实行分科教学。冲破了几千年来封建教育的框框，包含了一些近代科学教育的因素，反映了资本主义萌芽时期市民阶级的要求，是近代教育内容改革的雏形。

3. 于教学的方法

颜元关于教学方法主张的一个突出特点是"习行"。他反对汉唐的崇尚章句，口讲耳听，流为佛老，宋明的"穷理居敬"，静坐读书，空谈心性，虚妄无实的脱离实际的传统的教学方法。他说："追秦火之后，汉儒掇拾遗文，遂误为训诂之学，晋人又诬为清谈，汉、唐又流为佛老，至宋人而加甚焉。仆尝有言：训诂、清谈、禅宗，乡愿有一，皆足惑世诬民，而宋人兼之，乌得不晦圣道误苍生至此也。"颜元对这种"终日兀坐书房"，两耳不闻窗外事，一心只读圣贤书的教育方法，深表反感。提出了以"习行"为主的教学方法。所谓"习行"的教学方法，就是要通过实际行动，通过具体的事去学去做。这种方法不仅可以增强身心的健康，而且可以有道德涵养的功用和经世致用的价值。

他关于"习行"教学方法的主张源于他的朴素的唯物主义认识和知识观。他认为人们要获得真正的知识，必须通过自己的亲自"习行"。在他看来，"见理于事，因行得知"，即知识来源于客观事物。"知无体，以物为体"。"物"是独立于"知"的客观存在，"知"在"物"中，只能依赖于"物"。因此，求知必须"见之事"、"征诸物"，即直接观察、接触事物，亲自动手去做，才能获取真正有用的知识。他还认为人们只有通过自己的亲自"习行"，才能检验出知识的正确与否。对于一个人来说，看其是否掌握了知识技能，必须经过"习行"的实践来考核。他说："读得书来，口会说，笔会做，都不济事，须是身上行出，才算学问。"所以，学校的教育教学工作，不光是讲论，而应在"练达世务"中成其"美才"。也就是说，师之为教，生之为学，均须"向习行上做功夫，不可向语言文字上着力。"

应该指出的是，颜元强调"习行"的重要，并不排斥书本知识。因为他强调"习行"的重要，是针对程朱"理学之时弊"出发的，目的在于反对读书与"习行"相分离。因此，在教学方法上他也提倡讲授，但讲授要有助于学和有益于用。所以他主张：第一，讲授与习行结合。他说："诗书六艺亦非徒列坐讲听，要唯一讲即教习；习至难处来问，方再与讲。"意思是说教师的讲授，是为著行，"习行"中有"难处"，方与再讲，使讲授有的放矢。第二，讲授与论辩结合。他说"学事学物有不明，乃用讲辩耳。"又说；"讨论古今，以识事理之当然。"提倡师生间、学友间的讨论、辩论，以激发学生学习的积极性和主动性。第三，讲授与练习结合。他说："为学为教，用力讲读者一二，加功于习行者八九"，"讲之功有限，习之功无已"。他认为讲授不仅要结合练习，而且提倡少讲、精讲、多练，否则学生只能是"记空言"、"明虚理"，终是无用之"浮文"，既没有掌握知识，又不会运用知识。

实际的、注入式的、背诵教条的教学方法，针锋相对提出"习行"的教学方法，可以说是教学法理论和实践上的一次重大革新。但是他强调行对知的作用，有忽略知对行的指导作用的倾向，表现出一定的局限性。

综上所述，颜元以大无畏的战斗精神，深刻揭露和抨击了传统教育，其是程朱理学教育，并在批判中创立了以"实学"为特征的教育理论体系，从而成为早期启蒙教育思潮的代表人物之一。虽然受时代和阶级的局限，他的基本立场仍以维护封建统治为目的，其思想观点还保留着许多封建主义糟粕，但从其主导思想来看，毕竟反映了资本主义萌芽出现后新的市民阶级以及劳动人民的要求，这在中国的古代教育史上具有重要意义，并产生了深远的影响。

李贽论教育

李贽的生平与教育活动

李贽（1527—602）字宏甫，号卓吾，又号温陵居士，福建泉州晋江人，

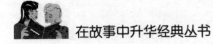

明代晚期的思想家、教育家。

李贽幼年跟随父亲念书，20岁独立生活，26岁乡试中举，30岁为河南辉县教谕，以后做了20年小官，也曾做过国子学博士。51任云南姚安府知府。54岁时，他辞官专门从事著作和教育事业，讲学于湖北黄安、麻城之间。李贽任官20多年，奔走南北，敢于坚持正义，常与上级发生意见冲突。晚年讲学著书，大胆批判正统儒学和宋明理学，因此屡遭困厄。后被迫逃离麻城芝佛院，远走北京附近的通州马经纶家，万历三十年（1602年）被明神宗以"敢倡乱道，惑世诬民"、"异端之尤"等罪名，投狱迫害致死，并将其所著书尽行烧毁，时年76岁。

李贽长期"颠沛流离，生活困苦"，"受尽磨折，一生坎坷"。这种经历使他对当进社会的黑暗，有较深的体验，因而他的思想比较接近下层群众。他性格倔强，不甘受封建礼教与世俗的管束，所以特立独行，成为儒学正统的异端，其著作有《李氏焚书》、《续焚书》、《藏书》、《续藏书》、《李温陵集》等，虽屡遭焚毁，仍流传于今。

敢叛"圣教"，敢批"儒学"

作为异端学者，李贽敢于批判正统儒学，成为离经叛道的杰出人物。他的战斗批判精神，反映了明末的时代面貌。明末统治阶级内部矛盾重重，斗争剧烈，各地农民起义，此起彼伏，抗租抗税，时有发生。伴随这个时期所产生的资本主义微弱的萌芽，反封建压迫的初期市民运动，也开始出现。所有这些现实情况，都对李贽的"叛逆"思想产生了深刻的影响，成为李贽战斗批判思想形成的精神来源和基础。

李贽的战斗批判精神，主要表现在以下几个方面。

首先他反对以一个定论模式来判断是非，提出不"以孔子之是非为是非"。把批判的锋芒直接指向正统儒学。李贽认为是非标准应随时代的变化而变化，不能在任何时代都以一个定论作为判断是非曲直的标准。具体地说，就是不能完全以孔子的是非来判断一切时代一切社会的是非，亦不能把《六经》、《论语》、《孟子》、《四书》等等作为"万世之至论"。他说，如果什么都要取决于孔子，那么在没有孔子之前，难道不要做人了吗？他撰写《藏书》，为历史上800多人作传，一面看其著作，一面不以孔子的"定本"论褒贬，而是用当时时代的新的是非标准来评定，该褒则褒，该贬则贬。李贽不以"孔子之是非为是非"，实质是对正统儒学的批判，是对推崇、继承儒学的宋明理学的批判。大胆地否定了当时的封建礼教、封建教条和封建权威。李贽认为是非的判断并无永恒不变的说法是可取的。但这里也必须认识，在一定的社会历史条件下，是非标准仍然有相对的稳定性，否则就会滑到相对主义的泥沼，导致怀疑论和不可知论的产生。

李贽从"生知"出发，认为"人人具有良知良能"，"满街都是圣人"。李贽曾信仰过王守仁的"心学"思想，他欣赏王守仁的人人具有良知良能学说中所包含的平等因素以及王守仁的"满街都是圣人"的说法，他认为圣凡同类，人人平等。圣人能做到的事，普通老百姓亦能做到。圣人不仅在知识能力上与凡人相同，而且在德性修养上也与凡人相同。凡人的"穿衣吃饭"与圣人的"揖让征诛"并无高下之分。李贽还认为不但圣凡一样，男人与女人也应该平等。李贽公开批判男尊女卑、重男轻女、歧视妇女的封建思想。他指出："谓人有男女则可，谓男子之见尽长，女子之见尽短则不可。"论智慧，女子也不比男子差。李贽在湖北开办了我国教育史上第一所女学。他招收的女生中，有麻城梅国桢的两个女儿，一是梅澹然，另一是梅善因，称赞梅澹然"虽是女身，然男子未易及之"，赞扬梅善因"识见大不寻常。"他还同情寡妇再嫁，甚至赞成妇女可为情而"私奔"，这些都是对封建等级制度、封建"三纲五常"的否定，特别是对男尊女卑的否定。

李贽认为读了书，明白了道理，如果不在实际中加以验证和实行，就同不识字一样。他说，读书不只是明义理，更重要的是"须有证验始可"。他曾举例说：《论语》开卷便是"学"字，《大学》开卷便是"大学"二字。此三字我敢说各位未识得。何也？此事须有证验始可。如识《论语》中"学"字，便悦、乐、不愠；识《大学》中"大学"二字，便定、静、安、虑。今都未能，怎能敢说自己都识得此字呢？他反对学习上的盲从，提倡独立思考，鼓励辩难、质疑，反对因袭陈说，人云亦云。他认为读书通过独立思考，明白了该怎样做，就能言行一致，坚决实行。

李贽比前人更清楚地看到了人的价值和智慧，他看到了人的个性，认为不应继续去束缚和压抑人的个性，而应去解放它，充分顺应其自由发展，他

提出了"童心"论，什么是"童心"呢？他说："夫童心者，真心也。""绝假纯真，最初一念之本心也。"违背自己的童心，去接受一套封建道德说教，实际上是扼杀了人的个性发展。所以他认为，依乎童心，实际上便是顺乎个性。李贽反对封建主义冠"纲常之冠"，衣"人伦之衣"，戕害人的"童心"。他的"童心自出之言"，具有思想解放的意义。这是对封建专制主义压制人的个性和情感、摧残人们精神和理智的一种抗争，是对个性的自由解放、自由发展的一种人本主义的呐喊，是躁动于封建名教重压下的人的主体自觉的渴求和觉悟，这也是与初步资本主义萌芽的社会经济状态相适应的。

总之，李贽一生充满批判战斗精神，使他成为资本主义萌芽时期的早期启蒙思想家和教育家的先驱人物之一，也使他在中国古代教育史上占据了一定的地位。

宋濂论教育

宋濂，字景濂。他的先祖为浙江金华潜溪人，到宋濂时迁往浦江县居住，就成为浦江人。他是明代前期教育家，生于元武宗至大三年（1310年），死于明太祖洪武十四年（1381年），活了72岁。

宋濂年幼时聪明，强于记诵，初在闻人（复姓）梦吉门下读书，渐通五经，再往吾莱处学习。末了，到柳贯、黄潜的门下游学。柳、黄二人对宋濂都很谦逊，自称先生不如学生。元顺帝至正年间，宋濂被推荐为翰林院编修，后以双亲年老辞职回家人龙门山著书立说。

隔了十多年，朱元璋攻下婺州（今浙江金华）召见宋濂。第二年三月，用李善长的名义推荐宋濂、刘基、章溢、叶琛同时应征到应天府，拜为江南儒学提举，接着改任起居注官。宋濂与刘基都起用于东南省份，很有名望。刘基雄迈有奇气，任军事高参，而宋濂自命为儒者，用文学向太祖传授知识，长期为左右侍从，当顾问。洪武二年（元1369年），朱元璋下诏修元史，命令宋濂充当总裁官。同年八月，元史修成，拜宋濂为翰林院学士。三年（1370年）二月，因未上朝参谒降职为编修。四年（1371年），迁升国子司业，连坐研究祭祀孔子的礼仪不按时上报，贬谪为安远知县，不久召为礼部主事。五年（1372 年）迁为赞善大夫。六年（1373 年）七月，迁侍讲学士，主管制诰（包括追赠、贬谪、赠封之事），同时修国史，兼赞善大夫。九月任中顺大夫。八年（1375 年）九月，随从太子及秦、晋、楚、靖江四王于中都讲武。九年（1376 年）进为学士、仍主管制诰、兼赞善大夫。十三年（1380 年），宋濂的长孙宋慎连坐胡惟庸私党，朱元璋想置宋濂于死地，由于皇太子力救，故安置在茂州（今四川茂汶）养老。十四年（1381 年）死于夔州（今四川奉节）。

宋濂的教育生活主要在官所。在明王朝尚未建立之前，宁越府知府开办郡学，任命他和叶仪为五经教师。明王朝建立之后，太祖皇帝征集四方的儒生张唯等数十人，为翰林院编修，集中在文华堂学习，又任命宋濂为讲习，为明王朝培养新的人才。

宋濂长期充当朱元璋的顾问，向朱传授文学知识，同时还长期作皇太子的师傅，向太子传授经书。有一次朱元璋要他讲《春秋左氏传》，他说："春秋乃孔子褒善贬恶之书，苟（倘若）能遵行，则赏罚适中（恰当），天下可定也"（《明史·宋濂列传》）。朱元璋问他帝王之学，他举荐《大学衍义》。朱指着《衍义》中司马迁论黄、老的问题要宋濂讲解分析，他在讲完之后说："人主诚以礼义治心，则邪说不入，以学校治民，则祸乱不兴，刑罚非所先也"。（同上）朱元璋称赞他的意见是"善陈"。他不仅平时教育皇太子十分认真，而且在双亲病重，请假回家探亲时也不忘奉书太子勉以"孝友敬恭进德修业"八个字。他教育太子十余年，凡一言一行，都以礼法进行讽劝，使之归于正道。每当讲到有关政治以及历史上的兴亡事情时，他必然要拱手对太子说，应当这样做，而不应当那样做。皇太子对宋濂十分敬重，总是很严肃地听宋濂讲课，称宋濂为师父。

宋濂相貌丰伟，有美髯公之称。他眼力特别好，对越近的东西看得越清楚。他能在一粒黍上雕刻几个字，从小到老，没有一天离开书本，门门学问都精通。他的文章纯粹精深，演化透逸，与古代名作家可相提并论。当时，明王朝制订各种规章制度、礼仪典籍都委任给宋濂，朝野上下都公推他为开国文臣之首。大小官吏和读书人登门拜望，乞求文章的很多。外国纳贡的使臣也知道他的名望很好，多次问候宋先生身体好吗。高丽、安南、日本都到

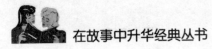

中国出高价购买他的文集，称呼他为"太史公"，而不敢呼他的名字。

孙奇逢论教育

孙奇逢，字启泰，又字钟元，直隶容城（今河北省容城县）人，清代初期教育家。生于明神宗万历十二年（1584 年），死于清圣祖康熙十四年（1675 年），活了 92 岁。

孙奇逢少年时期风流洒脱，行为放纵无所拘束，喜好不平凡的节操。他最重义气，和鹿伯顺、左光斗、魏大中是往来密切、情感很深的好朋友。明熹宗天启年间，宦官魏忠贤窃据朝廷大权，左光斗、魏大中二人因党祸被逮捕。孙奇逢冒着很大危险，积极地进行营救，他那种忠义慷慨的气节为当时人们所称颂。到后来，由于他转而研究宋儒理学，性格就逐渐变得十分随和了。

孙奇逢有弟兄四人，两个哥哥一个弟弟都是容城县的县学生（秀才）。孙奇逢从小就刻苦钻研学问，并立志要在学术上取得显著成就。他在 17 岁那年，即明神宗万历二十八年（1600 年），应顺天府乡试而考中举人。他从 28 岁起开始研究宋儒理学，最初信仰程、朱，最后倾向于王阳明。他的学术成就引起了明王朝的重视。到 40 岁以后，当时的明王朝和以后的清王朝都多次派遣官员前去聘请他做官，但他谨守清白和贫苦，都一一拒绝了。

孙奇逢的讲学生活，从 29 岁开始到老死为止，共计 60 余年。他先后在京城讲学两次：一次从 29 岁至 32 岁，时间约四年；一次从 38 岁到 39 岁，约二年。自 55 岁到 60 岁，他又在易州（今河北易县）的双峰及百楼间，往来讲学共 6 年。67 岁时，他因仰慕苏门百泉村的风景，又迁至夏峰，隐居讲学 25 年。除此而外，他还在容城和江村等地讲学约 20 余年，为教育事业贡献了毕生精力。

孙奇逢别号孙夏峰，就是由于他在明朝末年，害怕京师地区的农民革命运动，携带全家老小逃避到易州的五峰山中，一面耕田、一面讲学而得名的。他到了五峰山后，他的学生、亲戚、朋友先后跟随他前往居住的达数百家，不到几年那里就成了一个小村镇。

孙奇逢的学生很多，其中，以新安（今河南新安县）的魏一鳌、清苑（今河北省清苑县）的高镐、范阳（今河北涿县）的耿极跟随学习最早。及门问答，又以孙一鳌最多，睢州（今河南商丘）的汤斌，登封（山东省蓬莱县）的耿介，都是做到了监司（监察州县的地方官）以上的官职以后，再到他那里去求学的。

孙奇逢的教育主张：第一，孙奇逢要求学生"随时随地体认天理"。"随时"就是指的每一天每一刻；"随地"就是指眼前的每一个念头，每一个行动，每一件事情；"体认天理"就是切实省察自己的行为。总起来说，就是要求学生在每一天的生活中，严格省察自己的思想、言行，做到丝毫也不违背天理和人情。他在《励学文》中说："古人吃饭著衣，便是尽性至命，吾人谈天论地，总非行己立身"。第二，教育的目的在于培养好人。在孙奇逢的《教子家训》里写道，"古人读书取科第，犹第二事，全为明道理做好人"。在他看来，"明道理做好人"六个字便是封建教育的培养目标。这里所说的好人是什么样的人呢？从他的《孝友堂家规》及《教子家训》两篇著作中可以看出，最低一层意思是要把青年培养成为忠厚、和平和循规蹈矩的士绅；最高一层意思是要把青年培养成为圣人。他重视教育的作用，认为圣人可以通过教育来培养。他说："或问学何为也哉，曰学为圣人而已'。曰"圣人可学而能乎？'曰：'可'"（《四书近指》序）。他又认为，一个人生在天地间关系很重大，"前有千古，以身为承，后有千古，以身为垂"（《孙夏峰语录》），也就是说，前可继承千古，后可影响百世。所以，必须通过教育，才能使人开扩眼界，在空间上与天地万物合为一体，在时间上与上下古今连成一气，做到圣人的地步；又因为要扶持纲常名教，有益于社会，也必须通过教育，把人们培养成循规蹈矩的士绅。进一步说，要恢复一个人的善性，矫正不好的习气，也必须借助教育的力量。第三，强调儿童教育的重要。孙奇逢认为，一个人生活得好与坏，全在于儿童时期所受的教育如何。他说，儿童初生，性本是善的，只是由于后来没受到教育才变坏了，所以"古人重蒙养，正以慎所习，使不离其性耳"（《教子家训》）。第四，关于教育方法，他提出了诱掖与磨练两种方法。对于初学的人，施以诱掖法，即竭力扶持的方法。只能根据学生眼前的一思一念，进行多方面的接引，绝不苟求。对于学问较高

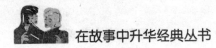
深的人，则采用磨练法，就是直接了当地要求学生平时的言语、行动都符合于"天理"、"人情"。

孙奇逢的著作有《读易大旨》五卷，《理学传心篡要》八卷。

张履祥论教育

张履祥，字考夫，浙江桐乡县人，清代初期教育家。他所住的村名叫杨园村，所以学者称他为杨园先生。生于明神宗万历三十九年（1611年），死于清圣祖康熙十三年（1674年），活了64岁。

张履祥七岁时就死了父亲，他的母亲沈氏教导他说："孔子、孟子两人在幼年时都没有父亲，但有志气，便成了圣人。"在母亲和祖父的教育下，张履祥在家住了二三年，到11岁时，就开始出门求学，先后投师五人。刘蕺山是他最崇拜的老师，但他到刘蕺山那里去求学时，已经三十四岁了。李自成的农民起义军攻破北京，接着清兵入关南下，明王朝的江山岌岌可危，刘蕺山绝食23日而死，张履祥也眼看着大势已去，只好退隐还乡，开办私学，教育学生。

张履祥的讲学生活本来开始于23岁，但在34岁退隐后，更是一面种地，一面招生办学，直到老死，共计不下40年。在讲学过程中，他反对广泛交游、盗窃虚声的一般虚伪学风，主张"来学之士，一以友道处之"。他讲学一辈子，及门弟子很多，但从来没有举行一次拜老师的仪式。他认为交游的习气把讲学的真正意义失掉了，应当大力矫正、他提倡实学，讲求在实践中老老实实地去行，他每年耕种十余亩田，常常穿着草鞋、戴着斗笠、提着筐子下地劳动。他常说："一个人必须有固定的职业，无固定职业的人，首先会丧失自己本来的心愿，最后会丧失自己的身体。"他还说："许鲁斋认为，'学者以治生为急'，但我认为治生（搞好生活）应以种田为先。"张履祥最初是讲刘蕺山的独慎之学，晚年专讲程、朱理学。他在中年时期研究学问特别勤奋，一面讲学，一面自修，常常终夜不沾枕席十余年，因为勤学过度，所以精力早衰。

张履祥在学术上"祖述孔孟、宪章程、朱"，所以他的教育思想就是孔孟的思想，他的教育方法就是程朱的方法。他讲学40年，用来训练学生的不外乎是"辨心术"、"求实学"两点。在"辨心术"上，他说，读书先要端正自身的思想。思想好比树木的根，稻谷的种子。树根先坏，千枝万叶都没有着处；谷种不好，对禾苗的成长就会有害。人的行为是受思想支配的，思想端正行为也就端正，思想不端正，行动上就会做出坏事来。所以，儿童在开始受教育时，就应该先教他们辨别什么是好思想，什么是坏思想，使之树立正确的思想，鄙视错误的思想。"辨心术"又被张履祥理解为立志。他认为，志向立定以后，就必须脚踏实地去做，"人既有志，正须下笃实的工夫，方得称志"（《愿学记二》）。在求实学方面，他把实学称之为贴近自己为着他人的学问，必须用苦挣的精神。在德行修养上要下实实在在的工夫，这种工夫就是孔子"下学而上达的"工夫，朱子居敬穷理的工夫。这种工夫要求从人伦（父子、兄弟、夫妇、朋友）、庶务（杂务事情）上点点滴滴地去做，不要浮夸，不要等待，脚踏实地，持之以恒，自然会有豁然贯通的时候，成为有德的君子。

此外，张履祥还有下面几点具体的教育主张。第一，"立身四要：曰爱，曰敬，曰勤，曰俭"（《训子语》上）是陶冶学生品格的标准。教育学生应以这四个字为纲领，要求他们"入则孝，出则弟，言忠信，行笃敬"（《备忘》二）。第二，《小学》、《近思录》、《颜氏家训》、《白鹿洞规》、《二程全书》、宋儒各家语录，应是学生必读之书。第三，教师必须选拔老成、有品行、有学识的读书士子充任，才能造就有用人才。教师对学生的教育不仅要全面负责，还要善于引导。学生不服从管教，必定是教师没有尽到应尽的责任，当父兄师长的都应当自我检查，不能完全责备子女和学生。第四，读书的方法：第一步要熟读，不要贪多，不要求速；第二步掌握书中的要领，慢慢地领会其根本意义，读书的目的是把圣贤的言行变为自己立身的规矩准绳，使自己的一言一行都合乎圣贤的要求。

张履祥的著作有《愿学记》、《读易笔记》、《读史偶记》、《言行见闻录》、《经正录》、《初学备忘》、《近古录》、《训子语》、《补农书》、《丧葬杂录》、《训门人语》及《文集》四十五卷等。

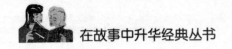

李颙论教育

李颙，字中孚，陕西盩厔人，清初教育家。因为水曲叫盩，山曲叫厔，所以，又别号李二曲。生于明思宗崇祯三年（1629年），死于清圣祖康熙四十四年（1705年），活了76岁。

李颙的父亲李可从是明朝的材官。崇祯十五年（1642年），张献忠的起义军攻占湖北省郧阳府郧西县。巡抚汪乔年总督军务，李可从也随军前往镇压，被起义军击毙。当时，李颙还只有十六岁，家境贫寒，无力缴学费，从师数人，都被拒绝。李母彭氏无可奈何，只好亲自教儿子读书，虽然家中生活十分困难，也不使李颙中断学习。李颙因此发愤攻读，凡是经史百家以至佛老之书都专心研究，结果竟成了一代大儒，在关中一代宣扬宋明理学，当时关中的读书人大多以他为宗师。

李颙一生誓死不愿投降满清王朝，不向满清皇帝称臣。康熙十八年（1679年），举荐博学鸿儒，李颙被举荐，但他假称病重，把病床抬到省城，连一口水都不吃，因此才得脱身。从此以后他闭门不出，生活在土室里，只和崑山的顾炎武交往。康熙四十二年（1703年），清圣祖康熙到陕西等地巡视，召见李颙，但李颙已经年老体衰，仍不前往朝见，只派他的儿子李慎言代表他到皇帝面前报告他的身体不好，并将所著《四书反身录》、《二曲集》进献。康熙皇帝为了奖励他学识渊博、品德高尚，赐给他"操志高洁"四个大字。

李颙自30岁起开始讲学生活，到四十岁以前，已在学行上有很大的名望。康熙九年（1670年）时，他的学生骆钟麟为常州知府，趁李颙到襄阳掘取他父亲的骨骸的机会，请他到常州讲学，并客居道南书院。东南的读书士子因仰慕他的风度文采，都亲身聆听他的讲授。他曾到过无锡、江阴、靖江、宜兴各地，每到一处，听众云集。但他在常州一带只讲学三个月，由于思念父亲骨骸之事心切，就匆匆返回北方了。李颙的讲学活动主要是在家乡进行的。他一生没有做官，专门从事教学和著述。他一生中至少有30年的时间致力于教育事业，是关中著名的民间教育家。康熙皇帝为了表彰他在教育事业上的成就，曾赐给他"关中大儒"四个大字。

在教育上，李颙主张培养"明体适用"的通儒。他认为，明体而不适用叫做腐儒，适用而不明体叫做霸儒，既不明体又不适用叫做邪门歪道。怎样才叫"明体适用"呢？他说："穷理致知，反之于内，则识心悟性，实修实证，达之于外，则开物成务，康济辟用，夫是之谓明体适用"（《盩厔答问》）。换句话说，就是要求学生既要领会孔、曾、思、孟的言语教训的意义，又要按照这些意义指导自己的行动，做到有体有用。李颙认为要培养这种人，不是靠别的什么办法，而是靠"悔过自新"的修养工夫。这种"悔过自新"的主要办法又是静坐，即是通过静坐，克服恶性，恢复善性，最后达到存天理，灭人欲的境界。李颙培养这种人，用的是陆象山、王阳明、陈白沙的著述，以阐明心性及其原由；用程颐、程颢、朱熹、吴康斋、薛敬轩、吕泾野、罗整庵的著述，以指导身体力行；用《大学衍义》、《文献通考》、《资治通鉴》、《纲目大全》及农田水利等书，作治理国家和统治人民的工具。为了培养"明体适用"的通儒，李颙采用反观自省的教学方法。所谓反观自省的教学方法，就是教育好像治病一样，只有自己才知道自己病痛之所在，自觉地施以"自克自治"的工夫，达到病痛自除的目的。这种方法是与他的"悔过自新"，提倡自己体验，自己省察为基础的，是一种一切通过内审的唯心主义法则。教师不过略施唤醒诱导的作用。

李颙在关中书院讲学很久，制定有会约：分讲授规程和自修学程。现简要介绍如下：

讲授规程规定：①每年二月、六月、十月会讲一次。②开讲以击鼓为号，退席以击磬为号，各击三声。③讲前及讲后各对孔子及先贤举行四拜仪式。④座次以年龄为顺序。⑤开讲之初须静坐片刻，把心收敛了，然后才开始。⑥讲后如果有疑难或须深研的地方，可到老师家里进行问难。

自修学程规定：①每日须早起。②每日静坐三次：早起一次，午饭后一次，夜晚就寝时一次，每次以焚香一炷为限。③每日读书分五个时间，早饭后读《四书》；午饭后读《大学衍义》及《衍义补》；傍晚时精神疲乏则读引人痛快的诗文，以驱逐困倦；夜晚阅读《资治通鉴纲目》或周濂溪、司马光、程颐、朱熹及河会、姚经语录。④书院置功过簿一本，逐日登记学生的言行，

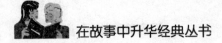

以备共同评判。⑤每月初一、十五开会一次，相互讨论功课及评判得失。

李颙的著作有《四书反身录》七卷、《二曲集》二十二卷。

李塨论教育

李塨，字刚主，别字恕谷，河北蠡县人，清代前期教育家，生于清世祖顺治十六年（1659年），死于清世宗雍正十一年（1733上），活了75岁。

李塨的父亲李明性是明朝末年的秀才，进入清朝后不再参加科举考试，是一个孝子，与颜元友好，世称孝悫先生。颜元见他所编辑的理性各书，深为感叹而佩服。李塨二十岁时才拜颜元为师。他向颜元学礼、向张而素学琴，向赵思光学射，向刘见田学数，向彭通学书，向王余祐学兵法，甚至于田地、税务，冬至夏至祭天之礼，宗庙祭祀之礼，无不学习。由于李塨勤勉好学，知识广博，于康熙二十九年（1690年），即他32岁时中了举人。但李塨性格与颜元差不多，宁愿领着妻室儿女耕田种菜，忍苦耐劳，也不愿出外做官。仅在六十岁时作了通州学政，但只在任八十余天就以病为借口辞官回家了。

李塨23岁，开始在家乡开办私塾，招收学生，进行讲学。27岁，游历北京，与会稽人万斯同友好。当时，各地的读书人都聚集在首都，万斯同开设有早讲会。每讲一次由大宦官陈设帷帐等用具，翰林、各部郎官数十人围绕着听讲。在万斯同的介绍下，李塨在这个讲会上讲了以周官大司徒的三物解释大学格物的道理，很受听众欢迎。朋友杨勤任富平知县，邀请李塨前去教学。他去了之后，陈光陛、黎宋淳、鲁登阙、蔡麟、张中平都拜他为师。他高兴地说："光陛学易、宋淳学礼、登阙学乐、麟学兵、中平学书（王源著的书），吾道遂兴乎！"（《清代七百名人传·李塨传》）李塨中年时期，曾迁往博野县居住，一方面为老师颜元建祠堂，一方面在那里招生讲学，所以，他在博野县的时间很长。福建安溪的李光地听说李塨很有学问，派徐用锡前往招聘，他不去。之后，有好几位王爷也前来聘请他去讲学，他都一一回绝了。

李塨是颜元的得意门生，学术思想完全与颜元一样，反对程朱空虚无用的理学和陆王心学，注重实用、习行。所以，也称颜李学派。

李塨在自学方面订有三种课程表：①他在23岁时订有："一岁常仪功"，

也就是周年学业自修表，内容是分日练习六艺：一日练习礼，三日练习乐，五日练习律，七日练习数，九日练习射。②24岁订的"日课"，也就是身心自修表，共十三条，大概是关于言、笑、坐、立及性情方面的修养。③29岁订的真正日课，也就是"每日三分商治道（商讨统治人民的办法），三分（研）究经史，三分理制艺（八股文），一分习医，而以省身心为之主"（《李塨年谱》）。

在教学生学习的方面订有：①"修学规"，康熙二十年（1681年）制订，共十八条；②"为学课程"，雍正元年（1723年）制订，五条；③"恕谷学教"，是斟酌习斋教规修改而成的普通教规，共十七条。

在教材方面编有《小学稽业》和《圣经学规》，这是两本颇有价值、井井有条、逐步渐进的书。《小学稽业》共分五卷：第一卷是小学四字韵语，好像概论；第二卷共分食食，能言，六年数数、方名，七年别男女，八年入小学，教让，九年教以数目，十年学幼仪，一切日常生活知识；第三卷是学书；第四卷是"学计"；第五卷又分三段：学乐、诵诗、舞勺（一种称为龠的乐器）。《圣经学规》把十三岁儿童的学程分作二卷：第一卷有《论语学规》三十九条《中庸》三条，《孟子》十一条；第二卷有《尚书》三条，《易经》一条，《诗经》一条，《周礼》八条，《礼记》九条。每条摘录有关于论教学的经书条文，并附上自己的解释，其用意在于以尧舜周孔求学、教人的法则为榜样去开导学生。

李塨著有《周易传注》7卷，《筮考》1卷，《郊社考辨》1卷，《论语传注》2卷，《大学传注》1卷，《中庸传注》1卷，《传注问》1卷，《李氏学乐录》2卷，《大学辨业》4卷，《圣经学规纂》2卷，《论语》2卷，《小学稽业》5卷，《拟太平策》7卷，《阅史郗视》5卷，《恕谷后集》13卷。

方苞论教育

方苞，字灵皋，老年自号望溪，安徽桐城县人，寄居江苏省江宁府（今江苏南京市），清代前期教育家，生于清圣祖康熙七年（1668年），死于清高宗乾隆十四年（1749年），活了82岁。

　　方苞从很小时就开始读书，又很聪明，年仅十岁，就能记诵五经，于康熙二十八年（1689年）考上县学生（秀才），康熙三十八年（1699年）中乡试第一（解元），康熙四十五年（1706年）中进士第四名（由于母病未参加殿试），康熙五十年（1711年）因副都御史赵申乔弹劾编修戴名世所著的《南山集孑遗录》有叛逆语言、牵连方苞。因此，方苞被逮捕入京坐牢一年。释放后，康熙皇帝知道他文学好，特任命他在南书房教皇子、王子。康熙六十一年（1722年）六月，方苞被任命为武英殿修书总裁。雍正九年（1731年），又特别授予他中允的职务，十年（1732年），被升为侍讲，七月，又升侍讲学士。雍正十一年（1733年），当清世宗提拔方苞为内阁学士的时候，方苞以脚痛的缘故推辞不受，但世宗仍命他在修书房任职，不必办理内阁事务。六月，方苞当了庶吉士的教师，八月，又充任《一统志》的总裁，十三年（1735年）正月，充任皇清文颖副总裁，到了乾隆时期，方苞再一次入南书房，充任《三礼义疏》副总裁，并被提拔为礼部右侍郎。虽然方苞一再以脚痛为理由推辞不受侍郎职务，但乾隆皇帝仍要他随班任职；后又允许他解除侍郎职务，但仍按原官衔领取饷银。毕竟方苞因南山集一案坐过牢，乾隆皇帝始终对他怀有戒心，终于在乾隆四年（1739年）五月，革除了他的一切职务，叫他在三礼馆修书赎罪。此时，因常患脚痛病，恳求回原籍调理。在大学士等的代奏下，乾隆皇帝赏了他一个侍讲官衔，准他回家养老。

　　从方苞的经历可知，他的教育生活的绝大部分都是在京师度过的。当他告老还乡时，年已七十五岁。此时，虽然从各地前来向他求学的人不少，但他的主要精力在著述。他的著作有《周官辨》、《周官集注》、《周官析疑》、《春秋通论》、《春秋直解》、《札记析疑》、《丧礼或问》、《仪礼析仪》、《春秋比事目录》、《左传仪法举要》、《删定管子荀子史记注补正》、《离骚正义》。

第二章

外国教育经典名论

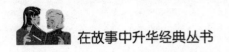
《教育漫谈》中的教育名论

作者简介

阿兰（E. A. Alain，1868—1951）原名爱弥尔·奥古斯特·夏提埃（E-mile Auguste Chartier），是法国哲学家、教育家。1892 年阿兰毕业于巴黎男子高等师范学校。从 1893 年至 1933 年，阿兰一直在巴黎亨利第四中学任哲学教师。他的学生说，阿兰把他极具个性的哲学思想同他对从柏拉图到黑格尔的西方哲学的伟大著作的透彻理解相结合，是最为杰出的教师。阿兰参加过第一次世界大战，战后他继续担任教师，同时兼任记者。阿兰撰写过四千余篇作品，其中多数是以新闻评论的方式面世的，但也有独立出版的著作，如《教育漫谈》、《论教育》、《精神与激情》等。

在教育上，阿兰属于永恒主义教育流派，是古典主义教育的支持者。他认为教育应集中于发展人的理想性，学习不是游戏，而是艰苦的努力；儿童是未来的成人，教育不是生活本身，而是生活的准备；主张学生学拉丁文和几何学；教师应磨炼学生的意志，把学生培养成"可信赖的公民"，而不要单纯传授知识。

成书背景

阿兰生活在一个工人运动和工会活动发展相当活跃的时期。他认为，对于人类来说，惟一真正的自由是思想的自由，思想自由的获得必须通过教育。阿兰生活在法国学校教育史上的一个转折时期，对教育有一些新的观点，发表了许多关于教育的短篇论文，后来阿兰把他关于儿童、学校、教育目标、教育内容、教学方法的见解收集起来，编写了《教育漫谈》一书。该书共 86 篇，1932 年由巴黎大学出版社出版。

内容精要

《教育漫谈》是阿兰论教育的短篇论文集，其主要内容如下：

1. 儿童。理性和努力是区别人和其他动物的特征，阿兰抓住这一特征，批驳了新教育观的儿童观。他认为儿童有成长的需要，儿童要长大成人，就要自觉地努力实现理性的成熟。阿兰指出，学习和游戏有本质的区别，推动儿童成长的，绝不是对游戏的爱好，而是带有艰巨任务的学习。教学的艺术就是让儿童多吃一些苦，而不是沉湎于懒散和所谓的兴趣。阿兰指出，儿童的精力充沛、好奇心强，寓教育于娱乐只会使儿童沉湎于易得的快乐，从而失去稍有勇气、稍加努力即可得到手的更高的快乐。

2. 学校。阿兰认为，学校是天然的儿童社会，教师是父母民族和儿童民族之间的大使和中介人。阿兰借苏格拉底的话指出，无论多么杰出的父母都不善于教自己的子女。因为父母对自己的孩子期望甚高，又好感情用事。而教师置身于儿童之外，并保持距离。阿兰认为，教育不是道德问题，而是法律问题。教师与学生之间的关系不能被道德情感所控制，它必须以契约等法律概念为基础。

3. 教育目标。阿兰认为，教育应该是平等的，学校应使人们得到自我发展的机会，不管他们在社会中的地位如何，教育的最高目标是开发人的头脑，使人们有理智的判断力和自由的思考力。阿兰认为，儿童的成长是不可以随意改变的，不能把教育过程与通过外部干预生产个体的技术过程相比较。

4. 教育内容。阿兰认为，儿童能接触到的有物的世界和人的世界，因而学习物的世界的科学知识和人的世界的人文知识是非常必要的。人文知识可以把人从世界所固有的各种束缚中解放出来；科学教育中最重要的是数学教育，它可以帮助人们了解自然科学。阿兰认为把一切语言教给一切人，把一切诗教给一切人，这是教育的崇高目标。

5. 教学方法。在教学的方法上，阿兰强调了两点：一是教师要少讲，二是提倡阅读。教师应组织学生学习，成为书本的辅助者。阿兰认为阅读对人类的发展有重要的作用，它是能使人类达到即使自己安定又能理解人类的共同的生活方式的最适合的中介。

简要评价

阿兰是法国久已存在的、精英色彩浓厚的古典文科教育的典型产物。他本人秉承了柏拉图、笛卡儿、斯宾诺莎等人的思想，对文艺复兴运动以来欧洲特别是法国人文主义学者的理论十分了解。他深信人类社会存在着某种恒长稳定存在着可以世代传递的文化遗产，而教育是传递这种遗产的最好方式。阿兰在《教育漫谈》中从哲学的角度论述了教育的各个方面，如教育的目标、教育的内容等，这对世界教育理论的发展起到了积极的作用。阿兰提出的"教育面前人人平等"的原则，对后来教育的大众化起到了有力的推动作用。阿兰对讲课式授课的批评以及他对积极的教育方法的支持都是值得称道的。

《思维和语言》中的教育名论

作者简介

列夫·谢米奥诺维奇·维果茨基（Vygotsky, Lev Semenovich, 1896—1934），苏联心理学家，维列鲁学派的创始人。维果茨基 1917 年毕业于莫斯科大学法律系和沙尼雅夫大学历史哲学系。1924 年，28 岁的维果茨基正式开始研究心理学，曾先后在莫斯科大学心理研究所、克鲁普斯卡娅共产主义教育学院和第二莫斯科大学从事心理学研究和教学工作，是 20 世纪最伟大的心理学家之一。

维果茨基所处的年代，正是苏维埃政权创建的初期，在进行心理学和教育学研究的同时，他积极参加心理学领域里意识形态方面的斗争，曾发表《意识是行为心理学的问题》一文，对行为主义与唯心主义心理学导致的心理学方法论上的危机进行批判。维果茨基从未接受过任何心理学方面的正规训练，并且他仅仅活了 37 岁，但这并未妨碍他成为一位杰出的心理学家。在进行心理学研究的 10 多年里，他撰写了大量的文章，阐发其心理学和教育学的主张。尽管他许多重要的著作直至他逝世以后才得以出版，但回顾他的思想，我们仍可以看出他是一个开创新领域的先锋派作家。

维果茨基一生著书大约有 186 种之多，其中主要有《儿童期高级形式注意机制的发展》（1929 年）、《心理学讲义》（1932 年）与《思维和语言》（1934 年）等。

成书背景

《思维和语言》是维果茨基后期的主要代表作，书中叙述了概念发展和儿童科学概念形成的实验研究结果，并评述了皮亚杰关于儿童自我中心言语的观点。当时对言语和思维关系问题的探讨影响最大的是皮亚杰的发生认识论。皮亚杰于1932年出版《儿童的言语和思维》一书，专门对儿童的言语、思维的形成及两者之间的关系问题进行探讨。在此前后，许多心理学家也对思维和言语的一系列问题产生兴趣，维果茨基就是其中之一。他在深入研究皮亚杰理论后，对皮亚杰的理论提出了许多批评意见，并在此基础上提出了自己对思维和语言关系的一系列观点。这为后来的学者研究思维和言语提供了重要的参考。

内容精要

全书由序言和7个章节组成，共30多万字。

第一部分包括序言和第1章，作者阐述了人类的思维和言语的辩证关系，批判了皮亚杰和施特恩的理论错误。并通过实验，研究儿童的概念是如何获得和发展的，科学的概念是如何形成和发展的，以及书面言语和内部言语的性质及其与思维发展的关系。接着作者阐述了思维和言语的关系，认为思维和言语是两个不同而又互相密切联系的心理机能，概念是言语的单位又是思维的方式。在研究方法上，维果茨基采用的是实验和临床观察的方法。

第二部分包括2~4章，作者详细阐述了思维和言语中的一系列问题。他先是批评了皮亚杰《儿童的言语和思维》一书中的许多观点，并通过实验和临床观察证明，儿童的自我中心言语是通过社会言语——自我中心言语——内部言语这种模式过渡的。接下来他批判了施特恩的"儿童言语是天生的能力"这一发展观，并认为儿童的言语和思维是一个长期的、复杂的发展过程。维果茨基还考察了思维和言语发生的起源，认为思维和言语在起源时期不存在统合关系。

第三部分包括5~6章，主要阐述了对儿童概念形成的一系列实验研究，报告了儿童形成科学概念的研究结果，证明儿童概念的形成同其思维活动是密不可分的。维果茨基认为儿童对概念的获得不是由个别到一般，而是由一般到个别的发展过程。儿童科学概念的获得说明儿童的思维和言语存在两种不同的发展水平：一种是儿童自己学习，以获得发展水平；另一种是在教师的教育和指导下获得发展水平。这两种水平相差很远。由此可知教育的作用是促进儿童主动地思考，加快儿童思维的发展。

在最后一章中，作者综合前面的研究，论述了思维和言语的关系。作者概述了儿童内部语言的发展过程，阐发了内部言语的自律性的特点，认为内部语言的形成是思维和言语关系发展的最高阶段。

简要评价

维果茨基一生着重探讨思维与言语、儿童学习与发展的关系等问题，他还确定了教育和教学在儿童心理发展中的主导作用。他的"儿童最近发展区"的理论几乎无人不知。此外，他还强调应用历史观点建立人类心理的原则。维果茨基的心理学及教育学理论不仅在苏联心理学发展史上起着奠基作用，而且影响了西方心理学的发展。这种影响是在其去世后 20 年以后才发生的，其标志就是《思维和语言》一书被译成英文在美国出版（1962 年）。自 20 世纪 60 年代至 90 年代末，维果茨基的研究对西方心理学和教育学产生了广泛而强烈的影响，主要表现在：

1. 研究方法。传统的西方心理学研究的一个根本的弊端是脱离具体环境、单纯研究人的心理。而到了 20 世纪 70 年代，维果茨基的学生、美国康奈尔大学的布朗芬布伦纳提出了儿童发展的生态系统理论，在这种研究思路影响下形成了世界性的"生态学运动"。

2. 作为文化历史学派的创建者，维果茨基高度重视文化对心理发展的作用。从他开始，心理学界第一次明确了文化历史因素在心理发展中的作用。目前，西方对社会性建构的研究已经不仅局限于理论方面的探讨，而且出现了许多实证性研究。总之，维果茨基关于社会文化环境及儿童与成人、儿童与儿童之间相互交往的重要性的思想改变了西方的传统观念，也引起了西方学者的极大兴趣。他被哲学家屠尔明称为"心理学界的莫扎特"。

我国早在建国初期就开始引入并研究维果茨基的思想及其著作，《思维和语言》一书对指导我国的教育发展具有重要的借鉴价值。

《教育诗》中的教育名论

作者简介

安·谢·马卡连柯（Антон Семёнович Макаренко，1888—1939）是苏联著名的教育家和作家。1383 年 3 月 13 日出生在乌克兰别洛波里城的一个铁路工人的家庭。1905 年，马卡连柯毕业于一所市立初等学校附设的师范班，即被派往克留柯夫铁路学校任教，开始了他的教育生涯。1914 年至 1917 年，马卡连柯进入波而塔瓦师范学校读书，并以金质奖章获得者的身份毕业。1920 年至 1928 年他创办了"高尔基工学团"。十月革命后，马卡连柯要在一个战时留存的"少年违法者教养院"的基础上，重新组建"工学团"（后改名为"高尔基工学团"），当时一无校舍，二无经费，又没有教学经验，困难重重。马卡连柯用他惊人的勇气和毅力，以及特殊的教育才能，把一些犯了罪的青少年和流浪儿童培养成了忠于社会主义祖国的有文化有道德的公民。1928 年到 1935 年，马卡连柯又创办了"捷尔任斯基公社"。1935 年 7 月，担任乌克兰内务人民委员部劳动公社管理局副局长。1939 年 4 月 1 日，因心脏病突发逝世，年仅 51 岁。马卡连柯创作了《教育诗》、《塔上旗》与《父母必读》等著作。由于他在教育工作中的卓越成就，1939 年荣获"劳动红旗勋章"。

成书背景

《教育诗》写于 1925 年至 1935 年间。1920 年，当波而塔瓦省教育厅委托马卡连柯组建高尔基工学团时，他就确定了"要按新方法造就新人"的方针，他突破传统的教育模式，通过实际的劳动锻炼和生活来组织学员集体，终于在教育实践中形成自己独特的教育理论。尽管他的新教育方法没有得到乌克兰教育当局的支持，但是，他仍然坚持自己的教育经验和教育思想，顽强地同错误的教育思想进行斗争。马卡连柯深深感到必须写一部反映工学团的劳动和生活的作品，来阐明自己的新教育方法。于是，一本名著《教育诗》就此诞生了。

内容精要

《教育诗》是马卡连柯描写高尔基工学团发展过程并总结经验的一部著作，主要介绍了他教育流浪儿的工作经验，并表达了他的教育主张。全书共分三部。

第一部叙述高尔基工学团的初创过程。经过了第一次世界大战和国内战争的煎熬，苏联流浪儿童的数量大大增加。1920年秋，马卡连柯受委托组建一个少年违法者工学团，目的是把大批犯罪的流浪儿收留下来，进行改造、教育和培养。在创建初期，困难重重。马卡连柯要解决学员的吃、住、穿问题，要同他们身上存在的懒惰、偷盗、破坏纪律等恶习作斗争；还要抵制来自某些上级和其他方面的压力和非难。但马卡连柯勇敢地担起了重任。他相信自己完全可以和孩子们"互相的了解"，尽管他手里并没有现成的科学方法和理论，他仍认为"理论应该从我眼前发生的全部现实事件里去归纳出来"，"要用新方法造出新人来"。

第二部描写高尔基工学团健康成长的过程。马卡连柯通过组织学院参加维护国家和社会利益的斗争，带领学员建铁工场、木工场等，组织学员动手改善生活和学习条件等方式，不断提高学员的道德修养与文化水平。高尔基工学团成长成为共产主义青年团的集体。

第三部描写教养院迁往库里亚日及其改造的过程。库里亚日的情况很糟，可以说是一片愚昧、堕落和贫穷。但马卡连柯毅然根据上级的指示将高尔基工学团迁往库里亚日。在这里马卡连柯继续满怀信心地实践自己的教育理想，充分运用了高尔基工学团集体的力量和风格的影响，发挥学童们的积极作用，经过艰苦细致的工作，征服了旧库里亚日，建立了更庞大、更坚强的集体。

本书的教育思想主要体现在以下四个方面：

（1）热爱儿童，信任和尊重儿童。马卡连科认为，应当遵循社会主义人道主义的原则，热爱儿童，热爱每一个学员。要善于从他们身上发现积极的因素并引导他们前进。在热爱儿童的同时，要信任与尊重他们。他明确提出尊重学员与严格要求相结合的原则。

（2）集体教育理论。马卡连柯认为，只要有良好的社会制度与社会环境，犯错误的少年儿童就可以教育好。教育者的任务在于创造一个良好的教育环境，通过生产劳动来组织集体，并利用集体来教育学员。他在集体教育中强调，必须培养学生能指挥别人也能被别人指挥的习惯，树立民主作风，习惯过有纪律、有组织的生活。马卡连柯还提出了进行远景教育的方法。这个方法就是不断地向集体提出新任务，展现新前景，引导鼓舞集体在追求美好前景中不断前进。集体不断巩固和发展，个人在集体的这种前进中也逐渐成长。马卡连柯认为，培养集体的作风和传统是集体教育的重要内容。集体的美德要靠传统来维持，传统能美化儿童的生活，没有传统就不可能有正确合理的教育。

（3）劳动教育和文化知识教育相结合。马卡连柯鼓励学生学习科学知识，同时主张劳动与教育平行。

（4）教师塑造学生的方法。马卡连柯认为教师必须了解学生，通过劳动和生活中的表现，来判断他们的内心活动和特点。并提出教师们应采用"新的教育方法"，这个方法包括：运用实际的生产与生活来锻炼学生；坚持说服教育，反对"以力压人"；对学生"因材施教"；教师以身作则；进行必要的惩罚；发挥共青团组织的作用。

简要评价

《教育诗》是马卡连柯最著名的一部作品。这部教育小说以高尔基工学团为原型，描写了一个教育集体的形成和新的教育理论的产生、巩固和发展的历史，是一部歌颂人民教师用自己的心血去塑造学生的灵魂的诗篇。《教育诗》的突出特点是以诗意与教育科学原理相结合，以生动的艺术形象阐明了统一的集体和新的教育理论的强大力量。

《教育诗》深情赞美了伟大的社会主义革命及其所开创的事业，渗透了作者对人类的无限热爱，且文笔简洁、流畅，达到了崇高的思想性与高度民主的艺术性的完美统一。此书和马卡连柯的教育革新及成就一样，在苏联和全世界都产生了广泛的影响，高尔基曾评价马卡连柯为"一位天才的教育家"。

马卡连柯的实践对我们今天的学校教育仍有现实意义。学校应在日常的学习、劳动、文体活动中，锻炼学生的智慧和能力，培养学生的集体荣誉感，树立良好的风气，全面提高学生的素质。

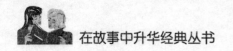

《逃避自由》中的教育名论

作者简介

埃利希·弗罗姆（Erich Fromm，1900—1980）是 20 世纪著名的心理学家、社会学家和哲学家，是精神分析社会文化学派中对现代人的精神生活影响最大的人物。他出生于德国莱茵河畔的法兰克福。1933 年离开纳粹德国移居美国，先后在纽约社会学研究所、美国心理学分析研究所从事研究工作。1934 年到 1943 年间在哥伦比亚大学执教。1941 年起，先后在本宁顿大学、墨西哥大学、密执安州立大学、纽约大学任教，同时开办精神分析私人诊所。1980 年在瑞士洛桑逝世。

他的主要著作有《逃避自由》（1941 年）、《健全的社会》（1955 年）、《爱的艺术》（1956 年）与《随笔》（1963 年）等。

成书背景

《逃避自由》（Escape from Freedom）出版于二战全面爆发之际的 1941 年。当时德国法西斯主义思想盛行，人们盲目崇拜希特勒的权威，自由民主制度论为极权主义制度。弗罗姆是一个有着强烈社会责任感的学者，他本人作为犹太人又遭受纳粹的威胁而被迫流亡美国。法西斯主义对现代文明、对个人生命和尊严的威胁，促使弗罗姆去探讨与当时的社会危机直接有关的问题。《逃避自由》就是启发人们去思考当时的社会状况和教育对这种状况的影响的一部力作。

内容精要

该书包括前言、七章正文和一篇附录，可将其分为四个部分。

第一部分指出了该书的写作背景，指出该书将要讲的问题并陈述了其基本观点。具体思考：当时社会自由民主制度为何会沦为极权主义制度？希特勒为何会受到那么多人的拥护，人们为何会心甘情愿地屈从于一个凶暴的权威？这里面是否包含心理学问题？经济学、心理学和意识形态的因素在纳粹主义的崛起过程中起了怎样的作用？他认为只有正确回答这些问题才能以有效的行动战胜极权主义。

第二部分分析了生物进化史、个体发展史和社会发展史以及它们之间的相互关系，作者想以此回答现代人为何要逃避自由。弗罗姆指出教育是社会有意给儿童设置一些限制，从而使他们沿着社会所规定的方向发展。人类社会是从自然界脱离出来的，在古代，个人与社会的关系是确定的；而在中世纪后期社会结构和人的处境发生了变化，弗罗姆称之为产生了"个体化"。个体化的过程具有两面性：一方面，个人的独立和自由日益增多；另一方面，个人的孤独和不安全感也日益增强。

第三部分分析了人类逃避自由的途径。他认为若人的基本需要在现实世界中得不到健康的满足，人就会寻求不健康的满足方式。弗罗姆认为人在逃避孤独或不安全感的过程中，形成了四种典型的不健康的性格倾向，即施虐倾向、受虐倾向、破坏倾向和迎合倾向，而健康的性格则应该富于自发性。

第四部分分析了人类逃避自由与纳粹主义崛起的关系。他首先谈到了纳粹主义崛起的社会心理基础，随后分析了希特勒的性格特点。指出希特勒是一个集施虐、受虐、破坏性等性格倾向于一身的，可能有严重心理疾病的一个患者。

简要评价

弗罗姆早年追随弗洛伊德，深受其以性为核心的深层心理学的影响。他认为潜意识的发现是弗洛伊德对人类科学所做的巨大贡献，弗洛伊德站在人道主义的立场上捍卫人的自然权力与需要，但过分强调无意识性本能的重要作用，把其当成解释人类生活的起点又失于偏颇。他又认为马克思是一位深刻的思想家，看到了社会经济在人的个性发展中所起的巨大作用，但忽略了心理因素，因而其观点也不完全。于是弗罗姆把弗洛伊德的精神分析理论与马克思的社会理论加以综合，创立了自己的学说，并在《逃避自由》等作品中进行阐述。在该书中弗罗姆提出了一个著名的观点：古代社会安全而不自由，现代社会自由而不安全，所以现代社会的人要逃避自由。正是这种逃避自由的倾向构成了法西斯主义产生的社会心理基础。

《逃避自由》一书出版后受到国际社会的广泛关注，正是这本书让他一举成名，被人誉为运用精神分析社会学和教育学的杰作。

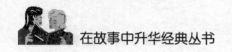

《创造性思维》中的教育名论

作者简介

惠特海默（Max. Wergheimer, 1880—1943），德国心理学家，格式塔心理学的创始人和领袖。出生于布拉格，1898年进入格拉茨大学学习法律，后又对哲学、生理学和心理学产生了兴趣。之后，他又到柏林大学师从斯顿夫，1904年他在符茨堡大学以最优异的成绩获得哲学博士学位。毕业后他在法兰克福的一个研究机构供职，1916—1929年他在柏林大学任教，1929年任法兰克福大学教授。1933年，由于不堪纳粹迫害，被迫移居美国，受聘为纽约市社会研究所学院教授，在此一直工作到1943年去世。

1910年夏季的一天，惠特海默坐火车到莱茵河畔度假的途中，一个突如其来的新想法使他决定在法兰克福下车，在那里他到一家玩具店买了玩具动景器，进行实验，通过实验证实造成知觉的因素不止于五官的感觉。这个新结论成为"格式塔"心理学的基础。后来，惠特海默和柯勒、考夫卡以及他们的学生将"格式塔"方法及其原理扩展到学习、思维、社会心理学、美学、经济学、行为学等方面，被人称为"格式塔运动"。

惠特海默主要代表作有《心之发展》（1921年）、《知觉："格式塔"心理学说引论》（1922年）、《格式塔心理学原理》（1935年）与《创造性思维》（1945年）等。

成书背景

《创造性思维》作为惠特海默的遗作，体现了其一生思想的精髓，而且在该书中他思考了如何将格式塔原理运用于教育的问题。这一新的运用使他的思想更富活力，使他的研究更富价值。遗憾的是书的草稿直到惠特海默去世前才完成，他没有看到书的出版。该书是由他的同事阿希（S. E. Asch）加工整理并于1945年公之于世。该书从儿童解决简单问题的过程一直研究到爱因斯坦发现相对论的思维过程，以年龄和问题难度为依据，发现在各个解决问题的水平上都有创造性思维过程的存在，并据此提出了教育中应注意的一些问题。

内容精要

该书由序和七章组成，可以分为四大部分。

在序文中作者指出，关于思维的研究，历来存在着两种学说，即传统的形式逻辑学和联想主义心理学，这两种学说都已过时，且对思维的问题没有说清楚。用这两种学说探讨创造性思维有困难，由此惠特海默引出了创造性思维。

第二部分主要讨论了学生解决数学问题的过程。他举出一道求平行四边形面积的例子，与证明平行四边形对角相等的例子，指出从问题解决的观点看，全体是互相联系在一起的各种因素的结构。然后他分析了数学神童高斯解题的心理过程，指出由观察到发现规律，这个转换是非常重要的。惠特海默还叙述了自己解多角形求和题的思维过程，由此得出在思维过程中，始终有主体的问题意识参与。

第三部分主要讨论了社交和人际问题。前半部分讲述了社会问题的解决过程，后半部分则论述了头脑在描述复杂的人际关系时，如何从开始时的暧昧的描述，通过问题整理，最后逐渐懂得全貌的过程。

第四部分分析了科学家的问题解决模式。作者通过分析伽利略发现自由落体定律的思维过程，指出伽利略的发现始终都体现在对对象的结构整体的表象形成和对整体结构及各部分的要求的认知这样两个方向上。作者也分析了从爱因斯坦发现相对论到相对论被承认的过程，认为爱因斯坦正是在从整体上把握和探讨已有的各种观点，明确以前关于运动的理论的错误所在的基础上，提出了相对论的观点的。

简要评价

在《创造性思维》一书中惠特海默认为要想创造性地解决问题必须让整体支配部分，并强烈反对由试误说和条件反射说在教育领域中引发的所采用的死记硬背和机械训练的方法，指出教师在教学中首要的任务是帮助学生通览问题情境，使他们明白怎样去解决，为什么这样解决，争取在理解、领会问题的前提下，产生顿悟。惠特海默认为学习贵在打破旧有知识和模式的束缚，要求学生掌握解决问题的原则，做到触类旁通、举一反三。在该书中他还提出了一系列具体的方法来指导教学，这些理念和方法都对教育有很大的启发作用。

《创造性思维》一书对全世界的教育都产生了重大影响，该书出版以后被印成多种文字在世界各国发行。许多教育学和心理学研究者在读了《创造性思维》以后，对创造性思维进行了研究并积极地在教育中推行创造性思维教育。创造性思维理论为拓展人类的思维方式、开发人类的潜能做出了不可磨灭的贡献。

近几年来，我国教育界大力提倡对儿童进行创造性思维训练，心理学界对创造性思维的研究也日益深入。这在很大程度上也是受惠特海默及其《创造性思维》影响的。

《论共产主义教育和教学》中的教育名论

作者简介

加里宁（М. Н. Калинин，1875—1946）是苏联共产党和国家领导人之一、无产阶级教育家，生于特维尔州的一个农民家庭。1889 年小学毕业后，在彼得堡和莫斯科当工人。1898 年加入俄国社会民主工党，因参加进步活动，多次被逮捕和流放。1919 年，担任全俄中央执行委员会主席。1922 年，他的官职为最高苏维埃主席团主席。

在苏维埃国家最高机关工作的 20 年中，他不仅从事政务工作，而且花费相当多的精力，系统研究了俄罗斯教育学，成为苏联杰出的党政活动家和教育家。他对青年一代的共产主义教育问题，发表过很多演讲和论文，后汇编成《论共产主义教育》和《论共产主义教育和教学》，并译成中、朝、日等多种文字出版。

成书背景

在 19 世纪末 20 世纪初，俄国居民中仍然有 75％以上的文盲。到 1914—1915 学年度，俄国的小学大多数都是三年制，学龄儿童入学率只达到 20％。中等教育与高等教育完全为地主资产阶级所垄断，学校的教学内容陈腐落后。

十月革命胜利以后，作为苏维埃的领导人，加里宁非常重视对青年一代进行共产主义教育。他认为巩固苏维埃政权必须发展国民教育，扫除文盲，提高工农的文化科学水平，培养具有共产主义道德的全面发展的人。《论共产主义教育和教学》一书就是加里宁于1924—1945年间在教育刊物上所发表的关于文化和教育的论文与演讲稿的合集。

内容精要

《论共产主义教育和教学》一书由六个部分37篇文章组成：①一般文化建设问题；②共产主义教育问题；③学校教学质量的提高；④苏维埃学校的教师；⑤扫除文盲；⑥干部的培养。以下简述本书的几个主要思想：

加里宁对教育下了精确的定义："教育是对于受教育者心理上所施行的一种确定的、有目的的和有系统的感化作用，以便在受教育者的身心上，养成教育者所希望的品质。"共产主义教育的目的，是要培养全面发展的、积极的共产主义社会的建设者。共产主义教育必须要服从共产主义社会建设的各项任务，他说："要成为一个坚强的共产主义者，首先要有坚强的共产主义世界观。"加里宁还主张普通教育和综合技术教育相结合，要求苏维埃青年严肃认真地学习科学文化知识，同时也要掌握相当的劳动技术。劳动教育主要培养学生劳动平等的思想，让学生明白劳动无优劣之分，劳动都是光荣的。

在谈到教学问题时，加里宁指出，"马克思列宁主义特别需要用具体事实和具体任务来经常——如果能这样说——论证它的基本定理"，要进行"创新性的讲授"，用具体的事物来丰富和补充马克思列宁主义。他不赞成教学大纲的分量过重，主张"要有足够的时间使学生独立地去领会每门学科"，要使学生成为主动思考的人，而不是一个"书箱子"。加里宁很重视俄文、数学和体育教育，尤其是体育活动。他说，"要想成为一个健康的人，要想保证生活上有更多的乐趣，那你们就应该从事体育活动"，成为"正常发展的、身体健全的、对于劳动和国防事业都有充分准备的人"。

关于教育者的素质，加里宁也提出了独到的见解。首先，"教师在正在建立的大集体中应享有极大的道德声望"，社会的改善要靠人民内部的"协同动作和相互的交流经验"来完成，教师在这一过程中有重大的意义。其次，教师还必须具有渊博的知识，"一个真正的教师，不仅是造就成的，而且是逐渐培养成的。"教师在传授知识的同时，还要不断地给自己"充电"，不断积累吸收一切优良的东西。教师的主要任务是，培养共产主义建设的一代新人，养成各种优秀的品质。教师的品质和为人态度等都会影响到学生的发展。教师应当全心投入到学生的教学当中，教师要善于创造并且善于鼓励学生创造。

简要评价

《论共产主义教育和教学》是加里宁的主要教育著作。该书对苏联学校的建设与培养新人的工作，都起过指导作用，产生过很大的影响。它的有关教育、教学以及教师队伍建设的思想和观点，至今仍有一定的现实意义。加里宁的思想观点在我国教育工作者和政治思想工作者中间广为传播，对我国共产主义教育和宣传工作产生过一定影响。但是加里宁的观点是在当时特定历史条件下提出的，所以具有时代的局限性。

《教育学》中的教育名论

作者简介

凯洛夫（И. А. Каиров，1893—1978）是苏联著名的教育家，20 世纪四五十年代苏维埃教育的代表人物之一。凯洛夫出身于一个教师家庭。1917年从莫斯科大学数理系毕业，同年加入俄国社会民主党（布尔什维克）。1933年以前，他主要从事农业教育工作。1937 年起，他先后担任莫斯科大学和莫斯科列宁师范学院教育学教研室主任。1942 年至 1950 年任《苏维埃教育学》杂志主编。1946 年至 1967 年出任俄罗斯联邦共和国教育科学院院长。1949年至 1956 年任俄罗斯联邦教育部部长。

凯洛夫一生主要从事教育理论的研究和教育领导工作。他主编了《教育学》，领导并参与编写了多种高校和普通学校的教科书。1933 年，获"社会主义劳动英雄"称号，并被授予列宁勋章。

成书背景

十月革命以前的俄国，仍然是一个农业国。当时俄国的教育水平远远低于其他资本主义国家，而且带有浓厚的封建色彩。十月革命开创了世界无产阶级革命新纪元，作为一个十月革命后成长起来的教育工作者，凯洛夫对 20 年代的极"左"教育思潮持坚决批判的态度，而对 20 世纪 30 年代以后苏联共产党的一系列关于教育问题的决定积极拥护，并力求在教育实际中予以贯彻。凯洛夫所主编的《教育学》正是十月革命以后苏联教育实践经验的总结。《教育学》先后共出三版，以 1948 年由凯洛夫主持修订的第二版对我国教育及教育思想的影响最大，曾经作为我国高等师范教育的教科书或主要参考书。

内容精要

《教育学》是凯洛夫的代表作，也是凯洛夫教育思想的集中表达。全书分三编，共 21 章，此书主要内容概括如下：

第一编教育学总论，主要谈到了教育的起源和本质。凯洛夫认为，教育起源于劳动，"教育是社会的和历史的过程，它在阶级社会内是具有阶级性的"，并且教育是与一定的政治经济及社会关系相联系的。他还提出了"教育永远是社会生活的重要机能"的论断，概括教育对社会发展起的作用。凯洛夫谈到，"用全面发展个性的教育来代替狭隘的片面性的教育"，要从智育、德育、体育、美育和综合技术教育五个方面培养个性全面发展的共产主义建设者和捍卫者。

第二编教学理论（教学论）。关于教学的论述是凯洛夫教育理论的精华所在。他认为教学就是教育，教学是学校培养全面发展的人的基本途径，在教学过程中，师生双方面都起着重要的作用。他肯定学生"掌握知识的过程和人类在其历史发展中认识世界的过程具有共同之点"，但同时又指出教学"不可能是与科学的认识过程完全一致的过程"。学生主要在教师的指导下掌握前人已发现和整理的知识，这样可以避免走弯路，在短时间里积累宝贵的经验。这一理论划清了认识过程和教学过程的界限，反映了教学过程本身的特殊规律。在教学形式方面，凯洛夫始终强调课堂教学的重要性。他重视班级授课制度，认为应把学生按年龄和程度分成班级，各种科目按固定课表由教师进行讲授。凯洛夫认为教学内容具体表现在教学计划、教学大纲和教科书中。好的教科书应包括该类学科中最重要、最基本的内容，而不是该门学科的全部。

第三编教育理论主要讲到了道德教育等问题。凯洛夫认为教学过程本身就是通过科学知识的传授、共产主义世界观的培养等，实现着共产主义的道德教育。在道德教育方面，凯洛夫主要主张自觉纪律的教育，坚强意志的培养，课外校外活动的开展，教师素质的培养和提高等。凯洛夫特别谈到了集体教育的重要意义。他指出："在集体中，有儿童能发挥和发展他那多种多样能力的良好条件。""马卡连柯成功的全部秘诀，正在于团结了在群众中起领导作用的、积极的集体，因而影响了最难矫正的儿童，使他们习惯于遵守纪律，培养了他们的意志。"

简要评价

凯洛夫主编的《教育学》是 20 世纪 50 年代以前苏联教育实践经验的总结，是当时教育历史发展的产物。它力图用马列主义的观点来阐明教育教学工作中的规律，得出一系列原理，对当时的苏联教育界起到了"拨乱反正"的作用。凯洛夫和他的作品在教育史上有着不可忽视的作用，他的教育理论曾经对提高我国的教育水平、发展我国的教育事业，起了积极的推动作用。但是，由于凯洛夫所生活的时代和科学水平的局限，其教育学在思想上和学术上还有很多不足。如在儿童教育上，忽视儿童的个性发展、性格差异等。我们应当辩证地借鉴凯洛夫的教育思想。

《沃尔登第二》中的教育名论

作者简介

伯尔霍斯·弗雷德里克·斯金纳（Burhus Frederic Skinner, 1904—1990），美国行为主义心理学家。它出生于美国宾夕法尼亚州北部的一个小城镇，并在那里度过了他的童年和中学时代。出于对文学的兴趣，他在大学时主修英国文学，毕业后从事写作，但两年后他便觉得"没有什么重要的事要说了"，于是考入哈佛大学读研究生，改修心理学。毕业后相继执教于明尼苏达大学和印第安纳大学，1947 年他受聘重返哈佛大学，任心理学系的终身教授。

斯金纳是新行为主义的代表人物，主张心理学应描述环境和有机体行为之间的关系。斯金纳是极端的环境决定论者，认为可以通过操纵刺激条件来塑造动物的行为，并创造了训练动物行为的方法。斯金纳曾为养育他的女儿设计了"斯金纳摇篮"，并以其作为对改善婴儿环境和母亲的精神健康的行为工程的探索。为表彰斯金纳对心理学做出的巨大贡献，1958年，美国心理学会授予他杰出科学贡献奖，1968年，美国政府授予他最高的科学奖——国家科学奖章，1990年，又获得美国心理学基金会赠予的心理学毕生贡献奖。

斯金纳的主要著作有《描述行为的反射概念》（1931年）、《机体的行为：一个实验的分析》（1938年）、《科学和人类行为》（1953年）、《言语行为》（1957年）、《教的技术》（1968年）、《关于行为主义》（1974年）。他的小说《沃尔登第二》（1948年）及论著《超越自由和尊严》（1971年），曾在美国激起巨大反响和争议。

成书背景

斯金纳曾试图将新行为主义的观点用于改造社会。他在小说《沃尔登第二》中虚构了一个自给自足的公社制的理想社会，一个根据斯金纳理论建设起来的乌托邦，因此，本书又被称为"心理学的鸟托邦"。书中的主要人物弗拉兹尔是读者的向导，在小说中他在美国农村依据斯金纳的操作性条件反射理论和行为塑造技术，创设了一个"理想社会"。该公社的教育方法和政治制度都贯彻了行为主义操作条件反射的原理。在公社中人和人之间平等、和睦、友爱，免除了现代社会中的各种弊病。而心理学家帕利斯和卡斯尔是从现实社会来的访问学者，他们分别代表斯金纳理论的支持者和怀疑者。随同帕利斯和卡斯尔一同访问的还有退伍青年罗杰斯、斯特福，以及他们的女友帕帕拉和缅阿丽。全书以帕利斯、卡斯尔一行的访问为开篇，以卡斯尔同弗拉兹尔的争论为线索展开。

内容精要

某日，心理学教授帕利斯、哲学教授卡斯尔等一行六人访问了"理想社会——沃尔登第二"。沃尔登的代表弗拉兹尔作为向导带领他们参观。途中卡斯尔从他的哲学立场、观点出发，尖锐地批评了弗拉兹尔脱离人类社会现实的做法，而弗拉兹尔则列举法西斯主义的罪行加以反驳。帕利斯虽然表示不能完全接受弗拉兹尔的观点及作法，但对他们的理想社会的试验成功表示了赞赏和羡慕。退伍军人斯特福和他的未婚妻缅阿丽则十分欣赏这个社会，决定留在这里成家立业。访问几天后，帕利斯一行告别了弗拉兹尔，回到了现实社会。帕利斯一回到拥挤不堪的现实社会，便对访问过的"沃尔登"社会充满了无限的怀念，于是做出了重游"沃尔登"社会的决定。

"沃尔登"社会的一切福利设施，并非完全脱离社会现实，只是与现实社会有许多不同之处而已。在这里每个社会成员的食宿、医疗等都是免费的。人们用"劳动信用卡"代替货币，人们需要每天劳动才能获得"劳动信用"。在这里家庭不是经济单位，而是心理的、社会的单位。作者还认为"沃尔登"社会不应有政治活动，社会问题的解决在于人们能够迅速地采用心理科学的新方法、新技术。在教育上，"沃尔登"社会也与现实社会不同，它不是以经济价值为最终目的，而是用"延缓满足"法进行道德伦理的灌输。

简要评价

斯金纳是新行为主义的代表人物，他不仅研究如何控制、训练和塑造动物的新行为，而且致力于研究人类行为的控制和塑造，主张以他的理论来改造人类的行为，乃至改造人类社会。在《沃尔登第二》一书中，他描述了一个乌托邦似的社会，在这个社会中，孩子从诞生之日起，就进行严格的行为形成训练，孩子们要被训练成具有合作精神和社交能力的人，所有的训练都是为了社会全体成员的利益和幸福。斯金纳试图以其新行为主义理论来改造当时的教育和整个人类社会。

《沃尔登第二》刚刚出版时，购买者寥寥无几，但不久就在美国引起了巨大的反响和争论。它迎合了20世纪60年代社会冲突的浪潮，到80年代中期，此书共售出200多万册。这本书在美国极受推崇，大学生们尤其热衷阅读此书。在弗吉尼亚州，甚至还有人真正根据"沃尔登第二"的模式建立起了一个公社。

随着斯金纳思想的传播，这本书也被介绍到世界其他国家，许多国家都将该书翻译成本国文字出版。此书在全世界引起了巨大的反响。人们有时会以"沃尔登第二"作为人类理想社会的代称。

《萨默希尔——激进的儿童教育方法》
中的教育名论

作者简介

尼尔（A. S. Neill，1883—1973）是英国著名教育家，萨默希尔学校的创始人。生于苏格兰。14 岁参加工作，做过煤气计量仪器工厂的事务员、衣料店的店员、小学教师。1908 年考入爱丁堡大学，主修英国语言文学。毕业后，尼尔在爱丁堡和伦敦从事编辑工作。1914 年回到苏格兰，成为小学教师。1920 年，受聘担任《新时代》杂志的编辑，开始接触新教育的理论和实践。

1921 年，尼尔到德国一所新建的学校任教，因学生来自英国、南非、美国和加拿大等国，故称国际学校。后来，学校迁到英格兰，改称萨默希尔（Summerhill）学校。尼尔将毕生的精力献给了这所由他主持的学校，他通过无数篇论文与大约 20 本书如《自由儿童》、《萨默希尔——激进的儿童教育方法》、《问题教师》等，讲述了这所学校的日常生活。他把那里描述成一个成年人不强加自己的意志于儿童的地方，一个完全无秩序的游戏天堂。

成书背景

尼尔的童年是在加尔文教派的阴影下度过的，他认为那无休无止的神的惩罚与对罪恶的恐惧，破坏了他童年所应有的幸福时刻。而且在父母身上，他也没有找到过他所需要的爱。在这样的童年生活中成长起来的尼尔成为了一个坚定的个人主义者，他对一切宗教训导与强迫别人接受任何思想，都始终憎恨不已。因此，他对现代教育持决然否定的态度，认为现代教育太僵硬，太集权，不仅扼杀了儿童的个性，还剥夺了儿童选择自由生活的权利。他提倡将自由还给儿童。尼尔的教育理论在他创建的、完全背离传统模式的萨默希尔学校长达十年的具体办学实践中，得到了体现和发展。这也使得尼尔成为当时一场激烈教育论战的核心人物。

内容精要

《萨默希尔——激进的儿童教育方法》（Summerhill：A Radical Approach to

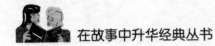

Education）一书是根据尼尔早期的 4 本著作，即《问题儿童》（1928 年）、《问题父母》（1932 年）、《问题教师》（1939 年）和《问题家庭》（1949 年）选编而成的，出版于1960 年，全书共 7 章，内容主要集中于三个方面：

（1）萨默希尔学校的理想和实践。萨默希尔学校刚创办时是一所实验学校，主要以招收"问题儿童"为主。后随着学校的发展，逐步转为招收正常儿童，并开设了英语、数学、历史、地理等课程。萨默希尔学校创办的宗旨就是："使学校适合儿童，而不是使儿童适合学校。"在萨默希尔学校，儿童可以从事他们感兴趣的活动，并且自己"管理"自己。尼尔认为，学校应该放弃任何纪律、指导、暗示和道德训练，应该将自由还给儿童，上课是自愿的，儿童可以上课，也可以不上课。萨默希尔学校可能是世界上最快乐的学校，在这里，儿童自由了，没有压制和惩罚，他们自己约束自己，可以自由地寻找他们自己发展的道路。萨默希尔学校实际上是一个以儿童为中心的学校。

（2）儿童教育。尼尔认为人生惟一的目标就是对幸福的追求，而自由和幸福有同等重要的意义，因为幸福是一种自由的状态，而自由又是达到幸福的手段。如果像现代教育那样，整天用功课、惩罚等来扼杀儿童的自由，那么就根本上违背了"追求幸福"这一生活的大目标。每个人在保护个人自由的同时，也要尊重他人的自由，不得干涉他人自由的选择。尼尔反对以他人的意志来代替儿童的自由，他充分相信儿童是有自我调节和自我约束的能力的。教师应为儿童创设自由教育的环境，应在平等的基础上和儿童亲密交往，开诚相见，并适当引导儿童对一些事情作出自己的选择和决定。同时教师要防止把儿童对自己的依赖和信任变成控制。因此，真正的自由教育应该是：一方面把对儿童的控制减少到最低的程度，另一方面为儿童的自由发展提供最积极的条件。

尼尔也十分重视对儿童的情感教育。教育的重要任务就是让儿童感受到爱和学会去爱。教师应该努力创造充满爱的教育环境。教师不能对儿童作威作福，不能迫使他们做任何事情；而应该始终与儿童站在一起，对他们采取爱和赞许的态度。只有这样，才能彻底消除儿童身上的恐惧和憎恨。因为当儿童感受不到爱的时候，他只能用恨来表示自己的存在并引起别人的关注。

同时，也要加强对儿童自信心和自我制断能力的培养。尼尔认为，知识教育必须遵循儿童的兴趣，让儿童自由发展。强制性的学习就是剥夺了儿童的兴趣，当儿童对某事有兴趣时，他自然会自觉地去做，并且会取得好的效果；相反，强迫儿童去做不感兴趣的事情，只能是压制儿童的自由。尼尔强调游戏应放在学习之前，萨默希尔学校就是一所"游戏至上"的学校。在道德教育方面，尼尔反对说教式的道德传授，提倡在自然的环境和气氛中进行潜移默化的教育，因为道德学习是从环境中获得价值观念的过程。谈到宗教教育，尼尔指出，宗教教育对儿童的精神是有害的，必须保护儿童，使他们免受错误宗教观念的影响。

总之，尼尔认为，在一个自由环境下成长的儿童，他的发展是全面的，也是有益社会的。

（3）问题儿童和问题父母。尼尔提出，一些儿童身上存在许多问题，例如盗窃、过失、残忍等，这主要是没有自由和没有爱造成的。自由和爱将治愈儿童，指引他们走上幸福的生活。至于问题父母。尼尔认为，主要是对儿童及儿童教育缺乏正确的意识导致了一些父母产生溺爱儿童、嫉妒、离婚等现象。父母应充分意识到自己在儿童自由发展中作用，保持良好的家庭环境。

简要评价

在《萨默希尔——激进的儿童教育方法》一书中，尼尔反复强调让儿童自己主宰自己，把属于儿童的自由还给儿童，这对纠正现代教育窒息儿童自由的弊端，是有重要的意义的。他的这本著作出版后曾在美国和其他一些国家引起极大的反响。

但是，由于他过分强调儿童的自由，忽视了学校教育的特点，并把儿童的个人自由无限扩大，以至作为成功教育的起点，这显然是错误的，也注定是行不通的。

《教育过程》中的教育名论

作者简介

J. S. 布鲁纳（Jerome seymour Bruner, 1915—）是美国著名的心理学家和教育学家。布鲁纳出生于美国纽约一个有成就的中上阶层的家庭。1937年，在美国杜克大学获文学士学位，一年后，转入哈佛大学学习动物知觉和社会心理学。1941 年获哈佛大学心理学博士学位。1945 年第二次世界大战结束后，布鲁纳回到哈佛大学任教，并从事人的感知觉研究。此后，在瑞士心理学家皮亚杰的认知心理学影响下，他开始研究思维过程以及概念形成过程。1952 年起任哈佛大学教授。1960 年，他与心理学家米勒一起创办了"哈佛大学认知研究中心"，并担任该中心主任（1961—1972 年），形成了以认知心理学研究为基础的教育思想。1965 年任美国心理学会会长。1972—1978 年，布鲁纳任英国牛津大学心理学教授。1978 年退休回国。

布鲁纳运用构造主义的方法论和认知心理学的研究成果，构筑了以认知心理学研究为基础的教学理论。其教学思想对美国 20 世纪 60 年代以来的科学教育改革实践产生了深刻的影响，是美国自杜威后，在教育理论上具有卓越贡献的思想家。

布鲁纳博学多闻，著述甚丰，是美国当代科学巨子之一。他的主要教育著作有《教育过程》、《论认知》、《教学论探讨》与《教育适合性》等。其中，1960 年出版的《教育过程》（The Process of Education）一书，被誉为"现代最主要和最大影响的教育著作"之一。

成书背景

20 世纪 50 年代，美国政府加大了对教育研究的投入。1959 年秋美国科学院在伍兹霍尔召开会议，会议"全面评价"了 1957 年前后在美国国内开展的各种课程改革的成果，布鲁纳任大会主席。《教育过程》是布鲁纳所做的大会总结报告，这个报告各章的标题实际上反映了五个小组分别讨论的主题。但这本书不是单纯的"会议记录"，布鲁纳在自己研究的基础上对集体的讨论结果做了科学的概括。《教育过程》主要运用了皮亚杰认识结构发展心理学和直觉主义认识论，提出了结构主义课程改革理论。

内容精要

该书的内容主要涉及以下六个方面：

（1）课程改革的核心。20 世纪 50 年代，美国许多学者、专家和知名人士聚集在一起讨论中小学课程改革，讨论"教些什么"、"什么时候教"、"怎样教"等问题。布鲁纳从学习理论发展史的分析入手，强调课程改革的核心是建立科学的"学科的结构",即科学阐明学科的基本概念和原理。布鲁纳对这场教育改革的一般目标——追求优异成绩,做了一番解释。他认为这指的是,"不仅要教育成绩优良的学生,而且也要帮助每个学生获得最好的智力发展"。关于"怎么教"的问题,布鲁纳主张发现的方法,即引导学生自己"发现",让学生亲自从事"发现的行动",他主张"以发现为重点的学习"。

（2）结构的重要性。布鲁纳阐述了以学科基本结构为核心的课程编制思想。首要问题是如何编制课程。布鲁纳提出两条原则:第一,给予那些和基础课有关的普遍的和强有力的观念及态度以中心地位。第二,把教材分成不同的水平,使之同学校里不同年纪不同水平的学生的接受能力配合起来。因此,必须使各学科中最优秀的人才参加到课程设计中来。

（3）学习的准备。布鲁纳提出了大胆的假设:"任何学科都能够用在智育上以正确的方法,有效地教给任何发展阶段的任何儿童。"这个著名假设的实际意思是,如果教师用学生所能听懂的语言,将学科内容转换为某一年龄段学生所能了解的思考方式,同时又不失该知识的特质,那么任何一门学科的基础知识都能用从一般到个别的认识捷径教给任何发展阶段的任何儿童。这意味着很多基本知识是可以提前、提早教给儿童的,同时这也强调了教师指导的积极作用。按照这种方式设计的应该是"螺旋式课程":提早教给儿童以基本观念,在往后的各年级教材中基本观念将得到"扩展,再扩展",最后达到最高水平。

（4）直觉思维和分析思维。布鲁纳认为,直觉就是"直接了解或认知","是人们可以不必明显地依靠其分析技巧而掌握问题或情景的意义、重要性和结构"的一种思维活动形式。直觉思维和分析思维是相互补充的,鉴于教学中忽视直觉能力培养的状况,布鲁纳强调了直觉思维和其培养的重要性。直觉思维和分析思维一样,都是解决问题的重要技术、技巧。杰出的科学家和学习科学的学生,智力活动都是一样的,差别只是在于程度,而不在于性质。因此,学生也要学会和科学家一样性质的对知识探究的方法。

（5）学习动机。布鲁纳认为最好的学习动机是对所学课程（材料）的兴趣。因此要增加教材本身的趣味,把教学内容转化成为适合儿童思维的形式,并培养学生对学习活动进行自评。他批判了分数主义、竞赛主义。他认为竞争性考试或"奖优制度"等所依据的外在动机是有限的，因此，不宜过分强调外来动机，而应努力使外来动机转化为内在动机。

（6）教学辅助工具。布鲁纳认为教师是知识的"传播者"，"教学的主导者是教师，而不是教学装置"。他认为，不管教师是否采用辅助工具，知识传播的效能在很大程度上仍依赖于教师对所教学科的知识的精通。因此必须提高教师的质量，要通过"教中学"的方式提高教的能力，要充分发挥教师在学生心智成长过程中的楷模作用。当然，也应相应改善师范院校的教育条件、改善教师的工资待遇。

简要评价

布鲁纳的《教育过程》一书，对近30年的美国内外的教育实践和教育理论都产生了较大的影响。《教育过程》充分体现了美国20世纪60年代初期课程改革的指导思想，它强调了各学科优秀教师参与课程设计的必要性，以及学校在智育、智力发展中的作用，并推动了教育心理学化的发展。因而他在美国被誉为"教育理论的一个里程碑"，此书也被视为"有史以来在教育方面最重要、最有影响的一本书"。

但是，布鲁纳《教育过程》中的思想也存在局限和缺点。例如在课程设计思想上，它片面强调知识结构论，不免使课程内容理论化、抽象化。他忽视了学科与科学的区别，忽视了科学家的发现过程与学生学习过程的重大区别，而片面夸大了学习科学基本结构和发现法的作用。总之，布鲁纳的教学思想在明显表现出现代性和科学性的同时，也同样明显表现出绝对性和片面性。

《人格的模式与发展》中的教育名论

作者简介

奥尔波特（G. W. Allport，1897—1967）是以研究人格问题著称的美国心理学家。1987年11月11日生于印第安纳州的摩地诸那。父亲是内科医生，母亲是小学教师，他的家庭充满了浓厚的爱和信任。母亲培养了他对探究哲学的热情，父母培养了他的博爱、责任心与爱好劳动的美德。

幼年的他尽管词汇量丰富得"足以吞下一本字典"，但因不善于游戏，无法加入同伴的活动，而始终生活在一个孤独的小天地里。1915年奥尔波特考入哈佛大学，接触到崭新的领域，收获颇丰厚。1919年他获得了哈佛大学的文学学士学位，1921年获得文学硕士学位，1922年获得该校的哲学博士学位。1926年奥尔波特任新罕布什尔州汉诺威达默思学院心理学副教授，1930年转回哈佛大学任副教授，1942年升任教授。1937年担任该年度美国心理学学会主席，1964年获美国心理学学会授予的"科学研究奖"。

奥尔波特的主要著作有：《A—S反应研究》（与其兄合著，1928年）、《价值研究》（与弗农合著，1931年）、《动机的机能自主》（1937年）、《人格：心理学的解释》（1937年）、《新德里学研究的个案法》（1942年）、《谣言的心理》（1947年）、《人格的本质》（1950年）、《个人同宗教》（1950年）、《偏见的心理》（1954年）、《人格的形成》（1955年）、《生成：人格心理学的基本看法》（1955年）、《人格同社会的冲突》（1960年）、《人格的模式与发展》（1961年）、《个人心理学》（1968年）。

奥尔波特在人格心理学上有两大贡献：奠定了人格心理学的学术地位，使人格心理学成为科学心理学的主流；建立起一套人格心理学的理论。这奠定了他在人格心理学上先驱的地位，他的理论又是存在人本主义理论的先驱，他关心每个人的尊严，主张为人类的发展创造良好的社会环境。

成书背景

奥尔波特吸取各家之长，建立了自己的人格心理学理论，他从20世纪30年代至60年代，发表了众多关于人格的学术专著，在人格心理学研究方面做出了突出的贡献。奥尔波特将人格的各种特质分为两大类，即普通特质和特有特质，认为普通特质是所有人共有的，而特有特质属于个人所有，并代表个人行为的倾向。他认为人的活动不只是本能倾向的延续，而且是已经形成的模式的自主活动，这就是奥尔波特的"机能自主"概念。奥尔波特还将人格品质的两极（如坚持—动摇、活泼—呆滞等）做出了一定的心理图式，这个图式用来表示一个人的人格特点。

奥尔波特在他建立的人格理论的基础上，于1937年发表了他的《人格

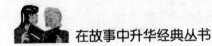

——心理学的解释》一书。随后在此书的基础之上进行修订而编写出了他的著作《人格的模式与发展》（Pattern and Growthof Personality，1961 年）。本书是他全部著作的集锦、精粹，书中涉及人格问题的各个方面。

内容精要

《人格的模式与发展》由序文和五个部分组成，共分 22 章。

序文中说，这本书是他全部著作的核心，概述了他关于现代人格心理学研究的最重要的理论。

本书五部分的标题分别是："人格的探求"、"人格的发展"、"人格的结构"、"人格的评价"与"人格的理解"。我们一般将他的理论观点分为以下五大块：

（1）人格、品性和气质。奥尔波特认为人格就是真实的人。他将人格定义为决定个人思想及行为特征的身体与精神的有机结构体系。在奥尔波特晚年的作品中阐述了人格的三个特征：人格有其居所——位于皮肤之内；人格具有独特性；人格内部具有一致性。他认为品格是一个伦理概念。经过评价，人格则为不带价值成分的品性。气质与人格是可以划分的。气质很少随着个体的发展而改变的，它受遗传的影响程度超过了人格受遗传的影响程度。

（2）特质。奥尔波特把人格结构的单位称为特质，又将其分为普通特质和特有特质。1961 年他用个人倾向和特质替代以上两种名称。他认为个人所具有的普通特质有质量和程度的不同，个人特有的特质才是真正的人格特质，它代表个人的行为倾向。同时，还认为个人的行为倾向的特质分三个层次：主要倾向、中心倾向和次要倾向。特质与个人倾向都无法直接观察，惟有通过对其行为表现的间接观察加以推断。就个人而言，并非所有的特质都具有同等的强度和重要性。

（3）统我。这个观点是奥尔波特在 1955 年提出的，他称之为"自我统一体"。它的形成有八个阶段：身体自我感觉（1 岁），自我同一性的感觉（2 岁），自尊的感觉（3 岁），自我扩展的感觉（4 岁），自我意象的感觉（4～6 岁），理性运用者的自我形成（6～12 岁），追求统我的形成（12 岁～青春期），作为理解者自我的形成（成年）。1961 年奥尔波特将"统我"定义为前面 7 个，而"自我"一词直指第 8 个方面。

（4）"动机的机能自主"是奥尔波特理论中争议最大的地方。他指出理想的动机理论需要应该满足四个条件：①动机必须是现实的。他强调现在的动机：坚信人生活在现在，展望未来。②几种动机是同时存在的。他指出动机的种类十分广泛，很难发现普遍的共同性。③认知过程的重要性。人类可根据认知的结果，主动地拟订目标，计划将来。④个人动机模式的独特性。每个人都有自己独特的动机模式。

（5）健康的人格。奥尔波特的人格理论体系面向的是健康的人。健康人是在理性和有意识的水平上活动，激励他们活动的力量是完全能够被意识到的、是可以被控制的。健康的人格有六个标准：自我意识广延；人际关系融洽；情绪上有安全感；知觉的客观性；专心的投入自己的工作；现实的自我形象；统一的人生观。

简要评价

《人格的模式与发展》是奥尔波特全部著作的集锦和精粹，书中涉及人格问题时把握了人格中最本质的东西。他关于人格的定义给了以后的心理学家们很大的启示，在他之后，许多心理学家都普遍认为，人格应该包括体格、能力、言语、思想、兴趣、情绪、气质、行动及品格等方面的特质。除了定义之外，随后的心理学家还从他的理论中得到了很多益处。例如，人本主义心理学家马斯洛的心理健康标准，显然是在他的理论基础上发展起来的。此外，奥尔波特的人格特质评定法还有实际使用的价值，一个人的人格特质倾向"心志图"，对人才的选择、训练及安排就业、分配工作，都具有一定的参考作用。

奥尔波特致力于人格心理学研究的 30 多年，他对人格的独特性、人格的特质、人格的动机和人格特征两极性等问题均有重要的见解，他的论点兼容并包，成功地融合了不同学派的观点而卓然自主，不偏不倚，在现代心理学中不可多得。他也是第一个对自我的内涵详加剖析的人。他的学说重视个别情况，又强调动机的当前性与意识性，为自我理论奠定了良好的基础。他的学说代表了研究人类行为的两大途径学说——人本主义心理学和人格心理学的融合。前者企图了解人类的每个层面，后者则志在了解并预测真正个人的发展。他强调人具有自主的能力，能够支配自己的行为，并且自我负责，这

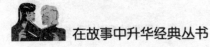

提高了人的地位。他所提出的健康人格是自我心理学应用于适应问题研究的最好例证。

美国心理学家霍尔和林赛指出：奥尔波特的著作以生动第一，结构第二。即作品可读性固然高，颇受欢迎，但却缺乏理论的系统性与完整性。纵使学说有瑕疵，但奥尔波特敢于挑战当时盛行的精神分析学派和行为主义学派，全力提倡"自我理论"，一再强调行为的意识性和目的性，宣扬功能自主的概念，重新恢复人类的尊严与价值。这是非常具有创见性和值得我们赞赏的。

《趋向存在心理学》中的教育名论

作者简介

马斯洛（Abraham Maslow，1908—1970）是美国人本主义心理学家的主要创始人，也是著名的比较心理学家、社会心理学家和行为科学家。

1908 年，马斯洛出生于纽约的一个犹太人家庭。1934 年获得威斯康星大学哲学博士学位。结束正规教育后，任布兰代斯大学心理系主任兼教授。早在大学时代，他就产生研究人本心理学理论的设想。第二次世界大战中，他目睹了战争带来的悲剧，决心从事人本主义的研究。1954 年，他出版的专著《动机和个性》《Motivation and Personality》成为他的人本主义心理学的基石。20 世纪 50 年代初，他与哈佛大学教授罗金共同召集"人类价值新知识"专题讨论会。1959 年，由马斯洛主编的《人类价值新知识》出版。1961 年，马斯洛等人发起并建立了美国人本主义心理学会。1967—1968 年，马斯洛任美国心理学会主席。

马斯洛的主要著作有：《调动人的积极性理论》（1943 年）、《动机和人格》（1954 年）、《人类价值的新知识》（1959 年）、《存在心理学探索》（1962 年）、《科学的心理学》（1966 年）、《趋向存在心理学》（1968 年）。

成书背景

《趋向存在心理学》《Toward a Psychology of Being》是马斯洛的代表作，

作者从人本主义心理学的角度，探讨了人的生存以及人的精神本质存在的意义。此书的大部分是作者的讲演和发表过的论文，因此各部分内容有重复。此书是马斯洛1954年写成的《动机与人格》一书的序篇，写作手法也与之相似，即每一章节只提出对一个重大理论结构的一个片段的看法。

内容精要

《趋向存在心理学》全书共分6部分14章，中心内容为第三部分——"生长与认识"。

书中着重阐述了存在主义心理学的五个基本命题：

（1）健康心理学的探索。马斯洛提出了健康的人所应该具有的特征，并且认为通过个人的努力可以使人更加健康和讲道德。

（2）成长和动机。这一专题是马斯洛《人格与动机》一书中理论的发展。在这一专题中他批评传统的弗洛伊德主义者只注意病态情况，忽视了人走向健康的可能性，而成长派似乎又太乐观了，回避病理、弱点和失败。认为他们一个戴着黑色眼镜，另一个透过玫瑰色眼镜来看问题，都是不现实的。

（3）成长与认知。这个专题重点谈到了马斯洛关于自我实现的理论。马斯洛指出不要把自我实现看作是没有任何问题的、完美的静止状态，其实它是一个不断发展、深入的过程。作为自我实现的一个方面，存在认知不是十全十美的，并且也有一定的危险。

（4）创造性和价值。马斯洛探讨了自我实现者的创造力。自我实现者的创造性强调的是性格上的品质，强调的是人格，而不是其成就，对于人格来说，成就是第二位的。关于价值，马斯洛指出，随着科学技术的发展，建立一种从人的本性中派生出的价值体系而不是求助于人自身之外的权威已经有了可能。

（5）成长与自我实现。马斯洛认为，每个人都有一种内部天性，他们是潜能，不是最终实现物。可以通过科学方法探求这些内部天性，只有基于需要得到满足而不是受挫，人才能获得健康和自我实现。他进而又详细说明了心理健康、健康成长以及自我实现之间的相互关系。

简要评价

在书中，马斯洛从人本主义心理学的角度探索人的生存及人的精神本质存在的意义。本书所阐述的内容，几乎包罗了马斯洛的人本主义心理学的全部主张，涉及存在、自我、价值、尊重、爱、归属、缺失、生长、心理健康、基本需求、自我实现、创造性、最高经验、美的寻求等等，凡是与人的存在有关的问题，马斯洛都给予了关注。但本书着重阐述的是马斯洛的"需要层次理论"，这一理论一方面受到了心理学家的批评，另一方面却得到了社会的广泛支持。

近十多年来，马斯洛的理论在世界各国迅速传播，并已经被纳入教育心理学和组织管理心理学的内容体系之中。在欧美和日本的企业管理中，这一理论也被广泛应用。马斯洛将人的需要分了层次，认为低层次需要被满足，高层次需要就自然出现；若低层次需要不能满足，则高层次需要不会出现，这在一般情况下是正确的。但是，在特殊时期、特殊情境、特殊任务中，不管低层次需要是否被满足，甚至在满足极度缺乏的情形下，人仍能矢志不渝地追求高层次需要。正是在需要由低级到高级按层次自然出现这一点上，人们强烈批评马斯洛的机械性。后来，马斯洛随着自己的探索进一步深入和思想的进步，也认识到高低需要不能相提并论，从而更加强调高级需要和自我实现，强调整个人格的改组和重建。

《教育目标分类学》中的教育名论

作者简介

本杰明·S·布卢姆（Benjamin. S. Bloom，1913— ）是美国当代著名的教育学家和心理学家。布卢姆在宾夕法尼亚大学获得学士和硕士学位后，转入芝加哥大学，1940 年成为该校的教育心理学讲师，1942 年获得博士学位，并继续任教。他至今仍然担任芝加哥大学名誉教授。

布卢姆教育思想的核心是他的掌握学习教学理论（Mastery Learning）。20世纪 70 年代初，布卢姆针对美国现行教育制度只注意培养少数尖子学生而牺牲大多数学生的弊端，指出当今教育不能再满足于只有一小部分学生充分学会学校所教的东西，也不应有这样的心理定势：1/3 的学生能完全掌握教师所教的知识，另 1/3 的学生成绩一般，再 1/3 的学生可以不及格。布卢姆认为，解决上述问题的最好办法在于改变我们对学习者及其对学习的看法，实施"掌握学习"教学。"掌握学习"就是在"所有学生都能学好"的思想指导下，以集体教学（班级授课制）为基础，辅之以经常、及时的反馈，为学生提供所需的个别帮助以及所需的额外学习时间，从而使大多数学生达到课程目标所规定的掌握标准。

布卢姆的著作很多，其中主要的有《教育目标分类学——认知领域》（1956 年）、《人类特性的稳定和变化》（1964 年）、《人类特性和学校学习》（1976 年）、《评价促进学习》（1981 年）与《发展青少年的才能》（1985年）等。

成书背景

创建教育目标分类体系的设想，是 1948 年大学考试专家们在波士顿召开的美国心理学大会上提出的。大家希望能够建立一种考试的理论框架，为考试专家交流材料和检验观点提供方便，并有助于对考试和教育之间关系的研究，其根本目的是为编排课程、测验和教师的教学工作提供基础。正是基于这种考虑，布卢姆等人主编了《教育目标分类学》（Taxonomy of Education Objectives，The Classification of Educational Goals）。该书由布卢姆和克拉斯沃尔（D. R. Krathwohl）、哈罗（Anita J. Harrow）、辛普森（Elizabeth J. Sinpson）等共同主编。书分认知领域、情感领域和动作领域三个分册，分别于 1956、1969、1972 年在纽约出版，布卢姆主要参加了前两个分册的编写。

内容精要

书中主要涉及了以下内容：

（1）阐明了创建教育目标分类学体系的设想是如何提出的。该书的编者认为，为了提高教育教学质量，必须建立一种更科学、更便于教育工作者理解和操作的，以及对教育更富有启发意义的目标框架。

（2）指出了创建教育目标分类学体系的指导原则。为了使分类学成为一种有用的工具，使其具有可交流性、可理解性和可操作性，在制定时必须有一定的指导原则。这些原则包括实践原则、逻辑原则、心理原则和包容原则。

（3）具体阐明了教育目标分类学体系的三个领域——认知领域、情感领域和动作技能领域。认知领域的目标就是有关知识的回忆、再认以及理解和运用等方面的目标。在反思以前研究的基础上，布卢姆等人提出了更广泛而深入的认知目标，包括知识、领会、运用、分析、综合、评价等六个方面。他们认为认知的关键是能对"理智能力"、"理智技巧和理智技能"及"知识"的关系有较深入的认识。情感领域的目标包括描述兴趣、态度和价值等方面的变化，以及鉴赏和令人满意的顺应的形成。布卢姆等人认为制定情感领域目标分类的关键是发现情感连续体。布卢姆指出情感连续体的目标包括：接受（注意）、反应、价值的评价、组织、由价值或价值复合体形成性格化等方面。动作技能领域目标的确定主要由哈罗和辛普森负责，他们将动作分为6个层次：反射动作、基本基础动作、知觉能力、体能、技巧动作、有意沟通，并试图以此建立目标体系。

简要评价

布卢姆的思想在当今美国的教育界产生了极大的影响。掌握学习理论的倡导者之一、布卢姆的学生布洛克曾引述他人对掌握学习教学理论的评价："掌握学习代表一种特殊的教育信仰，即一种创新的哲学和一套改进教育的实践方法。"正因为这样，人们把掌握学习看作是一种"乐观的教学理论"和美国"最有意义的教育研究成果"之一。20 世纪 60 年代末，掌握学习教学理论开始在美国中小学得以广泛运用。在欧洲、亚洲和拉丁美洲，它的影响比在美国还要大。

《教育目标分类学》一书出版后，在美国乃至世界范围产生了广泛影响。该书使教育工作者能够系统地评价学生的学习，并使教育界意识到了以往过分强调"知识"，面将 90% 的教学时间用于传授知识的严重片面性。目前，《教育目标分类学》已被译成了 18 种文字，成为了 20 世纪下半叶最有影响的教育著作之一。

近年来，布卢姆的思想和研究也引起我国一些教育研究人员和实际教育工作者的兴趣和关注，为我国的教育改革提供了参考和借鉴。1986 年，布卢姆应邀来华进行访问与讲学。《教育目标分类学》一书对我国教育工作者制定适合我国国情的教育目标和研究探究性教学起着重要的指导作用。

《儿童心理学》中的教育名论

作者简介

皮亚杰（Jean·Paul·Piaget，1896—1981）是瑞士杰出的心理学家和教育家，皮亚杰学派的创始人。皮亚杰自幼聪慧过人，并勤奋好学。早年对生物学产生了浓厚的兴趣，11岁时就发表了有关鸟类生活的科学论文，享有科学神童的美称。在15—18岁期间，他发表了一系列的关于软体动物的科学论文。1918年，年仅22岁的皮亚杰获得了生物学博士学位。1919—1921年，皮亚杰在巴黎西蒙领导下的"比纳实验室"工作，并将柏特的心理测验加以标准化。1922年他在日内瓦大学任教，并开始研究儿童的思维发展。这一时期，皮亚杰主要采用临床法（观察法、谈话法、作业法等）研究儿童的思维，科学地划分了儿童思维的年龄阶段，并创立了发生认识论。

皮亚杰一生勤奋工作，对各种年龄阶段的儿童都进行实验研究，并写了专著40余部，此外还发表了数以百计的专题报告和论文。代表作有：《儿童的语言和思维》（1923年）、《儿童的判断与推理》（1924年）、《儿童的道德判断》（1932年）、《智慧心理学》（1947年）、《发生认识论》（三大卷，1950年）、《儿童逻辑的早期形成》（1959年）、《结构主义》（1968年）、《发生认识论》（1970年）。国际心理学界普遍认为皮亚杰是一位卓越的心理学家，他的心理学从实验到理论都有独到之处，他的思维发展阶段理论和独创的发生认识论，为思维心理学和认知心理学开辟了新的道路。

除理论研究之外，皮亚杰还积极投身于教育实践，他曾先后任教于日内瓦大学、洛桑大学、巴黎大学，讲授心理学、儿童心理学、发生心理学等课程。他培养了大批优秀的学生，在此基础上形成了以其儿童心理学和发生认识论为基础的皮亚杰学派，也称为日内瓦学派。同时，他曾担任过第十四届国际心理学会主席、联合国教科文组织领导下的国际教育局局长、发生认识论国际研究中心主任，这些经历使他的心理学和教育思想在更广泛的范围内得以传播。他的影响已经远远超出了本国范围，他曾应邀到美国、英国、比

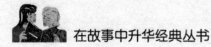

利时、加拿大、巴西、苏联等国讲学，他的主张影响了各国的教育。

成书背景

《儿童心理学》作为一本教育论著，包含了皮亚杰主要的儿童教育观点。皮亚杰在大学任教时，始终关心的就是要让人们以及他的同事们承认人类科学，更具体地说就是让人们承认心理学，进而承认认识论都具有同等的科学性质。正是这个目标驱使皮亚杰摆脱了内省法而来到实验室与雅内和西蒙一起工作。正是在这里他首次发现了儿童思维的丰富世界。同时也是在这时候，皮亚杰探索儿童思维的方法也具有了雏形。为了总结多年来研究儿童心理学的成果和为儿童教育提出指导，皮亚杰与英海尔德于 1969 年共同发表《儿童心理学》一书，该书是皮亚杰 40 余年致力于发展心理学的概括性总结，出版后引起了心理学界和教育领域的广泛反响，并成为皮亚杰学派的理论基础之一，被后来的研究者争相阅读。

内容精要

《儿童心理学》一书共分为六章，书中详细论述了皮亚杰关于儿童心理发展阶段的理论。皮亚杰将儿童思维发展分为四个阶段：感觉运动阶段（0 岁~2 岁）、前运算阶段（2 岁~7 岁）、具体运算阶段（7 岁~11 岁）、形式运算阶段（11 岁~15 岁）。他阐述了每个发展阶段的特点，并分析了影响儿童心理发展的因素。

第一、二章主要介绍了感觉运动阶段的特点。皮亚杰认为该阶段是儿童智慧的萌芽阶段，在这一阶段儿童的心理表象、思维和语言尚未出现。他又把该阶段分为六个小阶段。他补充说明了关于知觉常性和知觉因果性的一系列问题，说明了知觉结构的不可逆性及运算的可逆性。

第三章主要论述了儿童前运算阶段的心理特点。皮亚杰认为在这一阶段，儿童产生了语言功能，并能用语言来描述自己周围的世界。儿童的心理表象和记忆也出现了，这一时期多以自我为中心，不会考虑别人的意见。

第四章主要阐述儿童在具体运算阶段心理发展的水平，并指出这一阶段中儿童的思维水平大大提高了，儿童的动作内化为运算，而这种运算是在头脑中进行的。

第五章主要论述了少年在形式运算阶段的心理水平，指出这一阶段的少年，思维能力已达到成人准备阶段。这一阶段的青少年不仅可以用已掌握的资料进行因素分析，而且已具备科学的推理能力。青少年的思维结构到此已达到高级水平。

第六章是本书的结论，它概括了皮亚杰发展阶段的理论，同时进一步阐述了心理发展的因素。他提出的发展阶段理论为：①发展的连续性与阶段性，皮亚杰将发展进程分为几个不同水平的连续阶段，并且这些阶段是连续的。②每一阶段的行为模式渊源于前阶段的结构，并由前面结构引出后面结构。③发展的阶段性不是阶梯式的，而是具有一定程度的交叉重叠。④各阶段的表现因人而异，表现受每个人智慧发展水平、动机、教育影响和社会环境的影响而不同。

此外，皮亚杰还探讨了影响儿童心理发展的因素，他认为这些因素包括成熟、练习和经验、社会性经验以及具有自我调节作用的平衡过程。

简要评价

《儿童心理学》一书阐述了儿童思维发展的各个阶段的特征。瑞士、英国、美国、北欧、加拿大、泰国及我国心理学家的研究证明，皮亚杰指出的儿童思维发展趋势是普遍存在的，其发展的顺序性和阶段性也是符合事实的。皮亚杰的发展理论充满着辩证法的思想，他强调内因（图式）和外因（环境）的相互作用，强调发展的两个基本方面——同化和顺应，同化和顺应能使儿童原有的图式或认知结构适应日益复杂化的外界环境，以达到平衡，从而发展新的认知结构。他强调儿童思维发展的连续性和阶段性，强调儿童思维发展之间的质的差别，强调活动和动作在儿童发展中的作用，这些不仅对儿童心理学、思维心理学的发展有着重要的贡献，而且对心理学在教育中的运用起到了促进的作用。

皮亚杰的理论以及他的《儿童心理学》也对我国的教育产生了重要影响，他的思维发展阶段理论对我国的教育实践有很大的指导作用。尤其在教育改革的形势下，皮亚杰的理论对指导学校德育工作以及探讨如何发挥学生的主体性都有重要的意义。同时皮亚杰的理论也对我国儿童心理学和思维心理学的发展具有重要意义。

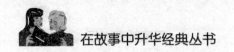

《母育学校》中的教育名论

《母育学校》是世界上第一部系统研究学前教育的学前教育学专著。无论在夸美纽斯之前还是在他的同时代人中间，甚至在他之后的两百年中，没有一个人对学前教育进行过当时条件所能允许的系统的研究，更没有人撰写过全面论述学前教育学的专门著作。夸美纽斯撰写了《母育学校》，完成了一项前无古人的开创性工作。

《母育学校》写于 1628～1630 年间，当时夸美纽斯任摩拉维亚教会的牧师并在波兰的黎撒主持一所兄弟会学校的工作。《母育学校》最初是用波希米亚文写的，后译成德文于 1633 年在黎撒第一次印刷，第二年在莱比锡出版。两年后在纽伦堡印刷德文第三版。接着相继出现了波希米亚文和拉丁文版的《母育学校》。1641 年出现了该书的英文版。1858 年，丹尼尔·本瑟姆在伦敦出版《母育学校》的英译本，并为这一版本的《母育学校》写了叙述夸美纽斯生平的精辟的前言。1875 年和 1891 年在莱比锡又两次出版了德文译本。随后，在美国，出版了以 1858 年的英文版和 1875 年、1891 年的德文版为范本，由美国著名教育家孟禄编撰并撰写导言的英文版《夸美纽斯的幼儿学校——论幼儿头六年的教育》。人民教育出版社出版的中译本，是根据美国的这一版本翻译而成的。《母育学校》被辑入《夸美纽斯教育论著选》，作为该社的《外国教育名著丛书》之一于 1990 年出版。

孟禄在他为《母育学校》所撰写的导言中说，夸美纽斯的《母育学校》，"是母亲教育启蒙（智慧发蒙）期的儿童的指南。但是在这本珍奇古老的书中，人们找到的不仅是母亲教育儿童的指南，而且也是所有教师和一切担负着培养幼儿这一崇高神圣使命的人们的指南"。在《母育学校》中，夸美纽斯阐述了儿童的价值，父母的责任，学前教育的意义、任务、内容、原则、方法，还阐明了从学前教育到学校教育的过渡和衔接问题。全书分为 12 章。第 1～4 章分别论述儿童的价值、父母的义务、初步教育的价值、早期教育的性质。第 5 章专门论述儿童的体育，详细阐述了孕妇的注意事项，母亲亲自哺乳的必要性，学前儿童的饮食、营养、生活习惯、运动、游戏、玩具。这些观点与早期基督教会宣扬的摧残人的肉体的陈腐观点针锋相对。第6~8章阐明夸美纽斯对儿童的智育、活动和表现、语言的发展等问题的观点。第9~10章分别研究道德教育和宗教教育，说明世俗的道德教育已从宗教教育中分离出来，成为独立的教育内容，它不再是宗教教育的附庸，更没有被宗教教育所淹没。两百年后，欧洲学校的正式课程中道德教育完全取代了宗教教育。最后两章论述从学前教育到学校教育的过渡，劝告家长为儿童进入公共学校做好准备。

下面是在《母育学校》中反映的夸美纽斯的主要教育思想的提要。

母育学校的任务

夸美纽斯在《母育学校》中提出了"儿童是无价之宝"的观点，认为对予父母来说，儿童比金、银、珍珠和宝石还要珍贵。如果父母只关心儿女的衣食住行，这样的父母并没有尽到自己的义务。夸美纽斯认为，家长首先要关心的是儿童的心灵，对儿童的心智进行正确的训练。要把自己的孩子教养成人，家长必须付出辛勤的劳动，这就如同把一株嫩芽培植成一棵参天大树一样。儿童从一出生至6岁，就应生活在一所母育学校中，其老师就是他的母亲。母育学校的任务就是"把一个人在人生的旅途中所当具备的全部知识的种子播种到他身上"。儿童在幼年时所受教育的好坏将决定他一生的命运，因为"任何人在幼年时代播下什么样的种子，那他老年就要收获那样的果实"。夸美纽斯认为，父母不应把自己子女的教育全部托付给学校的教师和教会的牧师，因为学校已成为"折磨人的场所和拷问人的地方"，而那些教师和牧师是"力不胜任和在虔敬上帝的智慧方面没有受过训练的人"。幼儿在母育学校中必须受到三方面的教育："第一，幼年儿童必须首先在虔敬方面受到锻炼，其次，在德行方面，最后，在较进步的文学之中受到教育。而在后者，幼年儿童表现的熟练性愈大愈好。"

体育

夸美纽斯认为在幼儿的教育方面对父母来说最重要的一件事是："首先注意保持其子女的健康，因为除非他们生气勃勃而有力，父母们就很难成功地把他们培养成人。"夸美纽斯指出，为了子女的健康，母亲在怀孕时应注意保护自身的健康。她应注意节制和饮食；走路要小心；要控制自己的情感，不可过度愤怒、怨恨或伤感；不可懒惰，要以愉快的心情敏捷地从事日常工作。孩子出生后应注意孩子的个人卫生和环境卫生，要亲自哺育自己的孩子。要让孩子得到"有节的睡眠、经常的游戏娱乐和身体的运动"。夸美纽斯指出，一个孩子"跑和游戏愈多，他的睡眠也愈香甜，胃的消化愈加容易，而其身心的生长与发展就愈快，只须注意的就是不让他伤害着自己。所以，应当为孩子们找一个可以在其中跑或安全锻炼自己的场所"。夸美纽斯还引用了格言："一种愉快的心情就是一半的健康"，"精神快乐是人的生命的源泉"，以此来告诫家长务必不可使孩子没有快乐。家长应采用各种方式来振奋孩子的心灵，活跃孩子的心灵，"任何适于或能使儿童愉快的事无论如何是不应予以拒绝的"。家长还应为孩子的眼、耳等感官提供一些作业，这些作业将有助于增强他们的身心的力量。

智育

夸美纽斯认为，儿童应从婴儿时期起就在有关自然和其他事物的知识之中接受教育，对自然界的认识是儿童智慧的开端。新生儿的自然知识就是吃、喝、睡和生长。随着年龄的增长，其对自然的认识逐渐增多。抬买看见光亮是婴儿获得光学知识的开端。幼儿从 1 岁开始就可以学习地理学的因素，二三岁起就可以学习天文学和经济学的因素，他们还要学习有关时间的区别。从儿童开始讲话时起就要让他们做一些回忆历史和记忆事件方面的练习，从关于政治知识的学习中儿童逐渐懂得服从和尊敬。夸美纽斯要求家长掌握与孩子谈话的艺术，家长如希望孩子成为明智的人，他"自己必须以明智的行动对待他而且在使他理解应当做什么之前，不要先使他糊涂或愚笨起来"。夸美纽斯还要求"用语言、动物故事和其他巧妙地组织起来的小说，磨砺儿童需要锻炼的天赋能力"。这是因为一则孩子们喜欢这样的小故事，容易把这些小故事牢记在心；二则这些小故事包含着道德教育的因素，在使儿童聚精会神的同时灌输对他们日后有益的知识。夸美纽斯还建议让孩子多与同龄人一起做游戏，因为这对儿童的彼此磨砺更有效。他说："无人怀疑，一个男孩磨砺另一个男孩的才智远较任何人所能做的要多些。"因此，家长不仅应允许孩子们在一起做游戏，而且应当给予他们帮助。夸美纽斯对自然与思维的关系的研究，具体化了他在《大教学论》中提出的智育的内容并提供了许多方法和宝贵经验，充分体现了夸美纽斯的泛智论、现实主义、感觉主义及科学知识民主化的思想。

夸美纽斯指出，模仿是儿童的天性。因此应该给予他们充分活动和表现的机会，让他们做一切不会给他们带来伤害的事，还应为他们找些玩具来代替真的工具。孩子在 1 岁时通过懂得吃饭时要张口、抬头、手拿小匙，获得了一些机械学的知识，到二三岁的时候这些知识得到扩大。2 岁的孩子开始知道一些几何学的原理，如他们已经知道区分大和小。到了 3 岁他们开始会数数，以后就逐渐学会连续数到 20，还能分辨数的大小以及偶数和奇数等。到 4 岁时他们就能知道区分形状，还能学习一些度量衡的名称。孩子长大到四五岁时，还应让他们有足够的劳动并从事一些建筑活动，孩子经常跑来跑去或做事，这是身体健康、或智慧充沛（活跃）的一种可靠的标志。四五岁的孩子还应练习绘画和写字。音乐对于孩子来说应该是特别自然的。夸美纽斯认为，哭泣是人首次出现的音乐，因此不可没收婴儿这种音乐，音乐对孩子的健康是有好处的。夸美纽斯关于幼儿的活动和表现的观点，一百多年后成为福禄培尔的学前教育理论的中心思想。

道德教育

夸美纽斯认为，在幼年时代应锻炼"外部的德行"，这一时期"能比以后更容易地锻炼好每种德行"。他指出，既然模仿是儿童的天性，那么锻炼儿童德行的方法就是：（1）提供永久的、优良的范例；（2）适时地、聪明地教导和锻炼；（3）适当地进行规定的训练，进行必要的管教。他认为节制和简朴是首先应予以培养的品德，因为它们是"健康和生活的基础"，是"其他一切品德的根本"。而要养成这种品德，首先要让孩子在清洁整齐的环境中成长。此外，还要培养孩子对长辈的尊敬，训练孩子服从。夸美纽斯认为，如果长辈们自己倍加注意并且同样尊敬别人的话，孩子是很容易学会对长辈的尊敬的，而儿童学习控制自己的意志、愿望并顺从别人的意志，这种善于服从的品德以后将成为至善的基础。夸美纽斯在道德教育方面很强调对儿童的管教和训练。他认为，用训练和畏惧管束儿童，比溺爱他要好得多，对儿童的溺爱就好像为刚愎和悖逆敞开窗户。夸美纽斯还要求训练儿童学会并实践对他人的仁爱和慈善，要求训练儿童勤快地劳动，习惯于服从和执行任务。他把懒惰比做最能败坏人的恶魔。他还要求家长在儿童的恶习刚开始萌芽时就加以制止，在幼年时加以控制，比在以后更加有利，因为以后恶习就会根深蒂固了。到了孩子有足够的理解能力时，还要在礼仪方面对他们进行训练，要以谨慎和严肃的态度来调节谦逊和温顺，让儿童在姿态和动作方面受到训练。

学前教育到学校教育的过渡

夸美纽斯认为，儿童在 6 岁以前不宜进学校。而 6 岁以后的儿童如不立即进学校接受高一级的教育，"他们将会始终如一地变的懒散，而最终将变得像一匹'野驴驹'"，而且还会沾染恶习，"这会像一种毒草一样，以后是很难连根拔掉的"。因此，"最好的方法是毫无间断地继续那已经学习过的东西"。他指出，如果父母没有准备好将其子女送往学校，那是一种不明智的行为，这就如同让"小牛奔往市场"或让"羊群闯入牛群"一样。因此，明智的父母应在儿童接近入学的年龄时，以愉快的心情鼓舞儿童面对学校生活，让孩子知道入学去获得学问是非常美好的事情，他将会因此而终生受益。家长还应激发孩子对未来的教师的信心和爱戴。

《天鹅之歌》中的教育名论

《天鹅之歌》是裴斯泰洛齐的最后一部著作，写于 1826 年。在这部书中，裴斯泰洛齐回忆、总结了自己一生的教育经历，对许多教育问题提出了新的认识，系统、全面地论述了教育的一些基本问题，尤其是要素教育，试图将自己的教育经验加以理论化。全书主要内容包括教育与人的发展、要素教育的理论与方法等。本书的中译本于 1992 年被纳入人民教育出版社出版的《外国教育名著丛书》，书名为《裴斯泰洛齐教育论著选》。

关于教育与人的发展

裴斯泰洛齐在书中开门见山地提出，教育意味着完整的人的发展；要素教育的目的在于使人的才能的培养与大自然的顺序相一致。为此，裴斯泰洛齐花费了很多精力试图解决它。要素教育的方法就在于遵循大自然的秩序，使人的各种能力得到发展。人的才能的发展是有自然规律的，而自然规律是永恒不变的，是教育的基本条件，因此，教育要遵循自然规律，最好不要进行人为的干涉。裴斯泰洛齐认为，人的发展有其自然规律，但如果放任儿童顺其自然，则仅仅唤起他的原始本能，要素教育把人性和神性带进儿童的生活，使其具有理性。裴斯泰洛齐更从道德、智力及实际能力的角度考察了这个问题。

关于道德教育，裴斯泰洛齐认为教育是道德的源泉，母爱是儿童道德校验的基础，母爱保证了儿童基本的身体需要，儿童由爱母亲开始而爱家人、爱他人、爱祖国。因此，道德校验始于摇篮时期。

关于智力发展，裴斯泰洛齐认为，智力发展必须与大自然相对应，智力的发展是从感觉开始的。根据裴斯泰洛齐的要素教育思想，数目、形状和语言是智力发展中的基本要素，是与大自然的发展相一致的。

关于实际能力，裴斯泰洛齐主张除了道德的和智力的训练以外，还要有体力的训练，即实际才能的训练，而这一点必须在实际生活中进行。只有在道德的、智力的及体力的三方面教育协调一致的时候，人的才能才得到均衡、和谐的发展，才达到与自然发展的一致。

关于要素教育

裴斯泰洛齐认为，要素教育是最符合自然规律的一种教育；它并不是一种理想，而是切实可行的。他就语言教学详细论述了要素教育的理论与方法。裴斯泰洛齐说，语言能力是思维能力发展的基础，智力始于经验，并且必须得到一种自然的语言教学体系的帮助。语言是感觉经验和思维之间的中介，语言与生活是密切相关的。因此，语言教学必须遵循生活教育的原则。在语言教学中，词又是最基本的。要培养儿童的表达能力，首先必须在词与其所代表的事物之间建立联系。无论是学习母语还是学习外国语，都遵循着同样的自然规律。地理与历史的教学也是一个道理，必须以儿童的生活为依据，从最基本的、周围的事物开始。如果让儿童学习一些远离他们现实生活的知识，这种教学便毫无意义了。

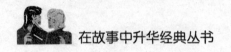

《教育学讲授纲要》中的教育名论

《教育学讲授纲要》发表于 1835 年，它是赫尔巴特晚年的一部重要教育著作，是《普通教育学》的补充与具体化。在这部著作中，赫尔巴特进一步论述了儿童的管理、训育、教学、兴趣以及各年龄阶段的教育和不同学科的教育。在书的最后，赫尔巴特还就如何对待儿童的错误以及儿童不道德行为的根源等发表了自己的看法。

《教育学讲授纲要》一书共 3 编 33 章，全书由 348 条构成。

论教育学的基础

赫尔巴特认为教育学作为一门科学，它有两个基础：实践哲学、心理学。前者说明教育的目的，后者说明教育的途径、手段与障碍等。

1. 实践哲学

关于实践哲学，在赫尔巴特那里就是伦理学。他认为，教育的最高目的是培养人的道德，因而伦理学应当成为教育学的基础。实践哲学，或说伦理学，主要涉及五种道德观念。一是内心自由的观念，它表明明智和意志之间的一种关系。道德教育的任务就在于促使学生对意志行为进行明智的、理性的判断，服从理性的指导。二是完善的观念，即使学生身心得到健康发展，使他们身上已有的道德力量得到强化、完善并保持下来。三是仁慈的观念，即避开恶意的刺激和伤害，唤起学生对仁慈的尊重。四是正义的观念，它要求学生放弃争吵，进行反省。五是公平的观念，即对不良行为给予惩罚，主要是通过自然结果来教训学生，以求公平。

这五种道德观念不仅对个人非常重要，而且直接影响到法制社会、奖惩制度、行政制度、文化制度等的形成，它们之间必须协调一致。

2. 心理学

在赫尔巴特看来，教学是建立在儿童的心理发展规律之上的。他在书中对许多心理学的概念进行了解释和论述。

（1）记忆

它是以往形成的表象系列的一种未经变化的再现。如果不经常练习和复习，已有的表现就会消失，无法保持。大量地接受新知识，已有的表象受到干扰，也会消失。

（2）想象。

它是儿童各种表象的变更和联结，对年幼儿童来说，想象主要在游戏和交谈中产生，是具有独立性的。

（3）观察。

对外界的观察会引起儿童的一系列提问，他们试图把新事物纳入到自己熟悉的概念之中。通过观察，儿童的判断力得到发展。

因此，记忆力、想象力和判断力是教育和教学的基础。

赫尔巴特又指出，儿童的个性具有可塑性，教师必须善于观察儿童，发现他们身体的和心理的特点；既要了解儿童智力发展的规律，又要了解儿童的思维状况，据此来确定教学内容和方法。

教学不仅仅要传授知识，还要促进知识的迁移，扩大智力活动的范围，丰富想象，有助于道德的培养等，这样，知识的价值就得到了提高。可见，教学要把传授知识和发展能力结合起来。

最后，赫尔巴特又提出，教学要被接受、被吸收，还必须使学生产生一种与教学合拍的心理状态，而这就是训育的任务。在《普通教育学》一书中，赫尔巴特曾详细论述了训育问题。在这里，他再次强调，训育和管理、教学一样，是教学中不可缺少的一环。教育中必须要有约束，这种约束大多是在管理之下进行的；但管理着眼现在，训育则注重未来。它们的立足点是不同的。管理应尽量同训育结合起来，但训育离不开教学，脱离了教学，训育就不会持久。

论儿童管理

赫尔巴特坚持自己在《普通教育学》中的观点，仍然认为管理在教学中具有重要意义，尤其是对年幼儿童。

管理的基础是儿童活动。因此，要把活动安排得充实一些，满足不同年龄阶段儿童的身体对活动的需要。在其他条件相同的情况下，自己选择的活动具有一定的优越性。

监督在管理中具有重要作用，以便保证教师的命令能够被学生服从。监督要适度，软硬兼施。应尽量少用体罚，过度使用会使儿童麻木不仁，这是最糟糕的。相比之下，权威和爱更能保证管理。权威的树立与优越的智慧、知识、体魄和外表举止密切相关。爱应与严格要求相结合。

论教学

1. 教育性教学

赫尔巴特所指的教学是教育性教学，是为了教养的目的进行的教学。他说，并不是所有的教学都是有教育性的。教学与训育一样，关心的都是教养，是为未来而工作，而管理所关心的则是现在。对于教育性教学来说，一切都取决于所引起的智力活动，教学应当增加而不是减少这种活动，应当使它变得高尚起来。

人的天赋是千差万别的，教学也应当多样化。凡是不能激发学生的智力活动的教学，根本不会受到学生的重视。

2. 兴趣的多方面性

赫尔巴特说，兴趣就是主动性。兴趣应当是多方面的。兴趣的产生与以下心理活动有关。

（1）想象。

它有被动与主动之分。被动的想象是被唤起的想象，是重复以前学习的东西。主动想象是自由产生的。教学必须培养学生的自由想象。

（2）注意。

它有无意和有意之分。而无意注意又包括原始注意和统觉。统觉是在已有的表象之上产生的。它是一种理解的察觉。教学必须培养儿童的有意注意。

赫尔巴特将兴趣分为以下六类：

——经验的兴趣：与经验直接相关的兴趣。

——同情的兴趣：同交际直接相关的兴趣。

——思辨的兴趣：对经验对象的进一步思考。

——社会的兴趣：对较大范围内交际的思考。

——审美的兴趣：对事物的鉴赏。

——宗教的兴趣：对命运的思考。

所有这些兴趣不可能在一个人身上得到均衡的发展，但是，所有的兴趣越是得到同样程度的激发，则越符合多样性的要求。

根据以上六种兴趣，赫尔巴特认为相应地应当开设以下六类课程：

——经验的课程：主要是一些自然科学学科，如物理学、植物学、动物学、矿物学等。

——思辨的课程：包括逻辑、数学等。

——审美的课程：包括绘画、雕塑、诗歌、音乐、文学等。

——同情的课程：包括对家人、他人及所有人的爱和同情，因此，历史课程非常必要。

——社会的课程：包括政治、法律等。

——宗教的课程：包括宗教教义、神学等。

教学中要注意各门学科之间的配合，要找到它们之间的连接点，使学生的兴趣向多方面发展。

3. 论教学过程

在《普通教育学》中，赫尔巴特已经提到教学分为四个过程，即清楚、联想、系统和方法。在《教育学讲授纲要》这本书中，赫尔巴特再次论述了教学的这四个步骤。

（1）清楚。

在教学开始的时候，清楚是非常重要的。因此，教师的讲解应当简短、明了，易于理解。讲解之后，应立即让学生重复。这种方法对低年级儿童尤其适用。

（2）联想。

自由交谈是联想的最好办法，学生从中可以获得偶然的联想，而这种联想对学生来说又是最轻而易举的。此外，自由交谈还可以防止生搬硬套。

（3）系统。

它要求更为连贯的陈述，掌握系统的知识，增加知识的总量。

（4）方法。

通过作业、练习等运用知识，检验是否掌握知识以及是否能够运用知识。

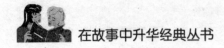

4. 教学类型

关于教学类型的思想，《教育学讲授纲要》中的观点和《普通教育学》一样，仍然是分为单纯提示性教学、分析教学和综合性教学三类。

赫尔巴特认为，教学基本上是综合的，或者是分析的。一般而言，任何教学都可以说是综合的。单纯的提示性教学和分析教学是不多见的。

分析包括经验的分析、对所学内容的分析和意见的分析。综合包括模仿经验的综合和从个别到整体的综合。

教学是以学生的经验为基础的，因此，教学首先要运用模仿经验的综合，即单纯提示性的教学。单纯提示性的教学在运用中是很有限的，但它很有效果。它有助于学生自己的观察，有助于教师仔细地教学。谁能控制这种教学形式，谁就能激发学生的兴趣。与此相关，教师非常重要。

分析教学是对学生已有经验的改造，了解事物的特性，把握它们之间的关系。在此阶段，书面作业、复习非常重要。

综合教学在于认识事物的抽象关系。教学中要注意先易后难，要保持学生的兴趣。

5. 论训育

在《教育学讲授纲要》中，赫尔巴特继续阐述了他在《普通教育学》中的观点，赋予训育以重要的意义，论述了训育与管理和教学的关系，将它同道德教育紧密地结合在一起。

总之，训育的作用表现为："训育应当起维持、决定和调节作用；应当在整体上考虑使心灵能够平静与清晰；应当适当地通过赞许与责备使心灵受到触动，应当及时地提醒他和纠正他的错误。"

6. 论不同年龄阶段儿童的教育

赫尔巴特将儿童的发展分为几个不同的时期，并对各个时期的教育提出了不同的要求。

（1）3 岁前的教育。

这个时期的儿童身体脆弱，故应当以身体照料为主，但也要视情况进行智育，主要是刺激儿童的感官，发展儿童的观察力和语言能力。为此，要让儿童多活动，让四肢得到锻炼，不要把儿童当做玩偶，少用暴力等等。

（2）4~8岁的教育。

此时的儿童已能基本自理，可以较好地运用自己的四肢和语言。此时的目的在于争取更大的安宁和快乐。

儿童越能自理，需要外界的帮助应该越少。但应加强管理，防止他们养成坏习惯。要严格与宽容相结合，培养儿童的仁慈观念。教学中要注重直观教学。

这个时期的主要课程是阅读、书写、计算、绘画等。

（3）少年期的教育。

此时的儿童独自一人时不会感到不安，比较自负。他们还没有坚定的目的，整天无忧无虑。这个时期的教育仍要坚持感性认识，加强直观教学，不能动摇。较适合学生的课程是历史、计算、宗教、诗歌、自然等。

（4）青年期的教育。

此时的青年可以自己维持学习和继续学习了。这时，不应当像对儿童和少年那样对他们给予宽容，应提出严格的道德要求，应培养他们的社交能力。

7. 论不同学科的教育

关于宗教教育，赫尔巴特认为，宗教教育的内涵是由神学决定的。而赫尔巴特所指的宗教教育主要是指基督教教育。他说，没有任何知识能够超越宗教信仰的可靠性。宗教教育的顶峰是坚信礼和圣餐活动。

关于历史教育，赫尔巴特认为历史是人类的教师。历史教学首先要让学生了解历史发展线索，了解各个时期的政治、文化、宗教、习俗等特点，了解一些重大事件。历史教学应当结合地理教学进行。

关于数学和自然科学的教学，赫尔巴特认为应由易到难，发挥直观教具和直观教学的作用。在谈到自然学科的教学时，赫尔巴特就动植物学、矿物学、天文学、物理等发表了自己的看法。

关于地理教学，赫尔巴特说它是一门综合科学，涉及数学、历史、政治等。地理教学应从本地地理开始，由近及远。

关于语言教学，赫尔巴特就德语、希腊语和拉丁语发表了自己的看法。他认为，儿童学习语言首先是听到语言、接受语言、模仿语言。相应地，应

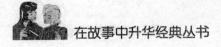

当让儿童多说、多练、多写。

《劳作学校要义》中的教育名论

凯兴斯泰纳（Georg Kerschensteiner，1854—1932），19 世纪末 20 世纪初德国著名的教育家，职业教育的倡导者。出身于慕尼黑的一个普通家庭。1866 年，12 岁的凯兴斯泰纳在小学毕业后便进了师范学校预备科学习。1871 年毕业后开始担任小学教师。1874 年，辞去学校工作，一边当家庭教师一边自学。1877 年入慕尼黑高等工业学校学习机电工程，后来转入慕尼黑大学学习数学、物理，并兼修教育学和哲学。1881 年获哲学博士学位。随后在多所中学担任教师。1895 年起担任慕尼黑市教育局局长。在任职的 25 年内，凯兴斯泰纳对国民学校和补习学校进行了大胆改革。他加强了学校的公民教育和职业教育，在学校实施新的教学大纲，引入手工劳作课程，主张把学校改造成劳作学校。1911 年，发表《劳作学校要义》，系统阐述了自己的劳作教育思想。

1918 年，凯兴斯泰纳开始担任莱比锡大学教育学教授，同时在慕尼黑大学讲课。1920 年，65 岁的凯兴斯泰纳退休，但仍担任慕尼黑大学的名誉教授，一直到 1932 年逝世为止。

凯兴斯泰纳一生从事教育工作，撰写了大量教育著作，其中的代表作有：《德国青年的公民教育》（1901）、《学校组织的基本问题》（1907）、《公民教育要义》（1910）、《劳作学校要义》（1911）、《性格与性格教育》（1912）、《教育原理》（1926）、《教育组织原理》（1932）等。

劳作教育思想是广泛流行于 19 世纪末 20 世纪初的一种教育思想，在当时的德国和欧美国家一度出现了"劳作学校运动"。凯兴斯泰纳是德国劳作学校思想的代表人物。他的劳作教育思想对德国以及欧洲诸多国家都产生了影响。今日德国职业教育的发达在一定程度上得益于凯兴斯泰纳的劳作教育思想。

《劳作学校要义》一书首次发表于 1911 年，前后经过四次修订，被翻译成多种文字在欧洲各国及亚洲发行，对德国及世界教育产生了重大影响。1935 年，商务印书馆出版了中译本，书名为《工作学校要义》。1993 年，人民教育出版将其纳入《外国教育名著丛书》之中，书名为《劳作学校要义》。

《劳作学校要义》共六章，内容包括国民学校的国家目标和任务、作为首要任务的职业教育、国民学校的第二项和第三项任务、劳作学校的教学法、专业劳作课和技术教师、总结。

国民学校的国家目标和任务

在凯兴斯泰纳看来，个人是不可能脱离社会而存在的，国家的目标高于个人的目标，教育必须为最高目标服务。国家的目标具有双重性，一是利己主义的，为了个人身体和思想的健康，二是为公的，即建设一个人道主义的国家。因此，"国民学校（当然，继续教育学校也包括在内）的目标在于，协助国家教育我们的后代，使他们不论通过本身，还是通过依据其才能大小所产生的应变力和判断力，都能够为这双重任务服务"。因此，他把培养有用的国家公民当做国民学校的教育目标，并且是根本目标。根据这一目标，凯兴斯泰纳制定了学校的组织形式和规章制度。他把这一形式称为"劳作学校"。

国民学校的任务主要有三个。一是职业教育或职业预备教育，即为学生以后的就业做准备。由于国民学校的目标是培养国家的公民，那么，一个在国家这个机构中发挥不了任何作用的人就不是一个有用的公民。因此，一个公民的首要条件是有能力并且愿意承担国家的任务，能够从事一定的职业活动。

国民学校的第二个任务是职业伦理化教育，即认真履行自己的职业职责，热爱自己的工作。

国民学校教育的第三个任务是集体伦理教育，即个人同集体、国家的利益结合在一起，在劳动集体中培养学生的职业技能、道德情操。劳动集团所具有的校验作用不可忽视。

职业教育

凯兴斯泰纳在第二章的一开始就提出："公立学校（包括：国民学校、继续教育学校和高年级学校）的首要和最紧迫的任务就是要发展职业教育，或者说是就业前的准备教育。"关于这一点，凯兴斯泰纳吸收了裴斯泰洛齐的观

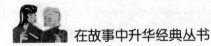

点，并再次强调了职业教育的重要性，因为在凯兴斯泰纳看来，手工劳动是脑力劳动的基础，手工劳动创造文化，而脑力劳动是在这一过程中发展起来的。所以，工艺品不仅是一切艺术的基础，也是一切科学的基础。

凯兴斯泰纳批评当时的学校脱离社会，成了一个独立于世界之处的小天地，学生的所见所闻及所学与他们在现实生活中所遭遇的完全不同。这种状况是十分有害的。学校应当像实际生活一样，处处从实践开始，再从实践中产生理论，如此循环往复。

基于上述考虑，凯兴斯泰纳认为为教育者的未来职业做准备是国民学校的任务，如果学校没有为学生提供手工劳动的条件，就不是一所好学校。凡是缺少这种安排的学校都是组织得很糟糕的学校。为此，学校必须引入手工劳作课程，并将劳动课作为正常课程加以安排，配备劳动实习场所，如工厂、苗圃、学校厨房、缝纫间、实验室等。通过这些活动，培养学生手工劳动的技能，使他们养成细心的好习惯，从而为未来的职业教育打下良好的基础。

关于职业教育的内容，凯兴斯泰纳认为职业教育的目的并不在于介绍劳动过程、劳动工具、劳动材料等，不仅仅是传授劳动知识，同时也要培养学生的劳动习惯、劳动热情及良好品质，而所有这些将会迁移到其他领域，进而促进人的心智的发展。

凯兴斯泰纳进而指出，应当根据儿童的兴趣爱好和才能选择职业，而不应当考虑儿童的家庭出身、父母的职业等等。在儿童没有兴趣的劳动中，应当培养他们的劳动兴趣，并使最初的实践向后来的理论兴趣过渡。凡是自觉自愿地进行的手工劳动、园艺劳动等其他劳动，都属手实践兴趣。一旦为了解决问题而展开调查研究时，兴趣才转化为理论兴趣。对学生来说，实践兴趣是他们的精神生活。劳作学校的任务不仅在调动学生的实际兴趣，更重要的是要培养他们的理论兴趣。

劳作学校

劳作教育是凯兴斯泰纳教育思想的核心，而劳作学校是他实施劳作教育的主要途径。尽管"劳作学校"这个词并非凯兴斯泰纳首创，但他赋予这个词以新的意义。他主张把"国民学校"改为"劳作学校"。这种改变不仅是名称的变化，更重要的是带来了学校培养目标、学校的教学内容及形式等方面的变化。

在凯兴斯泰纳看来，过去的学校不过是"读书学校"，传授给学生的是死记硬背的知识，教学内容脱离实际需要；而世界已经发生变化，"读书学校"已经落伍；学校必须培养国家的公民。因此，公民教育是凯兴斯泰纳劳作学校的教育目的。

"劳作学校的意义在于，以最少的知识素材，去换取为国民服务的最大量的熟练技巧、各种技能和劳动热情。"基于这一点，凯兴斯泰纳给劳作学校规定了三个任务：课堂教学要有创造性，不能死记硬背，要创造出新的知识财富；劳作课必须成为专业课；必须坚持在劳动集体中进行教育的原则。

凯兴斯泰纳从心理学的角度出发，认为劳作学校的任务在于陶冶人的性格。"劳作学校是以培养性格为主的学校组织形式。"人的性格由四种力量组成：意志力、判断力、灵敏性、易激发性。这四种力量是相互影响、互相牵制的。性格教育的首要任务是判断力也即思维能力的培养。独立思考和独立手工劳动一样，是劳作学校的特征。

性格的陶冶必须在活动中、在行动中进行。比如，为了培养意志力，必须让学生在行动中经受锻炼；为了培养判断力，必须使自己在各种活动中学会判断，独立思考；为了增加灵敏度，理智与情感都必须在现实中得到表现并反映在行动中；至于易激发性或称为自奋性，更是需要外界活动的刺激。因此，"教育需要靠劳动获得"。只有在劳动中，精神作用才得以形成，而且更有创造性。劳动创造了文化。学校必须缩减课堂教学的内容，增加劳作活动。

凯兴斯泰纳指出，劳作课不等于手工课或单纯的生产课。那种只注重外在的形式和简单的手工技巧的劳动与劳作学校的精神毫不相干。"不考虑劳动过程中内在的、细微的生理和心理的关系，不考虑与之有关的、系统的意志训练和判断力的训练，而只单纯地从事手工劳动，尽管这种劳动从表面看来，也是一种劳动，但却不是我们想称作劳作学校的这种学校所要求的标准。"至于为满足儿童的兴趣，为了活跃课堂气氛，为了帮助学生形成概念而采取的一些手工操作，尽管是有益的和必要的，但仍不是真正意义上的劳作教育，不具新意。只有当手工劳动在客观上是必要的，在主观上又是可能的时候，它才具备崭新的意义。也就是说，手工劳动必须符合促进儿童各种能力发展的要求。

劳作课是劳作学校的一门基本课程。劳作课是实现劳作教育的手段。对于不同年龄的儿童，劳作课的内容和要求也完全不同。游戏是幼儿园孩子们的主要活动，也是幼儿教育的生命力。但是，学校必须把这种游戏变成劳动。劳动过于简单和容易，对儿童是有害的。如果让儿童连续七八年从事同样的手工劳动，以至于这种活动变得轻而易举，被当成业余爱好，这将是十分有害的。人的意志力的培养需要经历种种挫折。因此，对年龄稍长的学生，应当提出严格的要求，通过系统严格的训练，培养他们的意志力、判断力和劳动习惯。

为此，劳作学校不仅需要受过理论训练的教师，也需要受过专门训练的技术教师。这种教师既可以由师范学校培养，也可以从技术部门选拔。

《实验教育学》中的教育名论

拉伊（Wilhelm August Lay，1862～1926），19世纪末20世纪初德国教育家，实验教育学的主要代表人物之一。1862年7月30日出生于德国巴登的一个农民家庭；1876年进入一所师范学校学习，立志从事教育工作。毕业后在一所乡村小学任教。几年后进一所工业学院学习，后转入弗赖堡大学。1893年被聘为卡尔斯鲁厄第三师范学校教师，后升任校长。他在这所学校工作了30年，他的许多教育实验都是以该校及其附小的学生为对象进行的。1903年他向哈勒大学提交了题为《实验的教学》的论文，被授予名誉哲学博士学位。在这篇论文中，他对心理学实验和教育学实验作了区分；提倡建立教育学实验机构并附设实验学校；阐述了未来学校的理论和实践的基础，把这种学校称为"活动的学校"或"生活社会的学校"。他毕生致力于传播实验教育学的思想和方法。1904年他向第一届实验心理学大会作了关于实验教学论的研究报告；1905年他向巴登地方教育当局提出建立教育实验室的建议；1904—1907年他与梅伊曼一起主编了《实验教育学：实验教育合作研究刊物》，发表实验教育研究成果。拉伊于 1926 年 5 月 9 日病逝。

拉伊一生的著作约 20 册，论文约 60 篇。《实验教育学》是其代表作，其第一、二、三版的出版时间分别为 1908 年、1912 年、1918 年。它被译成俄文、塞尔维亚文、日文、西班牙文、捷克文和英文。《实验教育学》英文版是根据德文第三版翻译的，于 1936 年出版。1938 年由金澍荣、黄觉民将该英文版译为中文，由商务印书馆列入《现代教育名著》出版。人民教育出版社将该书列入该社的《外国教育名著丛书》之一，于 1996 年出版了它的第二个中译本版本。该书正文共四章，第一章阐明实验教育学的性质和意义，第二章分别论述个体教育学、自然教育学和社会教育学，第三章研究教学论，第四章简要回顾并展望实验教育学的发展。

下面是反映在《实验教育学》一书中拉伊的主要教育思想。

实验教育学是新教育学

拉伊对旧教育学进行了批判，认为旧教育学是用思辨的方法建立起来的一种教育理论体系，实验教育学是新教育学，它的主要特征就是"在教学和教育研究中所运用的新的研究方法"，拉伊指出，新旧教育学的主要区别在于收集经验和研究的方法的不同，其区别主要表现在六个方面。（1）实验教育学的经验更全面、精确和可信；（2）实验教育学的研究方法能提供更可靠的手段来评估正常的和异常的教育现象及学生个体；（3）实验教育学的研究方法能使在任何地方进行的研究得到控制、推广和深化，并保证教育学能得到实实在在的发展，而这是旧教育学所不能及的；（4）旧教育学只把心理学和伦理学作为辅助学科，而实验教育学是以所有的生物学科和哲学学科为基础的，因此实验教育学的基础更广泛和坚实；（5）旧教育学把通过归纳和演绎推理出来的结果看做最终的原理、理论、目的和方法，而实验教育学认为这些结果只是初步的假定或假设，这些假定或假设应受到系统的观察、统计和实验的检验；（6）实验教育学不仅拥有新的学科基础，而且具有自己特有的新的研究方法，从而将教育学提到一门独立的学科的地位，使教育家成为这门科学的研究人员。

实验教育学运用的方法有实验、系统的观察和统计。拉伊把对历史经验的研究看做间接的观察，把对当前经验的研究看做直接的观察。直接的观察分为偶然的观察和有目的的观察，而后者又包括周密观察、统计和实验三种方法。拉伊认为，实验教育学正是因为运用了这样的方法才成为了新教育学。

拉伊又指出，实验教育学致力于解决教学和教育方面的实际问题。他说："只有当一项实验的主要目的是解决教育学的问题时，这项实验才是教育学实验。"因此他主张实验要在班级的实际环境中进行，而不是在实验室中进行，"实验的条件要尽可能与班级教学的条件相一致，还要尽可能与教学方法和学校里的实际工作方式保持一致"；主张实验的研究者主要是有实际经验的教师，而不是实验心理学家。

拉伊还提出了教育学实验应包括提出假设、设计并实施实验、在实践中进行验证这样三个阶段。

实验教育学是科学的教育学

在拉伊看来，教育学尚未被承认为一门科学。他认为，教育学要成为一门科学，就必须把每一种教育现象看成是各种原因的结果。教育中存在着各种复杂的因果关系，实验教育学就是要在有意识的控制的条件下观察各种引发的现象，把系统观察、统计、假设和验证连成一体进行实验。实验教育学建立在教育假设的基础上，而这种假设利用了过去和现在的教育理论和实践，而且借助了生物学、生理学、心理学、政治学、伦理学、美学等相关科学，因此在理论和实际土有着宽厚的基础。他认为，旧教育学中的许多方法、原则和理论，大部分是一些教育家个人的经验或推论，而在实验教育学中把这些个人的经验和推论看做各种假设，通过实验的研究方法对之进行检验，从而摆脱了经验的束缚，辨别真伪，把教育学从思辨中解放出来。综合以上这些认识，所以拉伊认为实验教育学是科学的教育学。

实验教育学是完整的教育学

拉伊认为，旧教育学依靠直觉、内省观察和观察别人来进行研究，但这种观察的方法是不完善的。实验教育学通过系统的观察、统计和实验，"是对旧教育学的补充和完善，因而是一种完整的教育学"，是对旧教育学的"有机的发展"。他指出，实验教育学虽然一直在利用旧教育学的研究成果，但他只是把这些成果用来形成各种假设，用实验教育学的研究方法对这些假设进行检验，然后否定或证实这些假设，使得到证实的假设变得更精确和完善，从

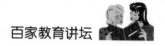

而得出新的结论，提出新的问题。

拉伊把现代生物学科和价值学科称为"邻近学科"，把它们作为实验教育学的基础，用教育学的观点运用这些学科，使之转化为实验教育学的辅助学科。拉伊所说的生物学科包括生态学、解剖学、生理学、卫生学、心理学和精神病学等，他所说的价值学科包括认识论、经济学、伦理学、美学和宗教哲学等。因此他把实验教育学称为完整的教育学是完全有道理的。

实验教育学是一般教育学

拉伊说："教育学只有一种……以后除了一般教育学以外，不再有一门实验教育学；因为实验教育学将成为惟一的教育学———一般教育学。"他认为，实验教育家的任务，就是要立足于一般观念，充分考虑所涉及的各种关系，系统阐述和解决问题，把实验研究的成果在世界不同的地方进行重复的验证、推广和深化。

拉伊还指出，作为一般教育学的实验教育学就是生物社会教育学，它由个体教育学、自然教育学、社会教育学三个部分组成。个体教育学研究儿童的遗传特征、种族特征、国家和家庭特征，研究个体特性中表现出来的心理倾向；自然教育学研究自然环境因素与儿童的关系；社会教育学研究社会环境因素对儿童的影响。这三个部分之间没有明确的界限，因为个体及其自然生活和社会生活，组成一个互相联系的整体，即儿童的整个环境。但他又指出："从实验教育学的观点看，认识和发现哪些教育现象是由自然的、个体的或社会的原因引起的，并依此区分自然教育学、个体教育学和社会教育学，无论在理论上还是在实践上，都是重要的。"

基本的教育原则

拉伊从生物学和社会学的观点来看待儿童，提出了活动的原则和表现的原则作为其基本的教育原则。他认为，每一种生物的活动都是按"感受—类化—表现"这样的公式进行的，学生的学习活动也不例外。学生首先通过观察感知事物获得印象，然后对获得的印象进行类化和整理，最后用行动表现出来。在这个过程中表现是最重要的。因此拉伊极力倡导活动学校，或生活社会学校，要求通过活动进行教育。他反复强调，教育、教学中的一切被动、接受、吸收要让位于活动、表现、建构和创造；有刺激就有反应，有印象就

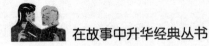

有表现，有观察就有呈现。学校必须利用活动的这些源泉去促进儿童身心的发展。拉伊把身心两方面的活动看做教育、教学的全部内容。因此可以说，实验教育学是对赫尔巴特的主智主义教育学和主智主义的学校的严厉抨击。

有机课程

拉伊说："现代学校所以有许多弊病，是因为各门科目之间不协调，各种活动之间缺乏相关性，以及由此而造成浪费和削弱了学生的能量。"因此他要求"用有机的课程来代替由各门科目堆积而成的课程"。拉伊认为，每个人都是一个身心互相关联的复杂的机体，每个人都有反射、冲动和随意活动。人生的每个阶段都有这一阶段所特有的意义和常态，因此应该深入研究每个发展阶段的需要和常态。他指出最好的研究方法就是"仔细研究代表每个发展阶段的各种活动，尤其要仔细研究冲动引起的活动和游戏"。而拉伊的活动学校中的课程"就是按照卫生学、经济学、逻辑学、伦理学、美学和宗教的规范所制导的各种活动"。活动学校中的有机课程，其中有些科目特别注重反应的第一和第二个方面，即观察和同化，也就是特别注重教材；另一些科目把重点放在反应的第二和第三个方面，即同化和表现，也就是把重点放在形式上。有机课程把观察的、事实的教学与表现的、形式的教学区别开来，分别予以研究。但由于在反应过程中，观察、同化和表现三者是紧密联系的，因此，在事实教学中要应用表现，在形式教学中要应用观察，这是拉伊的有机课程的基本的教学原则。拉伊把有机课程分成两大类，一类是自然科目（因果的领域），另一类是文化科目（目的与价值观的领域）。这两类科目中都包含着适宜于从观察入手的自然教学和从表现入手的形式教学的学科。拉伊认为适宜于事实教学的学科在自然科目中有：自然史、自然地理、地理、天文，在文化科目中有：历史、政治学、经济学、社会学、心理学、逻辑学、道德和宗教、教育科学；适宜于形式教学的学科在自然科目中有：三维的表现（包括塑模、实验、植物栽培和动物饲养）、数学的表现（包括机械制图、几何、算术）；在文化科目中有：用语文表现（包括说话、阅读、写字、背诵的教学，用诗、散文等文体进行的典型表现）、用绘画表现（包括透视、速写、绘画和塑模）、用音乐表现（包括唱歌等）、韵律操（包括戏剧、游戏、舞蹈、体操）、自我表现（包括在"学校和社区"中的领导作用）。

实验教育学是一种以教育实验为标志的教育思想。它与新教育思想和进步教育思想产生于同一时期。这种思想是以实验心理学为依据进行教育实验，它所提出的实验教育观和研究方法，在方法论上为教育科学的建设和发展提供了重要的理论依据，在西方教育史上第一次真正把生理学和心理学应用到教育研究中，在一定程度上推动了 20 世纪的教育研究和教育理论的发展。

《童年的秘密》中的教育名论

　　蒙台梭利在进行教育实验的过程中，不断总结自己的实践经验，撰写了许多教育理论著作，其中《童年的秘密》一书于 1936 年 7 月第五次国际蒙台梭利会议召开之际出版。其中译本由人民教育出版社于 1990 年出版，收入该社的《外国教育名著丛书》之中。

　　《童年的秘密》是一部论述 0～3 岁幼儿的教育、探索幼儿教育之谜并阐明作者的儿童观的著作。全书除导论等之外分为三部分共 30 章。第一部分（1～17 章）论述幼儿心理的发展及其特点；第二部分（18～24 章）阐明儿童教育的原则和方法，讨论儿童的心理歧变问题；第三部分（25～30 章）探讨成人与儿童的关系，论述了儿童的工作本能和主导本能。下面是反映在《童年的秘密》一书中的蒙台梭利的主要教育思想。

幼儿的生理和心理发展

　　蒙台梭利从发展的观点出发，认为儿童期是人的一生中最重要的时期，赋予儿童期以重要意义。她说："儿童不仅作为一种物体的存在，更作为一种精神的存在，它能给人类的改善提供一个强有力的刺激。正是儿童的精神可以决定人类进步的进程，也许它甚至还能引导人类进入更高形式的一种文明。"儿童的身心处于不断的生长和发展过程中，而且主要在于内部的自然发展。蒙台梭利把这种发展称之为"实体化"。所谓"实体化"就是："存在一种神秘的力量，它给新生儿孤弱的躯体一种活力，使他能够生长，教他说话，进而使他完美，那么我们可以把儿童心理的和生理的发展说成是一种'实体化'。"她认为，人生来就有两种本能，一种是主导本能，另一种是工作本能。

前者是儿童的活动、特性和适应环境的源泉，为婴儿提供了指导和保护；后者使人类通过工作来完善自己的环境，幼儿通过工作使自己得到充分的满足，形成自己的人格。因此，"儿童内在的本能不仅对他身体的发展和营养起作用，而且对各种心理功能的发挥都在起作用"。

蒙台梭利认为，幼儿心理的发展遵循着某种模式，其发展的秘密只有在发展的过程中才能逐步被揭示。首先，幼儿是一个"精神的胚胎"。他"有一种创造本能，一种积极的潜力，能依靠他的环境，构筑起一个精神世界"。蒙台梭利指出："人类发展的主导本能是藏在儿童身上的个人能量。儿童的精神生命是独立于、优先于和激发所有外部活动的。"儿童"就像手工制作的物品，每个人都不相同。每个人都有他自己创造性的精神"。因此在某种意义上可以说儿童是他自己的创造者。幼儿还具有一种下意识的感受能力，它积极地从外部世界获取各种印象和文化模式，有选择地予以吸收，使之成为自己心理的一部分。

其次，幼儿的心理发展有各种"敏感期"。这种敏感期是与儿童的生长发育密切联系的，在不同的生长阶段有这一阶段所特有的敏感性。蒙台梭利是这样揭示敏感期的："儿童是在他的敏感期里学会自我调节和掌握某些东西的。……正是这种敏感性，使儿童以一种特有的强烈程度接触外部世界。在这时期，他们容易学会每样事情；对一切都充满了活力和激情。每一个成就都表明他们的力量的增强。儿童不同的内在敏感性使他能从复杂的环境中选择对自己生长适宜的和必不可少的东西。内在的敏感性使儿童对某些东西敏感，而对其他的东西无动于衷。"蒙台梭利认为，幼儿的"发脾气""任性"，就是他们的需要未得到满足的外部表现，表现出了对某种危险的警觉。成人必须寻找每种任性的原因，找到了这种原因就能为理解儿童以及与儿童和谐相处提供了基础。

蒙台梭利在书中揭示，儿童的敏感期分别有对秩序、细节、行走、手、语言的敏感期。对秩序的敏感期发生在出生后的一个月并持续到第二年。秩序是生命的一种需要，当它得到满足时能产生一种自然的快乐。"如果儿童过了对秩序的敏感期，那么，他所看到的紊乱就可能成为他发展的一个障碍，成为变态的一个原因。"从生命的第二年开始他就注意起了成人毫不在意的小东西，这就是开始了对细节的敏感期。蒙台梭利认为，这就说明了"儿童的心理个性跟我们成人是截然不同的，这是一种性质上的差异，而不仅仅是程度上的差异"。行走的敏感期是幼儿发展中最易观察到的一个敏感期。在幼儿从一岁进入两岁之际他在自己人生道路上跨出了第一步，这时好像有一种不可遏制的冲动驱使幼儿学习走路。幼儿通过自己的努力学会走路，这是他对自然的一种征服，其目的是自己内在的某种创造性的东西。蒙台梭利说："学会走路对儿童来说是第二次降生，他从一个不能自助的人变成一个主动的人。这番努力的成功是儿童正常发展的主要标志之一，但在这第一步之后，他仍然需要经常的实践。"手的敏感期出现在一岁半到三岁之间。儿童朝着外界物体第一次伸出小手的举动，是第一次有智慧的举动。这种举动的最初推力表明自我要求努力进入这个世界中。蒙台梭利说："人的手如此地精细和复杂，它不仅使心灵能展现出来，并且它使整个人跟他的环境建立特殊的关系。……他的手在他理智的指导下改变环境，并进而使人能完成他在地球上的使命。"蒙台梭利指出，说话的技能是儿童所要掌握的东西中最难的一种，语言的敏感期也就不常被人注意。语言能力的获得，是幼儿智力发展的外部表现之一。

此外，蒙台梭利还强调了心理发展与生理发展的密协关系。她指出，心理压抑会影响新陈代谢，降低人的活力，而富有刺激的心理体验能增加新陈代谢的速度，促进人的健康。

幼儿教育的环境和原则

蒙台梭利是欧洲新教育运动的代表，新教育的基本目的就是发现和解放儿童。因此蒙台梭利的教育体系的最根本的特征就是对环境的强调。新教育包含了教师、儿童和环境三个要素。她认为，"在一个不受约束的环境中，即在一个适宜于他年龄的环境中，儿童的精神生命会自然地得到发展，并揭示它的内在秘密"。她说："正在实体化的儿童是一个精神的胚胎，他需要自己特殊的环境。"精神的胚胎"需要外界环境的保护，这种环境充满着爱的温暖，有着丰富的营养，在这种环境中所有的东西都倾向于欢迎它，而不会对它有害"。蒙台梭利的"儿童之家"就是这样一个环境，这是一个有秩序的、愉快的、生气勃勃的环境，是一个能促进儿童天赋发展的、有利于他的生长和发展的环境。蒙台梭利并非危言耸听，如果儿童不能置身于这样的环境中，"他的精神生命就不能发展，而一直处于虚弱、乖戾和与世隔绝的状态。这种儿童会成为一个不可思议的人。他是不能自助的、缺乏智谋的、厌烦的、易于陷入怪念头和非社会化的"。

蒙台梭利提出了幼儿教育的两个原则：重复练习和自由选择。她认为，幼儿通过重复练习能发现自己的潜力，在他们的生命力所不断展现的神秘世界中练习自己，进一步完善自我。幼儿具有自我选择的能力，要让幼儿根据自己的心理需要和倾向自由地选择物品，让他们根据自己的爱好选择工作。

幼儿的心理歧变

儿童在心理发展过程中遇到了不相容的环境，遭到成人不适当的干涉和压制，就会在不知不觉中产生心理歧变。蒙台梭利揭示了幼儿心理歧变的八种表现：心灵的神游、心理障碍、依附、占有欲、权利欲、自卑感、恐惧、说谎。心理歧变是一种功能性的失调，会使幼儿失去保护自己能力并使自己处于健康状态的敏感性，还会导致身体的失调，因此必须进行精心的治疗，使幼儿正常的心理品质得到发展并成熟起来。心理歧变是相互联系的，一种歧变往往会产生另一种相关的歧变。蒙台梭利指出："心理歧变就像繁茂的植物的分枝，能朝四面八方伸展出去，但是，它们都来自同一个深层的根部，只有在那里，才能找到正常化的秘密。教育上的一个常见的错误就是把这些歧变看作是互不相关的孤立的存在。"

成人与儿童的冲突

蒙台梭利指出："当儿童的发展达到他能够独立行动的阶段时，儿童跟成人的冲突也就开始了。"正在成长中儿童的心理状态与成人的心理状态是很不相同的。即使成人是出于爱儿童的本意，也会使儿童的内心仍然会产生一种强有力的防御本能。然而，成人的这种无意识的防御心态是在掩饰中表现出来的。在儿童与成人这一对矛盾中，成人处于矛盾的主要方面。成人没有认识到儿童拥有积极的精神生活，在儿童心理和生理的发展过程中，成人始终以"一个拥有惊人力量的巨人"的姿态"站在边上等待着"向儿童"猛扑过去并把他压垮"，他把自己看成是儿童的创造者。产生这种冲突的原因很多，例如，成人没有真正理解儿童，只注意了儿童的身体需要而忽视了他们的心理需要。成人的自私自利、以自我为中心、傲慢和残暴，对儿童的熟视无睹的麻木态度，都会成为冲突的原因。但成人并没有意识到是自己的盲目无知导致了与儿童的冲突，为儿童的心理发展设置了障碍。为克服这种可悲的冲突，成人必须从自己身上找到自己在无意中所犯的错误。蒙台梭利发聋振聩地喊出了"儿童是成人之父"。她要求成人"必须谦虚，根除潜藏在我们心中的偏见……抑制可能会阻碍我们理解儿童的那种成人所特有的思想观念"。因此对于父母来说，他们应该净化自己心中的爱，完成自然托付给他们的崇高使命，要为承认儿童的权利而斗争，为建设适宜于儿童成长的世界而努力；对于教师来说，就是要去深入了解儿童，把儿童从所有的障碍物中解放出来。

《教育原理》中的教育名论

沛西·能（Sir Thomas Percy Nunn，1870—1944），20世纪上半叶英国杰出的教育家、哲学家、科学家，1870年出生在英国的一个教师世家。1886年，16岁的沛西·能从中学毕业后就留校任教，开始了自己的教师生涯。他在从教的同时也在学业和学术研究上不断深造。1890年沛西·能的父亲去世后，他继承父业担任学校的领导管理工作，同年，获伦敦大学理学士学位。他深感自己年轻难以胜任校长的重任，遂辞去校长职务去英国北方的一所中学任教。1904年他应聘为伦敦师范学院数学和物理教师。1905年升任该校副院长。1906年以《科学方法的目的和成就》论文获得伦敦大学科学博士学位。1913年沛西·能任伦敦大学教育学教授，除履行副院长的职责外还担任教育学和数理科教学法的讲课以及示范教学的工作，树立了教学密切联系实际的典范。1922年起担任院长直至1936年退休。退休后任伦敦大学荣誉教授。1944年沛西·能去世。

《教育原理》系统论述了新教育家们的共同思想，在英国教育界影响极大。沛西·能把许多改革家的实践和思想纳入到一个理论框架中，把他们的实践经验提升到理论，因此该书被誉为"英国进步教育运动的圣经"。这本书的理论框架大部分来自生物学和心理学。《教育原理》的原书名是：《教育的基本原理及其根据》，于 1920 年初版，在 1930 年出第二版前印了 14 次。1936 年，沛西·能退休后集中精力和时间对该书作了较大的修改，于 1945 年出了第三版，作者为新版写了序。第一、二版都分 15 章，第二版在内容上稍有扩充，略加修订。第三版作了较大的增补。由于当时英国心理学家对智力测验的重要性和价值等问题进行了卓有成效的研究，又由于《1944 年教育法》对中等教育的改革增强了公众对智力测验的兴趣，因此，在第三版中增加了一章"心理测量"，简明扼要地解释了测验理论的基本思想，说明了测验在教育行政方面可能起的极其重要的作用。第三版还将第二版中第八章"教育上的'游戏道路'"改为"教育上的自由"。解放前商务印书馆曾翻译出版过该书，书名为《教育的基本原理及其根据》。人民教育出版社把该书列为该社的《外国教育名著丛书》之一，约请王承绪、赵端瑛根据 1945 年的伦敦英文增订第三版重新翻译了该书，于 1992 年出版。

《教育原理》一书的读者对象是两类人。一类是专业的学生，该书为他们提供有关教育理论和实践的整个领域的初步概况；另一类是广大公众，他们对社会重大问题有广泛的兴趣，是社会进步的主要源泉。这表明了该书的广度和深度，也表明了其目标是以社会进步为导向。该书的中心思想是："一切教育努力的根本目的是帮助男女儿童尽其所能达到最高度的个人发展。"全书共 16 章。第一章开宗明义地提出全书的中心命题作为总纲。从第二章起以生物学和心理学的研究成果为主要依据，对中心命题进行论证。第九章是全书的转折，阐明人类发展的两个重要因素——秉赋和环境。第十一、十二两章讨论人类天性的两种重要趋势——模仿和本能。第十三章到第十五章论述儿童的自我成长、认知和行动的机制和智力的发展。第十六章以学校作为社会背景联系中心命题讨论教育上的许多现实问题。下面是在《教育原理》中反映的沛西·能的主要教育思想的提要。

教育目的

教育目的问题，是全书的核心。沛西·能认为，教育的根本目的就是要使所有的儿童尽可能地达到最高度的发展。人类社会中的善，只存在于个人的自由活动之中并通过这些自由活动获得。他要求根据这一观点来计划教育实践。他说："这个观点并不否认或低估一个人对他的同胞的责任；因为个人的生命只能按自己的本性去发展，而他的本性既是社会性的，又是'自尊'性的。这个观点也不否认传统和纪律的价值，或排除宗教的影响。但是它的确否认任何超人的实体的存在，否认单独的生命本身不过是一个无关紧要的分子。这个观点坚持每个人的无限价值；坚持每个人对自己命运的终极责任；并且接受这个主张所包含的一切实际的结论。"他提出，教育上的一切努力，必须限于为每个人获得个性能最圆满地发展的条件。也就是说，教育上的一切努力，必须限于每个人"对富于变化的整个人类生活，作出本性所许可的尽可能充分而又具特色的创造性的贡献"，而这种贡献的形式，则必须由每个人在生活中并通过生活去创造。因此，教育的任务就是要加强人们对个性的价值感，教育每个人尊重他的生活，真正做到不把它看做个人的财产，而看成是世界上获得真正价值的惟一手段。全书围绕教育如何为个性发展服务这一中心问题逐步展开。

策动和记忆及其相互关系

沛西·能在《教育原理》的第二章至第五章中，主要引用了生物学和心理学的大量科学研究成果来论证自己所提出的中心命题。

他指出自己的教育理论的中心思想就是把个性看做生活的理想。这就表明个性既是努力的目标，又是评价努力成效的标准；个性作为一个整体是独立自主的，并且是要求统一的；多样性中的统一性是一切有目的的行动的鲜明标志。他认为，个性的概念不仅适用于人类，也适用于动物。即使是最低级的动物，也是以一种独立的态度面对世界的，各种动物都以自己的方式与环境交往，按自己的本性和力量走自己的道路，在与外界的交往过程中发展自己的或简单或复杂的个性。因此，他认为："以培养个性为目的的教育，是惟一'适应自然'的教育。"为了进一步说明人类和动物之间的连续性，他提出了策动和记忆两个概念，把策动和记忆看做物质生活和精神生活的两个基本特征。

沛西·能认为，生命组织的一个基本特性就是不断地适应环境和冒险进取，在人的意识活动中能意识到这种特性，它是一种"驱力""冲动"。"对于这个驱力或冲动的因素，不管它发生在人们和高等动物的意识生活中，还是发生在他们身体的无意识活动中和低等动物的（假想的）无意识行为中，

我们建议给它一个单独的名称——'策动'。有机体的一切有目的的过程都是策动过程，意动过程是策动过程的一个部分，它的特殊标志就是具有意识。"同样地，沛西·能又把归入有意识和无意识记忆的所有现象，统称为记忆现象。他说："对于这些现象所代表的生命体的性质，称它为记忆基质。因此，记忆是有意识的记忆基质，正如意动乃是有意识的策动。"

沛西·能指出，策动是区分有生命的动物和无生命的物质的活动的本质，每一种动物，从最低级的到最高级的，都对世界有自己的主张或表现自己能力。有机体的自我表现体现在保守性和创造性两类活动中。在身体方面，保守性活动就是维系生命和健康复杂的生理活动，生长的事实是身体的创造性活动所特有的。在心理方面，保守现象表现为"自我同一性"，而儿童学习语言，表达自己的需要、愿望和情感，则是一种创造性活动。沛西·能认为，保守和创造是一切自我表现的因素，一种活动和另一种活动的区别并不在于有或没有这些因素，而在于这些因素在活动中所占的相对优势。保守性活动能保证一切人类社会的稳定，而在稳定的保守性活动的框子里，创造性活动表现出个人的才能以及对自我表现的强烈欲望。根据对这两种活动的研究，沛西·能研究了学校课程和课堂教学的问题。他指出，学校必须使学生理解和体会民族生命和整个文明的保守性基础，使学生有效地、明智地、尽责地维护这个基础，必须防止教育僵化成封闭的、停滞的制度，从而很少对社会环境不断变化的需要作出反应。学校还应使学生对生活中的一些平常的冒险行为充满热情，并且确信自己有力量使这些行为获得成功。如果学校做不到这两点，就是没有达到教育目的，学校教育就是失败的。

沛西·能指出，一切策动过程的一个重要特征就是"它们倾向于会合在一起，把它们各自的个性吸收到某种范围较广的策动过程中去"，形成策动过程的系统，有意识地追求一定的目的。一方面，这些策动过程发展至于完善，从单纯的生理阶段，通过无意识的或仅仅是隐约感觉到的动物性阶段发展到有意识的意动阶段；另一方面，各种策动过程在发展中组织成更广大的、更复杂的策动系统。这种双重的发展"使成长中的儿童，当他和世界建立更加丰富的关系时，以更加明确的独立性去面对世界；另一方面，它使儿童在价值日益增加的活动中表现自己"。教育关系到儿童发展的这两个方面，特别关系到后一方面。沛西·能认为，学校教育应该诱导儿童致力于最有价值的活动，"在这些活动中起作用的策动系统应该牢固地成为他的天性，以备一旦有需要在学校以外的广阔天地里运用它们，并且进一步发展它们"。

关于记忆，沛西·能认为，在人的意识活动中，记忆基质在记忆中表现得最为明显。从最低等的动物一直到人类的行为中所发生的各种形式的"从经验中学习"和"一致的前进性和适应性"现象，都可以用印迹复合来解释。

策动和记忆实际上是不可分的。"自我表现的每一个行动既是策动性的又是记忆性的：从它作为生命本质的保守的或创造的活动这一点来看，它是策动性的；从它的形式至少有一部分是有机体个体的或种族的历史所形成这一点来看，它是记忆性的。"印迹复合是表现和行使有机体保守的和创造的功能的媒介物。人类社会赖以上升到更高境界的阶石，"从来不是他们的死着的自我，而是他们具有记忆性的自我，它是活着的并且积极地生长着的"。因此，沛西·能建议教师研究"'活着的过去'，以便对它的活动获得一个尽可能生动的概念"。教师必须注意印迹复合对人的个性形成的影响，要善习二利用印迹复合去发展儿童的个性。

常规、游戏和教育上的自由

沛西·能认为，常规和游戏是策动和记忆的两种表现形式，是人类保守性活动和创造性活动的表现形式，在正式的学校教育开始之前，在幼儿的行为中就交织着保守性的和创造性的冲动。儿童并不是单纯地抗拒变动，他还表现出对过去事物的主动坚持以及对重复熟悉事物的积极爱好。沛西·能称这种现象为"常规趋势"。他认为儿童的常规趋势的活动形式与老年人是不同的。老年人墨守成规，其常规趋势不再具有开阔思想和行动所需要的力量；而儿童的常规趋势是其"过多的活动的表现。儿童渴望运用他成长着的身心的力量，但是他的才艺宝库却狭窄有限；所以，他爱好重复熟悉的东西，因为他从此得到最充分的有效的自我表现"。儿童随着年龄的增长，其常规趋势变得或多或少有意识地与行为和社会秩序的理想一致。因此，常规趋势与学校纪律之间的联系是很重要的。而且，在更高的活动水平上，常规趋势大大有助于学校不断获得一种特有的精神和社会习俗，对儿童的心灵能产生强烈的影响。沛西·能批评某些教师热衷于培养儿童的"自我活动"，存在着忽视常规趋势的意义的倾向。沛西·能还指出，仪式是象征性的常规行动，其价值并不在于仪式本身，而在于它们所象征的东西。"它们在生物学上的效用，在于每当它们反复时它们在当事人和旁观者身上引起情感或情绪状态的能力，这些情感和情绪状态常常具有巨大的社会意义。"因此，沛西·能充满信心地要求在儿童的教育中给予仪式以更高的地位，用它作为增强和纯化社会情感的手段。

沛西·能指出，游戏是儿童创造性活动的一个典型的、明显的表现形式。他认为，游戏活动总是服从于一个一般的法则：自发活动在未受到不良情况的挫折和阻碍时，总是倾向于形式日益完善、表现力更加完全、更加高度的多样性中的统一性。因此，"大自然发明游戏，不仅作为没有伤害地处理幼小动物剩余精力的手段，而且作为利用这种精力准备他参加严肃的生活的一种手段"。充分的游戏对于儿童的健全的、愉快的发展是必需的。沛西·能指出，如果教师学会利用儿童在游戏中所释放的极其充沛的智力，那么学校的教学效率将会大大提高。许多人指责学校对他们的发展无益甚至阻碍自己的发展。沛西·能认为，没有想象的和过分形式化的学校教学，是埋没人才的直接原因。为了避免埋没人才现象的出现，学校的"教学方法必须千方百计使智力游戏的冲动得到营养"。这并不意味着鼓励或者甚至容忍智力的浪费，而是应该把儿童对生活进行试验韵冲动作为教育他的向导。沛西·能要求，"我们应该严肃地把儿童当做诗人或戏剧家、工程师、测量师、化学家、天文家和水手，正像他这样看待自己一样，并且帮助他尽量照他的愿望，充分地探索自我表现的具体方式。"他以童子军训练为例，认为"童子军训练在智育方面所以获得成功，正是由于它遵循这个方针：所需要的实在就是在一切课程中扩充同样的方针，同时在整个学校教育阶段，相对地改变教学的方法"。

沛西·能认为，"解决教育上极大多数实际问题的钥匙在于了解游戏"，自由和游戏、工作和纪律是两对孪生姐妹。这里存在着两个价值等级。"把自由理解为不加节制、顺随瞬间的幻想，这种自由是很少价值或者没有任何价值的；它的肮脏的同义语是放任。同时，最底层的一种纪律——纯粹压制性的纪律，不管是在军营里或在教室里——不仅是由的对立物，而且容易变成一种危险堕落的东西。只有当自由选择了有价值的目的，在追求这些目的时，又使自由服从高尚的形式或方法的控制时，自由的高级的价值才能产生。"沛西·能结合游戏在教育上的应用，其中包括蒙台梭利教育法，启发式教育法、道尔顿制等，以及讨论由于采用新的教育方法而产生的有关学校组织和教师职能方面的问题，论证了教育中强调学生个人努力和首创性韵重要性。他认为，新教育运动是一个更加充分地利用游戏的本质的个人自动精神的运动，他强调儿童要对自已的行为和学业进步负更大的责任，强调要采用更灵活的教学方法去适应极不相同的个人的需要，强调教师要注重学生个人不同的爱好和能力。

环境与秉赋、模仿与本能

环境与秉赋是人类发展的两个重要因素。沛西·能研究了尖锐对立的两派理论：爱尔维修的"教育万能论"和高尔顿的"遗传决定论"，认为前者低估了人的普通能力租特殊能办的差异，而后者低估了社会环境尤其是教育在充分开发天赋能力方面的作用。他认为："真正的问题并不在于选择矛盾双方的一方，而在予决定两种不同的影响对于人类发展有多少贡献。"他详细介绍了法国心理学家比纳对智力测验的贡献以及英、美两国采用的团体测验，结合英国中等教育改革讨论了智力测验和智力商数在决定儿童接受不同类型的中学教育中的作用。

模仿与本能是人类天性的两种重要趋势。沛西·能认为，模仿趋势表现在行动、情感和思想三个方面，模仿与创造性的联系对于教育非常重要。他指出某些新式教师有时错误地阻止学生模仿，其理由是模仿会"束缚自我表现"。沛西·能指出："实际上，模仿不过是个性创造的第一个阶段，模仿的范围越丰富，所发展的个性也越丰富。"沛西·能还指出，把暗示感受性看做人类天性的弱点是一个很大的错误。他认为："像常规趋势和游戏趋势一样，暗示在个人生活和社会生活中，是一个最有用处的生物学的手段。"关于教师如何运用暗示，沛西·能要求教师，第一，不必避免用暗示去影响学生；第二，记住暗示本质上不是自动的敌人，"它是一个人在赢得控制自己天性的过程中的一个必需的工具"。因此，教师有权用暗示来影响他的学生，教师的暗示应以逐步培养批判的、探索真理的习惯为目的，"抱着这样的目的，教师不仅有权、而且必须运用暗示……作为启示理智的理想的最好手段"。

沛西·能认为，本能是儿童活动的根源，教育上的努力收效不大的原因在于忽视了在行为和学习上教育进步的真正源泉。本能是一种先天的决定趋势。他把本能分成三部分：一种特殊的事物或情境；作为一种刺激，在有机体内唤起一种特殊的情绪；这个情绪又跟着发动一种特殊的行为。他认为："各种本能只是自我表现的特殊形式，它们是在有机体种族历史发展过程中，主要由于它们对个人和种族长期有用而发展起来和'纳入渠道'的。"

自我的成长、认知和行动的机制以及智力的发展

沛西·能在《教育原理》一书中揭示了以下三个重要观点。

（1）自我成长根基于本能和欲求的冲动逐渐组成的永久的策动性系统的过程，建立起一个巨大的印迹复合，构成个性的相对永久的基础，表现在思想、情感和行动的统一体系中；成为比较一致的、有一定形式的结构，以达到更高度的表现性。学校教育的中心任务是鼓励爱的情操，因为爱是促使人去发现和发展它的对象的宝藏，是一个生长和扩张的原则。学校无论教什么学科首先应该使学生乐于学习，以奠定坚实的爱的基础。

（2）社会生活是培养人的一切道德学校。在不同的历史条件下有不同的道德规范，道德标准随着社会结构的变化而不同。学校应使它的学生存机会在优良传统的指导下自由地进行自我教育。

（3）认识活动中的自我表现的直接目的是对世界的理智的控制。在这个世界面前，个人维持着创造的独立性。最初这是一种无意识的直接目的。随着心智的成熟，从这个无意识的直接目的产生了三个有意识的目的：实际的目的、审美的目的和伦理的目的。

学校和个人

沛西·能认为，学校的主要职能是使学生社会化，学校的真正目的是培养个性。教育的目的是积极地鼓励每个人的自由的活动，而不是消极地限制和抑制这种活动。沛西·能在书中讨论了学校教育中的三个实际问题：纪律、公民教育和教学的节奏。

《别国的学校和我们的学校——今日比较教育》

埃德蒙·金（Edmund J. King, 1914—2002），英国伦敦大学国王学院退休教授，著名比较教育专家，是当今比较教育领域最著名、最多产的学者之一。他1914年诞生于英国的兰卡郡，早年在曼彻斯特大学获文学士和硕士学位。他在文史哲、外语和教育学方面有很高的素养，学识渊博，造诣深厚，教育经验丰富，在伦敦多所文法中学教古典文学达千年之久。1947—1953年任职伦敦大学校外教育部。1953年获博士学位。1953—1979年历任伦敦大学国王学院教育学讲师、副教授、教授和比较教育研究中心主任。1979年退休，任荣誉教授。他是1964年创刊的国际比较教育杂志《比较教育》的创始人之一，1978—1992年担任该杂志的编辑和主编。他精通多国语言，是经合组织和联合国教科文组织的顾问。他曾出访过许多国家，曾在美国、加拿大、日本、澳大利亚和中国多所大学任客座教授。他对中国非常友好，多次来中国访问、讲学和参加会议。20世纪80年代初就在他参与创刊并担任主编的《比较教育》杂志上介绍中国教育并指出中国教育专号。1983年曾应邀访问中国，去北京、上海和杭州等地大学讲学，与我国学者进行广泛的学术交流。他的比较教育方法论思想自成一派，提出了一系列新的方法论观点，使比较教育从主要是大学的学术活动发展成多学科的决策研究，提高了比较教育学科的实用性，为比较教育研究开辟了广阔的前景。他的主要著作除了《别国的学校和我们的学校——今日比较教育》外还有：《从世界的角度看教育》(1962)、《教育与社会变革》(1966)、《比较研究和教育决策》(1968)、《师范教育比较研究》(1970)、《西方教育史》（与博伊德合著，1972，中译本由人民教育出版社于1985年出版）、两卷本《义务教育后的教育》（1974、1975)、《教育的重组》(1977)和《技术/职业的挑战，社会改革与教育》(1986)等。他主编的若干重要国家和地区社会、学校和进步系列比较教育丛书（Pergamon出版）有很高的参考价值。他的特殊研究兴趣集中在年轻成年人的教育、教育的不确定性、终身教育等问题上。

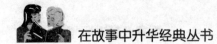

《别国的学校和我们的学校——今日比较教育》，是埃德蒙·金的第一本比较教育专著。其第一版于1958年问世以来至1979年已出了五版。浙江大学王承绪等根据该书的第五版翻译了此书，埃德蒙·金亲自为中译本写了"序"，中译本由人民教育出版社于1989年出版。最近，人民教育出版社得到埃德蒙·金的授权，将该书列入该社出版的《比较教育译丛》，并对译文作了适当的修改，埃德蒙·金又为新译本亲自写"序"。新译本已于2001年出版。埃德蒙·金不幸于2002年去世。新译本的出版是中国人民对这位朋友的最好的纪念。

《别国的学校和我们的学校——今日比较教育》，是埃德蒙·金的代表作，是比较教育领域最流行的书。它集中反映了作者的比较教育思想，在比较教育学界很有影响。本书的第五版基本上是重写的，用最新的研究和改革的观点评价新的问题和机会。这一版不仅未失去前几版所具有的可读性和有用性，而且加强了以下三个方面：（1）清晰的分析框架和变革的观点；（2）对概念、机构、世界上最重要的教育体系的实践的仔细的比较研究，研究它们如何响应改革；（3）坚定地引导对教育的实际问题和它的发展的比较研究。

金不主张比较研究有一种特定的方法，认为方法应视研究的具体目的和具体课题而定。他把比较研究按程度分为三个水平并为其规定了不同的研究内容和方法：（1）比较教育的初学者；（2）通过区域研究对比较教育已有一定背景知识的人；（3）比较教育的研究者。《别国的学校和我们的学校——今日比较教育》；正是为第一级水平的人而写的，是比较教育领域最为人们广泛阅读的入门书。作者指出，这本书是为几类公众服务的：（1）正式的教育专业的学生（他们原先可能是研究社会、政府、实业及其管理的）；（2）一个国家或一个地区从事实际发展工作的人；（3）负责国际交往的人。其对象如此广泛，是因为金认为，现在已不可能在一个国家或一门学科的范围内对教育问题作出任何令人满意的回答，教育研究比以往任何时候都更加属于比较研究。全书由四编（共12章）和三个附录组成，包含了比较教育研究的理论和观点、分析的框架和方法论，还指导用比较的观点对教育问题进行实际的研究，帮助制定政策和发展。第一编即第一章，研究整个教育背景的变化。第二编由两章组成，阐明比较教育的理论。第三编是个案研究，共八章，分别对丹麦、法国、英国、美国、苏联、印度、日本的教育进行了比较研究，讨论了在当代迅速变化的时代教育所面临的问题；并在第四章中说明为什么要选择这几个国家作为研究的对象国。第四编也只有一章，阐明问题分析和方针决策中的比较研究。附录 1 列出理论框架的分析模式简图；附录 2 利用附录 1 的理论框架，从都市化与教育、教育与中央集权制、学生问题三个方面，举例说明如何进行比较研究；附录 3 是埃德蒙·金 2000 年的新作，总结了一个世纪以来比较教育研究的发展。本书中对每个问题的研究，都从它的动态背景入手，因为作者认为，"没有一个问题、一个'因素'或一种趋势，能在某一特定的决定时刻，离开人们所从事的复杂的生活方式而独立存在"。所有这些问题、因素和趋势，都是"学校和学院系统的一部分，并处在和一个国家的整个生活方式相互作用之中"。

比较研究要重视"生态背景"

金继承并发挥了著名比较教育家萨德勒的"校外的事情比校内的事情更为重要，并控制和解释校内的事情"的思想，特别重视在一定的背景下研究教育制度和教育实践。《别国的学校和我们的学校》就是以研究整个教育背景的变化作为开篇。在对每个国家进行研究时也是以对历史背景的研究作为个案研究的开端。在纵向上，金根据技术的发展阶段把社会划分为前工业社会、工业社会和后工业社会三个阶段，以及与之相应的三种教育模式。

在前工业社会（包括当代发展中国家工业化初期阶段）阶段上，大多数人从事农业和手工劳动，统治者和从事高级专业的人是极少数。这个阶段的教育模式"极大地依靠正规学校教育制度"，权贵家庭的子弟垄断了教育，学校的目的是培养精神贵族，使受教育者日后在社会上身居高位，担任要职。教育内容的重点是"纯"科学和类似的抽象学科，与实际生活相脱离，这种抽象的"精神"陶冶在任何社会的有闲阶级中都具有特殊的价值。这种教育的特色就是"在学校所学的东西，经遗忘保留下来的东西便是教育"。师生之间的单向关系也是这一阶段教育模式的特征。这一教育模式的典型学校是修道院学校或堡垒学校。

在工业社会阶段上，科学技术有了较大的发展，社会生产力的提高需要越来越多的受过教育和培训的人，普及教育被提到了议事日程上。与之相应的教育模式即工商技术模式，追求"更多地和工商业的生活方式相一致"。这种模式强调关心"新人"和新兴资产阶级的利益，其价值观是勤奋、竞争、追求奖赏、有健康的体魄、具有实际能力、追求实用的知识。代表这种模式的学校是工厂学校或训练学校。它们培养文职人员、行政管理人员和企业领导人，同时给工人以起码的教育和培训："首先培养了美国的'机关职员'和日本的薪水阶级"。在这一阶段上出现了与传统的学术性中学和古典中学并行的职业技术学校，中学后的技术、商业和职业训练的规模也日益扩大，高等技术教育院校的声望得到提高，研究生教育、博士后教育和一些密切结合社会实际及促进科技开发的系统研究得到迅速发展。

后工业社会阶段以信息技术的发展为标志，其声势浩大，在它初露端倪时就已成为一股强有力的变革力量，对人们生活的各个层面产生了极莫深刻的影响。在这一阶段上，世界范围内的相互依赖大大增强，世界各国的联系更为紧密。社会的发展表现出一种不确定的特点，从而很难进行长期的预测和规划。与之相应的第三种教育模式"更强调共享、关心和判断"。这一阶段的教育有三个特点：（1）教育的对象和范围随着科学技术的日新月异的发展而大大扩大，教育不再只是青少年的事情，也不再只与学校有关，大批成年人纷纷接受"补充教育"或"继续教育"。（2）终身教育蓬勃兴起。承认未来的不确定性是这一阶段教育的原则和出发点，教育要向学习者传授新的知识，而更重要的是要培养学习者终生学习的态度和能力，一个学习化社会正在出现。（3）教育体制改革朝综合化方向发展，更加密切联系学习者成年后的工作生活。人们学习的自主性、主动性和责任感大大增强。

在横向上，金指出了世界各国教育发展的不平衡性。当少数工业发达国家进入了后工业社会时，世界大多数国家却还处于工业社会甚至前工业社会阶段。而且由于教育的滞后性，即使在发达国家内部仍能看到旧时代教育模式的痕迹。因此各国教育的发展既要适应未来世界的要求，又要根据本国社会经济发展的实际水平和阶段，既不可盲目超越，也不可照搬外国的经验。金认为，把教育发展划分成与社会发展一致的三种模式，有助于在分析比较各国教育现状和为决策提供依据和改革方案时，避免不应有的失误。

比较研究的理论框架

金的比较教育方法论是逐步完善起来的。他认为，不管哪一层次的比较研究，其研究的理论框架都包括背景、概念、结构、操作、决策和执行五个方面。

背景包含纵向和横向两个方面。金要求，在进行教育的比较研究时，既要把教育置于教育发展的纵向历史过程中，探讨它的历史形成及传统的影响，又要考虑本国当前的实际发展水平，还要考虑国际环境对教育的影响。金认为，如果脱离纵、横两方面的背景去进行教育的比较研究，就不可能提出有价值的决策方案。尤其在后工业社会阶段，研究当前事态的新发展，更有助于制定合理的教育政策。

关于概念，金特别强调了概念的可比性。他指出，在进行比较研究时必须注意各种抽象概念在不同的社会环境、不同的语言习惯中的差异，只有这样才能保证比较研究的可比性和有效性。

结构是指研究对象国的教育体制及其结构。金认为，概念会随着社会环境的变化而不断变化，而教育体制的结构是相对稳定的，并且充分反映社会环境的要求和有关概念的实际内容，因此在对各国教育问题进行比较研究时，除了搞清这些问题当时所处的"生态背景"及有关概念的含义外，还必须研究这些国家的教育机构。不深入了解对象国的教育体制、教育机构、学校教育制度等，就不可能进行客观、全面、有效和可靠的比较研究。如对教育机会均等问题进行跨国的比较研究时，首先必须明确"教育机会均等"这一概念在各国的不同的内涵，及其在实施方面的不同的社会环境，还要了解为实现教育机会均等各国开办了什么样的学校，确定了怎样的教育体制，以及人们享受教育机会均等的程度。

操作就是要通过比较研究搞清结构方面的因素是如何起作用的。金认为，比较研究决不可忽视学校内部的活动和问题，要搞清楚教育机构每天在干些什么，怎么干，以及它们的工作方式，他说："我们可以从实际含义是什么，实际发生了什么事的比较研究中学到很多东西。"

决策和执行即教育决策者们根据比较研究所得出的几种可行性方案，作出决策并付诸实施。

金在附录2中，为我们提供了根据上面这个理论框架对教育问题进行比较研究的范例。

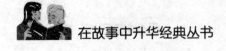

比较研究的任务

金在注重比较教育学科的理论性的同时十分强调它的应用性问题，强调要把重点放在为社会公众服务和为决策服务上，认为比较研究的任务是指导决策，研究外国教育是为了更好地了解本国教育，为本国的教育改革和教育决策服务，这是金对比较教育思想的一大贡献。他提出了比较研究的三项职能：（1）为教育研究者提供广博的信息，使其能更敏锐地认识问题；（2）对各国教育趋势和问题进行辅助性分析；（3）运用一定的知识、技巧对所获得的资料予以整理，为决策提供依据，进而提出一些具有可行性的改革方案及实施的具体办法。

个案研究

《别国的学校和我们的学校》一书以相当大的篇幅对七个具有代表性的国家进行了个案研究。这些国家其中有的代表世界上的主要大国，它们是教育改革的主要发源地，有的代表古老国家和现代国家，富裕国家和贫穷国家。这些国家的范例，对世界各国具有不同程度的教育意义。各章的个案研究，提供了不少具体的材料，反映了每一个国家的简单概观，而且对所选择的七个对象国以同样的方式进行论述。正如金所言，"实例研究各章，尽可能提供一个国家教育制度的'总体'和'意义感'，正是这种'意义感，或'假设'塑造着人的反应和控制系统"。

个案研究各章的标题极其精彩："丹麦：小国的创造"，"法国：理性的光辉"，"英国：勉强的革命"，"美国：轮子上的国家"，"前苏联：共产主义的主张"，"印度：发展与民主"，"日本：传统与变革"。寥寥数字，作者就言简意赅地、精辟地把各个对象国的独特的特点传神地呈现在读者的面前。

个案研究各章着重研究了这样几个问题：（1）提供和维持与家庭联系的教育、社会教育和其他辅助学校的教育；（2）鼓励自主的学习，特别是在职的成年人的自主学习；（3）学校的教学内容与劳动世界及个人在社会上所承担的职责的紧密联系；（4）青年失业问题；（5）女子教育问题；（6）为16～25岁的青年成人提供非高等教育性质的义务教育后的教育机会；（7）短期的或两个层次结构的高等教育，高等教育各学科之间更灵活的相互影响及与外界的接触；（8）对各阶段课程的评价以及使课程适应"共同性"和"多样性"的需求；（9）参与教育的各合作者的作用及其职责的调整；（10）教育与社会的管理和合作；（11）教育的地区化和教育权力的下放及其监督；（12）师资力量的结构、地位和作用，以及他们的在职重新定向；（13）与教育有关的知识和见解的积累和分配。

埃德蒙·金的《别国的学校和我们的学校——今日比较教育》，是比较教育领域被人们阅读得最为广泛的一本入门书，它是比较教育研究者的必读书籍。本书的译者王承绪是我国资深比较教育学者，他在 20 世纪 30 年代就留学英国，学识渊博，治学严谨。他带领他的学生精心翻译并亲自校对了这部著作。本书的译文语言流畅，准确地传达了原作者的思想。

《世界教育危机——八十年代的观点》中的教育名论

库姆斯（P. H. Coombs，1915—2003），美国经济学家和教育家。他出生于马萨诸塞州的霍利奥克。他曾任教于美国阿姆斯特学院、威廉姆斯学院、耶鲁大学和哈佛大学，并在国外许多大学讲学。20 世纪 40 年代担任过美国战略服务署的经济顾问，经济署的经济顾问、主任，退伍军人紧急住房计划代理主任。60 年代出任美国肯尼迪政府国际教育和文化事务助理国务卿，此后任联合国教育规划研究所首任所长，开教育规划之先河。后任福特基金会教育项目主任、国际教育发展协会副主席，积极推进国际教育交流与合作，并且特别关注第三世界国家的教育发展，80 年代曾来我国访问讲学。退休后定居于美国康涅狄格州。在教育规划、贫困地区教育、非正规教育、第三世界国家教育与发展的关系等领域研究成果卓著，著述甚丰。其国际影响巨大的代表作为 1968 年出版的《世界教育危机：系统分析》（The world Edueational Crisis：A Systems Analysis）及本书。

《世界教育危机——八十年代的观点》是库姆斯 1968 年出版的《世界教育危机：系统分析》一书的续篇。1967 年 10 月，来自世界各地的著名教育家和经济学家聚集在美国弗吉尼亚州的威廉斯堡，召开了探讨世界教育危机的国际会议。当时库姆斯任国际教育计划研究所的第一任所长。该研究所是联合国教科文组织的下属机构，1963年成立于巴黎。库姆斯根据这次会议的材料撰写了此书。此书出版后受到了国际教育界的广泛注意。库姆斯认为，自那本书出版以来，由于教育体制与迅速变化的周围世界之间日益加剧的不协调，旧的危机变得更严重了，而且又出现了新的危机，其中最主要的是对教育自身产生了信念危机，在教育思想和政策领域也发生了一些根本的变化。在这样的背景下库姆斯于1985年出版了《世界教育危机——八十年代的观点》，目的是要各有关方面"抓住世界教育面临的关键问题的实质，通过改变造成问题的基本原因来解决这些问题"。人民教育出版社于1990年出版了该书的中译本。最近，人民教育出版社得到库姆斯先生的授权，将该书列入该社出版的《比较教育译丛》，并对译文进行了适当的修改，新译本《世界教育危机》已于2001年出版。

《世界教育危机——八十年代的观点》，考察了20世纪60年代末朦胧出现的教育危机，如何在70年代和80年代初变得越来越恶化。作者利用了来自各种渠道的证据，审视了发达国家和发展中国家教育的未来。作者提出并研究了这样一些对未来很重要的问题，如：世界范围内学习需求的增长及如何满足这些需求，越来越多的青年失业，财政紧缩，国家内部和国家之间的不平等；对彻底的教育改革、革新和新技术的需求；通过国际合作新形式解决这些问题的可能的途径。作者以国际的视野展开对过去的教育趋势和各种力量的研究，这些教育趋势和力量会影响将来的教育，他比较和对比了国情不同的国家，并在各国处于变化中的经济、社会、文化和政治环境中讨论正规和非正规教育。许多专门的例子、统计数据、图表支持了作者的分析，这些例子、统计数据、图表可作为将来使用的参考。

本书除"前言"外共分十一章。第一章"以新眼光看待旧危机"，概述了《世界教育危机：系统分析》中的主要论点、20世纪60年代以来教育环境的主要变化、发展理论和政策及教育思想的变化，本书的目的、分析方法和观点。第二章至第四章讨论世界教育在供求两方面所发生的巨大变化：学习需求迅速增长（求方）；为了与求方保持平衡，供方必须求得数量上的一定发展和进行适当的教育改革。第五章和第六章讨论教育的经济问题，论述了自前一份危机报告发表以来日益加深并更趋严重的财政危机，探讨教育与经济的一个不相适应的方面，即教育与就业市场。第七章和第八章转入教育不平等和不公平的政治问题，以及教育与文化、科学、语言的复杂的关系问题。第九章是第八章的一个分支，研究曾受到极力推崇的"扫盲信条"与现实产生矛盾的原因，对进一步更有效地开展扫盲运动提出建议。第十章和第十一章从国际的视角将前面各章的主要观点串连起来，研究国际合作在帮助所有国家解决教育急需和问题方面所具有的潜力。下面介绍本书的主要内容和反映在本书中的作者的主要思想。

供需矛盾

作者指出，无论在发达国家还是在发展中国家都存在着明显的供需矛盾，只是在不同的国家中表现在教育结构的不同层次上。在造成教育需求急剧扩大的主要力量中"最重要的是人口增长、移民、城市化、知识和技术的进步、社会和经济的变化……国家发展战略以及各国相互依赖的加强。这些力量相互交叉、重叠和加强，其总和已经产生并将继续产生世界范围内学习需求的爆炸性增长。这一增长涉及所有地区、所有年龄、所有性别、所有社会阶层的人民"。

世界上学习者绝对数量的迅速增加是最明显的事实，而且现代社会把每一个人都看做终生的"学习者"，更使对学习的需求大大扩张。在人口因素方面发达国家和发展中国家是有差异的。在发达国家，虽然出生率的下降减轻了战后教育扩张的巨大压力，但随着新技术的引进、职业和职业分类特点的变化、地理流动和职业流动性的加强、妇女就业人数的增加及其社会地位的改善、家庭内外生活方式的改变、工作时间的缩短和闲暇时间的增加，必然直接导致涉及整个人口的新的学习需求的继续扩大。在发展中国家，为了适应人口增长的速度，就必须扩大教育以提高每年的入学率。除了数量上的发展外还必须提高课程质量，加强课程的灵活性，使之更好地适应环境的不断变化及社会、学生发展的现实需要。此外，发达国家和发展中国家都必须大力发展和采用非正规教育手段来满足社会成员的大量的和多样化的学习需求。由于技术、经济结构和市场等的广泛变化，也会产生许多新的学习需求。

在教育供给的数量方面作者得出五条结论。（1）要恰当地评价任何一个国家或世界的教育供给方面，就必须综合考虑其正规教育体系、非正规教育和非正式教育的条件和资源；要看其是否形成了一个"为各种各样的人从幼年到青年再到老年不断变化的学习需要服务的、终身学习的网络"。（2）自20世纪50年代早期以来世界正规教育在数量上有了巨大的发展，教育体制的轮廓发生了很大的变忆，但这种变化主要是由于各级教育的扩大率不同以及发展中国家城乡地区的差异。这种特殊的发展形式导致了一些很严重的失调问题。（3）从20世纪70年代以来正规教育发展的速度开始减缓。在发达国家，由于职业的原因注册中等后教育阶段的人数稳步增长，而现有的设施和从教人员 A 数不能满足其全部需要。发展中国家由于人口继续增长，其教育发展相当困难。（4）非正规教育尤其在发展中国家蓬勃地发展起来。这种发展主要是与强调农村发展以及满足贫苦人民的基本需要的新政策联系在一起的。因此，非正规教育的发展有赖于这种政策的持久程度以及是否在更广泛的范围内实施。（5）世界上大多数地区的非正式学习环境得到了稳步改善。库姆斯要求教育分析人员、计划人员和决策人员，今后要对这个过去一直被忽视的领域给予更多的重视。

在教育供给的质量方面，摩姆斯首先强调，这里所说的"质量"包括教和学的"相关性"，"即教育如何适应在特定环境与前景下学习者当前和将来的需要，还涉及教育体系本身及其构成教育事业要素（学生、教师、设备、设施、资金）的重要变化，目标、课程和教育技术以及社会经济、文化和政治环境等"。库姆斯分析了环境变化、中小学和大学的变化、目标和课程的变化、教师供给情况和教师作用的变化、教育技术的发展等对教育质量方面的影响。

在对教育的供需失衡情况进行了周密的分析之后，库姆斯认为，教育体制与其所处的变革中的世界之间不断加重的失调情况，非但没有减缓反而在不断加剧。但人们完全不必因此而绝望，因为：（1）尽管教育存在着许多缺陷、低效率和失调问题，但世界绝大多数地区的教育在过去的几十年中都取得了重大的进展；（2）今天教育已有了一套"更广泛更有力的工具，问题在于如何学会以更有效的方式使用这些工具工作"；（3）人们已越来越清楚地认识到必须进行彻底的改革，这种改革是向前进的，全世界人民对教育充满了信心。

教育的经济方面引发的危机

不断加深的财政危机和青年失业率的提高，加深了教育的危机。

库姆斯首先指出衡量国家成就的三个标识。第一个标识是政府在教育上的开支与国民生产总值（PEE/GNP）的比率。但 PEE/GNP 常常呈现假象，尤其在经济衰退时期更是如此，各国的 PEE/GNP 韵逐年趋向不一定标志其实际教育费用的趋向。第二个标识是某一个国家的教育预算与国家总预算的比例，这是显示实际情况的较可靠的手段。第三个标识是一个国家的政府资金在教育上用于每个居民的数额，这是一种测量政府在教育上总消费的方法。库姆斯根据这三个标识分析了教育的财政危机，认为教育财政的压力来自三个方面。（1）20 世纪 60 年代教育预算一直稳步增加。但"教育事业的经费不可能无限地增长而不削弱其他公共事业"；每个国家的教育经费占国民生产总值的比例不可避免地会稳定甚至会降下来，教育预算的增长会越来越难。（2）1973 年的石油危机导致世界经济衰退，引发了通货膨胀。1970～1981 年间，34 个低收入国家的年通货膨胀率是 11.2%（60 年代仅为 3.5%），中上收入的发展中国家为 18.6%（60 年代为 3%），发达国家为 9.9%。通货膨胀使教育经费即使没有下降，也增长无几。通货膨胀又使教师、行政管理人员、后勤人员的实际收入下降，不能添置教学用品，其后果是使教师士气受挫，其中的优秀者会转入收入较丰厚的工作岗位，导致教学质量滑坡，在发展中国家还"可能意味着剥夺生活条件差的儿童与青年的极为他们所需的教育机会"。（3）实际的教育费用在不断增长。这表现为生均费用的不断增长、不合理的教师工资结构和不断上涨的高教费用，教育经费的开支未能与教学目标和内容挂上钩。教育机构面临着一种选择：要么改进成本分析方法，要么陷入效益与质量下降的困境之中。

库姆斯指出，20 世纪"60 年代末到 70 年代初，世界上所有国家都正在经历从一个普遍存在知识分子短缺的时代向一个知识分子过剩的新时代的艰难转变时期"。教育供给与劳动市场的需求之间出现了失调，从对卖方有利的市场转向对买方有利的市场。"经济体制中的现代部门能否提供足够的恰当种类的工作，使其符合正规教育系统中中等和高等学校毕业生的资格及期望？未来的工作机会在不同的职业部门和经济部门中将如何分布？将如何把新涌

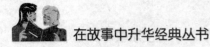

现的人力输送到或使其脱离这些职业?"库姆斯指出,对这些问题的回答将取决于下面这几个变量:"(1)整个经济及其现代部门的增长速度;(2)经济中结构、技术和产品整体的变化;(3)超出任何单个国家控制的更大的世界经济的变化;(4)学生的学术选择以及他们进入市场时所显示出的教育质量和教育与实际的相关性;(5)影响专门人力部署的鼓励和抑制措施的结构。"②库姆斯当时作出了两个预测:(1)只要不彻底调整和改革教育和经济体制,在大多数国家中教育领域与职业领域之间会变得更加不平衡和失调。(2)在发展中国家尤其是低收入国家中,要为急剧增加的青年人口提供有效的教育并为他们创造充分的就业机会,是十分困难的;在发达国家中,也必须有明智而坚定的经济与教育政策才能解决这个失调问题,而且在解决问题的过程中会伴有相当大的痛苦与困难。

教育的政治方面引发的危机

随着第二次世界大战的结束和原殖民地国家的相继独立,人民的教育热情普遍高涨。所有的人,从国家领导人、科学工作者到平民百姓,都把全民的教育看做一种工具,希望它能给国家带来根本的社会变化,消灭长期存在的不平等和不公正。但理想与现实之间存在很大的差距,非但社会的问题并未解决,教育上的不平等依然存在。这种不平等主要表现为地区、性别、社会经济条件、文化状况、种族和民族之间的不平等。库姆斯认为,"虽然教育是多方面社会改革计划的一个必不可少的因素,单靠教育本身并不能彻底消灭所有植根于一个国家人民生活结构中的不平等",因此任何想通过发展教育来改革社会的努力,都必须与广泛的社会、经济和政治改革同时进行。"否则。存在于人们日常生活中的不平等仍将存在于教育制度中,使教育金字塔顶端成为特权的避难所。"

教育事业既受植根于当地文化的各种力量的制约,当地文化以外的力量对当地的教育情况和教育政策的影响也很大。在第三世界,由于包括大众宣传媒介和受西方影响而流行于世的"文化素质"意识在内的外国教育模式、外国语言、科学思维和技术的强烈影响,产生了"双重价值"。周围世界所发生的变化使教育工作者,从决策者到教师以及非正规教育计划的负责人,面临着一系列难以应付的日常问题。库姆斯认为,那些思想上囿于过时的教育学说、习俗偏见、习惯秩序的忙忙碌碌的教育行政管理者,对文化、科学、技术的变化和周围环境中的其他变化，只能模模糊糊地感觉到，看到的只是一些支离破碎的现象。他的目的就是要唤起人们对世界范围文化的彻底变化和科学的进展、道德问题的关注，对语言差异造成的教学与政治难题予以充分的关注，密切注意正在发生的社会变革对各国教育事业的巨大影响。

一些发展中国家，曾把扫盲看做实现现代化的标志和关键，把它看做一项政治运动。经过三十多年的世界范围的成人扫盲运动，尽管取得了一些成绩，但欠账很多，形势严峻，扫盲运动步履维艰。世界文盲的比例下降了，但文盲的绝对人数却增加了。库姆斯认为，造成这种情况的原因有四个：（1）发展中国家人口增长过快，是扫盲方面作出的努力所望尘莫及的。（2）初等教育的失误。如把发展中国家作为一个整体来看，有一半儿童未进过学校，三分之一的儿童辍学，只有占总数三分之一的儿童小学毕业，因而产生了大量新文盲。（3）扫盲运动的失败。（4）一些国家和地区组织把扫盲目标定得太高，脱离实际。库姆斯提出了扫盲应遵循的四条原则：（1）把扫盲与对学习者实用的、关系到他们目前利益的科目结合起来。（2）学习者参与确定他们最关心的和最愿学习的东西。（3）就地直接编写符合当地条件、适合人们兴趣的简明学习材料。（4）不断向刚脱盲韵人提供他们感兴趣的、容易理解的读物，以巩固他们的初步的读写技能。库姆斯提出，在规划扫盲工作时必须提出三个问题：（1）扫盲对谁至关重要？何时在何种环境下表现出来？（2）进行什么样的扫盲？以何种语言、何种形式进行？其深度和广度如何？（3）哪些方法能最有效地帮助火们获得读写技能？

库姆斯以建设性的批评精神指出教育中存在的不合理因素，探讨这些弊病的原因，并提出改正的建议。这本书虽写于 20 世纪 80 年代，但其中的观点对 21 世纪初的教育依然是有指导意义的。

《把整个心灵献给孩子》中的教育名论

苏霍姆林斯基一生撰写了四十一篇专著、六百多篇论文、一千多篇供儿童阅读的童话、小故事。他的主要著作有：《培养学生的集体主义精神》《学生的精神世界》《青年一代共产主义信念的形成》《和青年校长的谈话》《给教师的一百条建议》《帕夫雷什中学》《伦理学文选》（中译本：《做人的故事》）《把整个心灵献给孩子》《公民的诞生》《给儿子的信》……其中，《把整个心灵献给孩子》荣获乌克兰苏维埃社会主义共和国国家奖，该书与它的姐妹篇《公民的诞生》一起又获乌克兰教育协会一等奖。这两部书及其《给儿子的信》，被辑成"三部曲"（中译本：《育人三部曲》），综合地阐述有关马克思列宁主义世界观的形成和年轻一代共产主义教育的一系列问题，是苏霍姆林斯基生前最后一个时期所著的主要的、在许多方面讲是纲领性的著作。从《育人三部曲》中可以清楚地认识苏霍姆林斯基的教育体系和他作为教育理论家和实践家的品格。

　　《把整个心灵献给孩子》自 1969 年问世以来在世界各国引起了热烈的响应，迄今为止已用世界 23 种语言发行了 46 个版次，其中包括英文、法文、德文、日文和中文。该书由"快乐学校"和"儿童时代"两大部分组成，全面反映了苏霍姆林斯基关于学前预备班和小学生的教育和教学的思想和实践。在这部著作中处于中心地位的是受教育者的问题。苏霍姆林斯基在解决这个问题时首先考虑两个方面：一方面是每个个体（其性格、气质、智力、兴趣、志愿、情感等）的发展特点，另一方面是孩子的发展所处的社会关系（家庭、街道、村镇、朋友、劳动，即他的微观环境）。接苏霍姆林斯基的观点，受教育者是过着生气勃勃有趣生活的、积极的、独立的个人。他说："童年是人生最重要的时期，它不是对未来生活的准备时期，而是真正的、光彩夺目的一种独特的、不可再现的生活。"这本书的书名恰如其分地反映了苏霍姆林斯基为了孩子们的茁壮成长而无私奉献的一生，正如他自己所言，这部著作是他"多年学校工作经验的总结，是沉思、焦虑、担忧和不安心情的总结"。从这本书中我们可以看到一位伟大的人民教师对孩子们的爱，是多么地无私，多么地高尚。他的一生可以用鲁迅先生的"俯首甘为孺子牛"来概括。他的高尚的人品，他的人格的魅力震撼人心。

　　以下是本书中反映的苏霍姆林斯基的教育信念、培养全面和谐发展的新人的思想和实践的提要。

教育信念

　　苏霍姆林斯基在自己长期的教育实践过程中逐步明确并完善了自己的教

育信念，这些信念也是他长期进行教育试验和理论探索的主要思想依据。苏霍姆林斯基的教育信念与马卡连柯的教育信念是一脉相承的。首先，他相信教育具有强大的力量，相信每个孩子的可教育性。这一教育信念的现实意义就在于他既肯定每个人都有一定的才能和禀赋使自己获得发展，但又充分肯定人的先天禀赋和兴趣爱好的差异，要求在尊重个人差异的基础上使各种才能和禀赋尽可能地得到发展。苏霍姆林斯基认为热爱孩子，关心孩子，是树立相信孩子、相信教育的力量这一教育信念的前提。在他的生活中最重要的就是"爱孩子"。而要爱孩子，首先就要了解孩子，熟悉孩子的精神世界，成为"孩子们的朋友和同志"。教育工作的主要任务就是认识人，了解人，从各个方面去观察他们的内心世界。他在本书中是这样袒露自己的心迹的："更使我忐忑不安的，是每个孩子的精神世界。摆在我面前的是一些敏感、细腻、易受感染的心灵……每个孩子的内心深处都有他自己的一根弦，发出自己的音调，因此，要想让那颗心能与我的话语相呼应，就得使我自己也能和上这根弦的调门……要细致入微地了解每个孩子的精神世界……日后的教育就是不断深入地了解每个孩子。"

他的第二个重要的教育信念就是要培养全面和谐发展的人。这是他的教育思想的核心，像一根红线贯穿于他的教育理论体系。他不仅要求学生在德、智、体、美、劳等多方面都得到发展，而且明确提出了各方面发展所要达到的程度，即体现出发展的深度和广度；他还把充实学生的精神生活和丰富他们的内心世界作为衡量全面发展的一个重要标志，用德、智、体、美、劳相互渗透的思想丰富了全面发展的理论。

苏霍姆林斯基第三个重要的教育信念是：在学生接受教育的过程中，自我教育起着关键性的作用。他提出的自我教育涉及学生精神生活的各个领域，其核心是要充实和发展学生的精神世界，是实现全面和谐发展培养目标的一个重要环节。苏霍姆林斯基认为，在人的成长中教育固然起着比环境更重要的作用，但自我教育的作用比教育更重要。人的思维、兴趣、爱好、才能和倾向的形成和发展固然离不开个人的禀赋，但更离不开教育的培养，尤其是自我教育。

全面和谐发展的新人的培养

1. 教学是教育的一朵花瓣

苏霍姆林斯基强调教学是智育极重要的手段，但他把教学仅仅看做广义的教育"这朵花朵上的一片花瓣"，明确提出："智力教育与获取知识远不是一回事。尽管不进行教学就不可能有智力教育，如同没有阳光就没有绿叶一样，但同样也不能把智力教育同教学混为一谈，如同不能把绿叶等同于太阳一样。"早在20世纪50年代，他就让教学承担起了发展的职能，使教学与发展处于良性循环之中。《把整个心灵献给孩子》全面记述了他在这方面所进行的成功的实验。

2. 到大自然中去学习思索

苏霍姆林斯基的一个基本观点是："儿童就其天性来讲，是富有探求精神的探索者，是世界的发现者。"他强调应根据儿童、少年的年龄心理特征，培养其孜孜不倦地探索、创新的品质。苏霍姆林斯基让孩子们进的第一所学校是"蓝天下的学校"，让孩子们读的第一本书是"大自然"。蓝天下的学校为孩子们打开了通向周围世界的窗口。他认为，对孩子智力的培养必须在思维的源头，即在直观形象中，首先在大自然中进行。如果孩子脱离了大自然，从一开始学习起就只感知词语，他们的脑细胞就会在最需要发展、增强和积蓄力量的时候却很快地疲惫。苏霍姆林斯基"把在大自然中发展儿童的思维、增强孩子的智能"看成是"儿童机体自然发展规律的要求"。大自然是苏霍姆林斯基实施全面和谐发展教育的重要手段。孩子们去大自然的每一次游览就是一堂思维课，一堂发展智力的课，孩子们在生动、形象的概念的基础上进行思维。他们看到了生动的形象后就会进行想象，然后在自己的头脑中塑造这个形象。思维活动的这两个步骤是不存在矛盾的，孩子们把幻想的形象作为鲜明的现实来感知和思考并进行创造。"创造幻想形象——这是使思想幼芽迅速发育的最好土壤。"苏霍姆林斯基引导孩子们欣赏大自然的美景，引导他们在幻想、童话和游戏中，通过自己的创作进入周围世界，使孩子们所走的每一步都成为走向思维和语言的源泉。苏霍姆林斯基把童话看做吹燃孩子们思想和言语火花的清新微风。孩子们用形象去思维，他们想象的景象越鲜明，对自然规律的理解就越深刻。苏霍姆林斯基所关注的是要让每个孩子都成长为会思考、会探索的有智慧的人，让认识过程的每一步都使孩子们的心灵变得更高尚，把他们的意志锻炼得更坚强。但苏霍姆林斯基并不把生动的直觉当做教学的最终目标，而把它仅仅看做手段，看做培养学生创造思维的源泉。他辩证地认为，自然界是思维的最丰富的源泉，是创造性的、探索性的智能最丰富的源泉，但大自然不可能自发地发展儿童的能力、培养他们的理智、丰富他们的思维。不经过积极的劳动就不可能发现和认识自然的奥秘。孩子们劳动得越多，大自然的奥秘在儿童的意识面前暴露得也越多；他们碰到的新东西、不懂的东西越多，其思维就越活跃，在大自然中产生的"怎么样""为什么"，最能启发思维、促进思考。

3. 学习是丰富多彩的精神生活的一部分

苏霍姆林斯基十分重视学习与精神生活的关系，他认为，无论是教还是学，都应在集体和个人丰富的精神生活的环境中进行。丰富的精神生活环境，能使学生的精神志向变得纯洁、高尚，使他们具有刻苦钻研精神和对知识的强烈欲望，使人际关系变得更真诚，更有人情味。学生之间和师生之间的生动的人际关系实质上就是知识和技能的交流，也是智力情感和道德情感的交织。他把学习看做精神生活的一部分。他认为，儿童在小学学习的那几年是道德、智力、情感、体力和美感等方面的一个发展时期，只有让儿童过着丰富多彩的精神生活，这些方面的发展才能成为现实，才有助于丰富他们的才智和增强创造力。因此，苏霍姆林斯基提出，学习并非是不断地积累知识、训练记忆力，也不是进行死记硬背，而是要让孩子们在游戏、故事、美、音乐、幻想和创造的世界中进行朝气蓬勃的智力活动，成为这个世界中的旅行者、发现者和观察者。苏霍姆林斯基教育工作的最高目标就是让孩子们"观察、思索、谈论、感受劳动的欢乐，并为所创造的一切而自豪，为人们创造美和欢乐，并在这种创造活动中获得幸福。赞赏大自然、音乐和艺术的美，并以这种美来丰富自己的精神世界，把他人的痛苦和欢乐放在心上，像对待自己切身的事情一样对待他人的遭遇"。

孩子的精神生活的一个突出的特点就是具有强烈的求知欲。苏霍姆林斯基向教师提出了以下建议。（1）不要让孩子只是为了明天掌握知识作准备，而是今天就要过着丰富多彩的精神生活。（2）千万不要让过量的知识潮水般地涌向孩子，因为潮涌般的知识可能淹没孩子们的求知欲和好学精神。（3）逐步培养孩子进行紧张的和创造性的脑力劳动的习惯，要让孩子在脑力劳动中感受到什么叫困难，在克服一个又一个的困难中获得创造的快乐。（4）要使每个孩子在掌握知识的过程中体验到劳动的欢乐、取得好成绩的欢乐，从而在他们心中激发自尊心和自豪感。（5）只有符合学生的智力、情感和审美发展水平并且又能促使其进一步发展的东西，才能进入学生的精神世界。（6）虽然强烈的求知欲是儿童的特点，但也有必要合理地限制他们的智力兴趣的范围，这样做非但不会限制他们的发展，反而能促进和谐的全面发展。（7）创造性是精神生活的强大动力。儿童向往表现自己，渴望成为创造者。创造某种精神价值的劳动所激发的创造灵感，是使他们的精神生活得到充实的最重要的条件。他认为，当过去获得的智力财富和审美财富正在变成认识、改造世界的手段，同时人的个性似乎与自己的精神财富融合在一起时，创造也就开始了。

苏霍姆林斯基坚信，智力、情感是知识的种子成长为智慧的肥沃的土壤。苏霍姆林斯基从三个方面说明了精神生活的含义。（1）从全面发展的角度看，人的精神生活是在积极的活动过程中形成、发展和满足德、智、体、美、劳等方面的兴趣。（2）从发掘人的天赋才能的角度看，学校的精神生活应该创造充分的条件去激发每个学生的个人特长，使每个学生都能找到展示、表现、确立其力量和创造才能的场所。（3）从智育的角度看，学校的精神生活表现为与必修课程无直接关系的各种智力兴趣的激发、发展和满足，表现为知识在实践中的运用、智力财富在集体中的交流。

4. 发展情感—审美修养

在苏霍姆林斯基的个性全面和谐发展体系中的美育，实际上是一种"情感教育"。他说："依我看，从孩子迈进学校大门直到成为一个成熟的、全面发展的人这个多年的教育过程，首先培养的是人的情感……我竭力要做到的是，要我培养的这些孩子的好行为在童年就能首先建立在人的情感的基础上。"他认为，培养全面发展的人的教育过程，首先培养的是人的情感。孩子的审美知觉越深刻，他的思想的飞跃就越有力，他就越渴望通过自己的思想去看到更多的东西。苏霍姆林斯基充分调动了大自然、语言、文学、音乐、绘画、造型艺术等一切手段，去发展儿童少年的情感—审美修养。

苏霍姆林斯基认为：大自然的美在培养高尚的精神方面起的作用很大，

能在儿童的心灵中培养感觉、感知事物、现象和人的心灵活动的各种细腻的表现和差异的能力；在与大自然的交往中萌发的创造性，在儿童的精神生活中也是很重要的，儿童在与大自然的交往中发展自己的智力。苏霍姆林斯基选择可以揭示知觉财富的时间和地点带领学生去自然界旅行，他把对周围世界的美的观察和感受，看做理解和体验现实生活的快乐、生活的美的最主要的源泉之一，把大自然的美作为进行情感教育、审美教育和道德教育的一种手段。大自然的美能培养儿童细腻的知觉，而知觉的细腻又孕育了情感的细腻，帮助孩子感觉到人的美。大自然的美又是使思想变得崇高的源泉之一，因为思想、认识和发现真理的源泉也是大自然。

苏霍姆林斯基要求培养对语言及其色彩的敏感性，把这种敏感性看做人的和谐发展的前提条件之一，是丰富的、真正的智力生活的开始。苏霍姆林斯基经常把孩子们带到帕夫雷什中学的"童话室""故事室""美丽角""幻想角"和其他美丽的地方，在那里讲述文学作品。在这样的环境中教师的力量和语言的力量所发挥的作用比任何时候都大。此情此境使师生之间产生亲近感，使对文学作品的讲述和孩子们的创作打上诗情画意的印迹。

苏霍姆林斯基把音乐看做用情感的语言去阅读的课本，它能表达语言所表达不了的人的感受的最细腻的色彩，是强大的思想源泉，儿童是沿着音乐——想象——幻想——童话——创作这样一条路线发展自己的精神力量的。"倾听大自然的音乐"、认识周围的"各种声音的美"就是苏霍姆林斯基为孩子们编制的初级课本。苏霍姆林斯基的学生在童年时代就喜欢听"百花怒放的花园和荞麦花盛开的田野演奏的音乐，听春天的草地和秋天的细雨的音乐"。

苏霍姆林斯基把绘画和雕塑作品看做一个完整的情感审美教育体系，是对儿童进行智力教育、情感教育和审美教育的一种特别有力的手段，它也有助于确立对人的伟大和美的认识，提高人在自己心目中的地位。他把直接观察大自然作为让孩子理解绘画作品的最初训练。他的学生们正是在与大自然的交往过程中获得的情感财富的基础上，反复观赏从童年起就熟悉的画。他们从三四年级起就为自己建立了小小的画廊，保存自己喜欢的绘画复制品。

苏霍姆林斯基提出了在教学过程中必须贯彻的几个原则。（1）情感与思

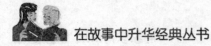

维相伴而行，情感推动思维，思维推动情感；（2）情感与意志相互作用，相互促进；（3）自信心与道德尊严感相互作用，学校"最重要的教育任务之一就是使每个孩子在掌握知识的过程中体验到人的自尊心和自豪感"；（4）利用情感的迁移规律。从这一基本思想出发，苏霍姆林斯基对学校中的"分数"问题提出了自己独到的见解。他在20世纪50年代初就精辟地指出："对小学里评分的最主要的要求，就是它的乐观主义和富有乐趣的原则。分数应当是奖励勤奋的，而不是惩罚懒惰和懈怠的。如果教师把2分和1分当做可用来警戒懒马的皮鞭，而把4分和5分当做糕点，那么孩子很快就会既痛恨皮鞭也痛恨糕点。"

5. 能力和才干来自指尖，是补充创造性思维的源泉

劳动是人的和谐发展的基础，"劳动的乐趣是一种巨大的教育力量"。苏霍姆林斯基提倡的劳动教育的目的之一是培养创造性劳动态度。创造性劳动是苏霍姆林斯基劳动教育理论的核心，是道德修养的源泉，精神文明的基础。劳动能增强孩子们的求知欲，能训练学生的形象思维和抽象思维，使技巧与智能的发展相得益彰。苏霍姆林斯基几十年的教育实践使他确信："儿童的能力和才干来自他们的指尖……来自手指的那些细小溪流在补充创造性思维的源泉……孩子的手越巧，就越聪明。"他认为，运用自如的手是意识的伟大的培养者和理智的创造者。劳动中激发出的自信、自尊和自豪感，是推动学生学习的强大的情感力量。苏霍姆林斯基努力使每个学生都成为劳动者、思考者和探索者。在对真理的认识和发现中融合进了学生个人的创造力，从而实现了他们的自我肯定和自我教育。他们感觉到了由于自己有了思想和求知欲，大自然就向他们袒露了自己的秘密。他们越深入到知识和劳动的世界中，就越感觉到自己是有创造性的人，把知识的获得与创造性地运用知识结合起来。苏霍姆林斯基认为，学校生活的智力财富绝大部分取决于智力生活与体力劳动密切结合的程度。

孩子们通过亲身参加劳动还能养成热爱劳动和尊重劳动人民的态度。"劳动教育的最高要求，就是要在孩子们心中树立起劳动人民对待劳动的态度……如果孩子体验不到劳动的美，要培养他热爱劳动，那是不可能的。"

6. 健康，健康，再健康

苏霍姆林斯基认为，体育首先就是关注健康，其次是保证人的身体发育、精神生活以及多方面的活动能够协调一致。他明确指出，对儿童和少年实施体育，应有不同的任务和重点。儿童的体育主要是促进机体的正常发育和增强健康，而在少年阶段，还必须增加充实智慧才能，培养道德情感、道德品质，发展审美修养，培养对体力活动的热爱等多方面的内容。健康教育是苏霍姆林斯基体育思想中的一个重要组成部分。他要求"健康，健康，再健康"。他说："对健康的关注是教育工作者首要的工作。孩子们的精神生活、世界观、智力发展、知识的巩固和对自己力量的信心，都要看他们是否乐观愉快、朝气蓬勃。"他对学生学习差的原因进行了多年的调查研究发现，一方面，85%的学生学习成绩不良是健康状况不佳引起的；另一方面，健康在很大程度上取决于精神生活，尤其是脑力劳动的修养。高水平的脑力劳动修养来自于对学生身体健康的、智力的和审美的多方面的培养。他坚决反对死记硬背式的脑力劳动，极力主张脑力劳动和体力劳动的适当结合，以保证脑力和体力的协调发展。为了使学生有健康的身体，苏霍姆林斯基采取了许多措施，例如，为学生创造有利于健康的绿色环境，增加学生户外活动的时间，把大自然看做健康的源泉；制定有利于健康的饮食、劳动和休息制度；有计划地、有针对性地进行体育教学和体育；等等。

苏霍姆林斯基的教育思想体系，具有辩证全面、不断创新的特点，深深地扎根于实践，来自实践，又在实践中得到完善，因此具有蓬勃的生命力。他的教育思想直接继承了马卡连柯的教育思想，是在苏联普通教育理论发展、演变和完善的基础上形成的，标志着苏联教育理论的发展进入了一个全新的阶段，使苏联的整个普通教育理论更加完善，更富有社会主义新时代的特色。

《今日的教育为了明日的世界》中的教育名论

查尔斯·赫梅尔（Ch. Hummel），瑞士教科文组织全国委员会秘书长，瑞士常驻联合国教科文组织的代表，教科文组织执行局委员，第三十五届国际教育会议总报告员。受联合国教科文组织总干事姆博之托，他为国际教育局

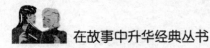

撰写了长篇研究报告——《今日的教育为了明日的世界》。1977年联合国教科文组织出版了此书。中译本由王静等翻译，中国对外翻译出版公司于1983年出版。

《今日的教育为了明日的世界》一书的出发点是1975年召开的第三十五届国际教育会议。那次会议审视了教育发展的主要趋势，重点探讨了以下四个问题：教育政策最近的变化和一些重要的教育问题；受教育，尤其是受高等教育的机会；教育改革；终身教育。《今日的教育为了明日的世界》用五章的篇幅围绕着这些问题展开研究。书中引用了许多国家的官方资料，分析了当今世界各国存在的教育问题及其发展趋势。本书积极主张对现行的教育制度进行彻底的改革，认为教育与社会、教育与整个发展事业有着密切的联系，因此必须把教育列入总的发展规划之中；本书还对解决当前的教育问题以及今后的教育提出了一些建议。

教育改革与革新

改革与革新，是贯穿本书的一个基本论题。20世纪60年代"世界教育危机"成为许多国家各界人士广泛讨论的一个议题，1967年库姆斯以此为题。发表了他为在威廉斯堡召开的国际会议撰写的对教育状况的评论性分析意见，在世界范围内掀起了教育改革和革新运动。虽然由于各国的历史背景、社会条件、经济和教育发展水平各异，教育改革的侧重点有所不同，但有一个共同的特点就是从20世纪70年代开始世界各国都对本国现行的教育制度进行大刀阔斧的改革，为社会经济的发展开辟前景。

教育改革首先要重新确定教育目标、目的及教育机构的作用等问题。作者认为，教育目标是对人、对人类生存的历史、对使人类能与自然界以及与他在其中生活、创造和活动的社会相联系的各种关系制度进行冷静思考的结果。目标只是指出基本的方向，但它是属于理想世界的，是永远也不可能达到的。"目的则属于教育政策的范围，旨在解决社会所遇到的问题的具体方法。每一种教育制度都是以其目的和目标之间存在的辩证关系为特征的。"教育目的和目标与产生它们的社会的愿望、结构和决定力量是一致的，具有三种普遍标志，即人的性质、社会性质、知识性质。"每一种教育制度都体现一种人的憧憬，一种社会规划和一种认识观念。"作者考察了各国的教育现状，指出在教育目标的确定上普遍存在两个问题：一是目标制定得过高，脱离现实；二是目标与实际相互矛盾。这种问题在发展中国家尤其突出。因此作者指出，在确定教育目的和目标时要考虑两个因素：一是要考虑目前的社会文化背景，使目标和目的是真正切实可行的；二是要考虑未来的发展，因为教育活动的基本目的在于未来。作者认为，在确定新的教育目标和目的时应该考虑以下价值原则：（1）自治。最大限度地提高个人和各个团体的认识、知识和技能，使他们能最大可能地管理个人和集体的生活。（2）平等。使所有的公民受到同等的基础教育，都能参加文化和经济生活。（3）生存。使每个民族世代流传和丰富自己的文化遗产，同时用教育引导他们彼此了解和在世界范围内认识到人类的共同命运。

教育改革和革新是一项长期而又艰巨的任务，每一项改革或革新的举措都会遇到重重阻力。阻力既来自内部也来自外部。因此作者认为，要把改革进行到底就必须做到：（1）教育改革要有政治决心和意志；（2）在国家的全面发展政策中应包含教育改革的内容；（3）教育改革必须与国家的总政策一致；（4）教育制度内部的各项政策必须协调一致；（5）增强公众的参与意识，社会上一切有关人士要真正参与；（6）必须取得教师的支持和合作，教师必须改变自己的习惯和常规，建立新的师生关系；（7）建立专门机构以推动改革的进程；（8）加强区域间或国际间的合作。

终身教育

虽然终身教育的实践从人类出现之后就已存在，但在 20 世纪 60 年代它才得以概念化并被人们认识到它的规律，70 年代初终身教育的模式首次公诸于世。终身教育概念的发展是国际合作的成果，它是教育史上最惊人的事件之一，可与哥白尼学说带来的革命相媲美。作者指出，教育是一个过程，它不受时间和空间的限制。历史上形成的学校和公共教育的威望，已构成了对世界各国任何意义深远的教育改革的障碍。因此终身教育思想的提出，是对正规学校教育的有力挑战。从终身教育的观点出发，教育活动被看做一个整体，所有的教育部门都结合在一个统一的和相互衔接的制度中。赫梅尔认为，终身教育也是一种意识形态，是一项真正的教育计划。它面向的是未来，设想培养一种新型的人；它也是一种价值体系的传播者，形成着一种新的教育哲学。"终身教育是惟一能够适应现代人、适应生活在转变中的世界上和变动的社会中的人的教育。"在一个以转变为特征的时代，百科全书式的知识已经过时，教育再也不能只限于传授知识。终身教育要求的是为了学习而学习，为了转变而学习。它激发学习者的兴趣、好奇心和热情，引导受教育者把命运掌握在自己的手中。在终身教育体系中，学习者必须学会工作、研究、发明和创造，他不是单纯地受教育，而是充分地参与教育过程，进行自我教育、自我训练和自我评价。赫梅尔指出，终身教育思想提出的是一个前后连贯、结构分明的完整的教育制度。在这一制度中"可以区分出与生命的不同阶段相一致"的各个部分，这些部分"在很大程度上与传统的教育结构相一致"，改变的仅仅"是它们的内容和衔接方式"。终身教育制度的核心是成人教育。但如把终身教育限于从学校毕业后的阶段，终身教育制度就变得毫无实际意义。因为终身教育制度的基本特点就在于，它在任何一点上都不间断，具有连续性和统一性。在这一制度中，重要的是学校打开通向成人世界的道路，为年轻人进入成年生活作准备，教育是其中最基本的部分。根据这一终身教育思想，"学校变成教育和文化的中心，为整个社会服务。它不再是与现实隔绝只供一部分人使用的封闭区域。它真正和社会打成了一片。每个人都能自由地在那儿进行各种活动，人人都能利用它的各种设施。在终身教育制度中，进行教育的适当场所是在整个教育制度之中"。

赫梅尔从终身教育的观点研究了学校体制的改革，认为在终身教育制度中，学校不能垄断全部教育，它仅是范围更为广泛的终身教育的组成部分。学校教育是一个过程中的一个阶段，而这个过程始于学龄前，延续到学龄后的很长时期。学前教育、校外教育、毕业后教育，以及任何非正规教育，都可能影响学校教育的目标、内容、方法、手段和结构。学校不再是脱离周围环境和社会的孤立的机构。它在纵向上与其他教育阶段结合起来。因此不应用延长义务教育年限的办法来满足对教育不断增长的需求，而是要加强和扩大非正规教育的可能性。终身教育制度中的横向结合，能确保各级教育之间、教育工作与闲暇时间中的各种情况的交流，把教育与日常生活结合起来。

赫梅尔在本书中还评论了其他一些教育形式。关于20世纪60年代末出现的回归教育，他认为这主要是关于成年人教育的一种制度，在终身教育的一般结构中占有适当的位置。回归教育的宗旨是建立一种轮训制度，使每个人在其一生中，"工作（或闲暇）时期和受教育时期可以交替进行"。关于远距离教育，赫梅尔认为，大众传播媒介的发展为终身教育提供了新的方法和技术，把教育从时间和空间的束缚中解放出来，从而真正满足终身教育的需要。关于世界扫盲运动，赫梅尔总结出几条经验教训：（1）扫盲教育问题远比人们设想的要复杂得多。（2）扫盲教育是一个政治意愿问题，政治意志是扫盲运动成功的先决条件。（3）必须把扫盲列为全面发展计划的一个组成部分。（4）必须得到公众的广泛理解和支持，只有全体有关居民都参加扫盲运动，扫盲才可能成功。（5）扫盲要与满足人的基本需要相联系才有可能成功。

教育民主化

教育民主化是全世界教育领域中的一个热点问题，它事实上包含所有教育问题的概念，反映了人类渴望一个更公正的世界的愿望。赫梅尔指出，教育民主化的概念不仅包括教育机会均等或没有教育歧视，还包括在学习中获得成功的机会均等，而且"受教育的平等同教育机会的平等不是一回事"。"传统的教育制度有利于享有特权的社会阶层"，为了改变这种违背人权和社会公正原则的现状，"必须改变学校结构，最好是改变整个教育制度，以便消除歧视和社会环境的消极影响"。赫梅尔认为，对于主张教育机会平等的人来说，"机会平等本身并不是目的，其目的在于获得更大的社会和政治平等，在于普遍的民主化，而且往往不仅在于获得一个更公正的社会，而且最后的目的在于求得一个没有阶级的社会"。在扩大教育民主化的过程中，世界各国都在不同程度上采取了排除社会文化障碍的措施，出现了延长教育时间和推迟分科和专业化的时间两种倾向，用开设选修课的方法使教育进程更适合个人的特点。关于移民和难民子女、残疾儿童、居住在边远地区的居民的教育民主化问题，关于男女不平等问题，世界各国都采取了一定的措施。赫梅尔还指出，从终身教育的观点看，"机会均等的讨论不应只限于单一的教育部门。校外教育、成年人教育、回归教育，所有这些不同形式的教育都具有重要的补充、补偿及其他作用"。此外，作者还认为参与问题是教育民主化的一个基本方面，"没有学生的参与就没有教育的民主"。最后，作者还指出，更加灵活、开放的教育制度和学校建筑设施，对融洽师生关系，促进教学的解放起

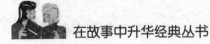

着重要的作用。赫梅尔理想中的、真正实施教育民主化的教育机构不是那些传统的学校，而是由传统学校演变而成的向整个社会开放的教育和文化中心。"除了各种形式和各种等级的学校，这些综合性的教育机构包括供成年人学习的设施、休息中心、青年俱乐部、图书馆、社会中心等。有时，这些机构建筑在一条主要的'教育街'两旁，形成自己的小城市。它们是真正的教育城市。"

教育与社会

赫梅尔主要从教育与发展的关系、与劳动市场的关系、教育的农村化和促进文化发展等方面详尽考察了教育与社会的关系。

发展问题是人类面临的最重大、最严重、最紧迫的问题。赫梅尔认为，发展的最终目的是为了个人，使每个人能享受《世界人权宣言》中规定的一切基本权利，提高每个人的生活质量。因此，仅靠教育是不可能促进发展进程的，但教育确实是社会发展的基本因素，一个国家的一般发展水平与其教育制度的发展水平之间存在着有机的联系。在国际范围内，发达国家与发展中国家、发展中国家之间及发展中国家内部，在发展上存在着严重的不平衡，差距越来越大，造成了局势的紧张。发展中国家为此付出了很大的努力。然而结果是教育经费不断增长，但国民生产却没有成比例地提高，社会不平等和不平衡现象更严重了，失业尤其是大学毕业生的失业问题日益突出，农业人口外流愈益严重，教育似乎没有与发展中国家的需要相适应。为此，世界各国正从以下几个方面作出努力：

（1）发展中国家认识到自己引进的教育制度不完全适合本国，从而进行探索新的教育模式的尝试。这种探索有三个特点：一是规模小，二是积极发展成人教育，三是尽量切合当地实际条件。（2）发展中国家还认识到，妇女对于发展的贡献特别重要，主要集中在三个方面：饮食、卫生和教育。赫梅尔指出，"对女孩和妇女的教育和培训给社会发展带来的好处可能比对男孩和男青年的教育大一些"。鼓励对女性的教育不仅是为了平等，也是为了发展，发展中国家正在为扩大女孩受教育的机会作出极大的努力。（3）努力加强基础教育。基础教育就是满足最低限度的学习需要。赫梅尔认为，基础教育是以各方面都具有极大的灵活性为特征的，是全面的终身教育制度的最初的组成部分。它的教育内容应该是灵活的，必须适应特定的教育条件并扎根于它所面对的社会文化环境之中，重点放在实际指导和观念的发展方面。"总之，一种旨在发展，从而旨在提高生产率的教育的最高目标之一，无疑应该是学习劳动。"赫梅尔还指出，基础教育并不只是在学校里获得，它首先是为进入成年人世界和劳动世界作准备。基础教育也不受年龄或地点的限制，关键是学校教育与校外教育之间的衔接。因此赫梅尔要求"制定一种使正规教育与非正规教育既相辅相成又部分地平行，同时还要在两者之间搭桥的教育制度"。（4）加强教育与工作部门之间的联系。学校与工作之间的脱节现象，无论在发达国家还是发展中国家，都不同程度地存在。现在提出了为工作而教育、通过工作进行教育的要求，在世界范围内出现了重视技术和职业教育的趋势。在发达国家很重视对学生进行职业指导，指导的概念是以学生的个性和自由选择为基础的。赫梅尔揭示了这个概念的发展方向：尽可能推迟选择职业的时间，要等到青年人的成熟程度达到能认识到自己所作出的选择的后果时才去作出对职业选择的决定；指导工作正在变成教育的一个基本部分，成为任何教育制度不可分割的一部分；指导工作的目的越来越不是为了选择某一职业，而是越来越偏重于教育科目的发展方向。因为对于个人来说，培养能力使自己适应不断变化的工作条件，是尤为重要的。赫梅尔预言，"白领"教育和"蓝领"教育"这两种不同的做法正在消失。最后，它将让位于新的正规和非正规的教育形式。目前，正在世界各地建立的新的教育中心既是教学的场所，同时又是生产中心"。（5）实现教育的农村化。赫梅尔指出，在发展中国家农业人口占75%，在最不发达国家80%~90%的劳动力人口从事农业，无论在经济还是在文化教育方面，农村都是最不发达地区。教育的农村化就是要采取一切措施使教育制度适应农村人口的需要。（6）教育要促进文化的发展。赫梅尔指出，教育与文化是紧密相连的。"使文化代代相传的是教育，开辟文化道路的也是教育……教育的基本方向来源于文化。"发展中国家都有着受侵略和奴役的历史，存在着本土文化与外来文化的冲突。因此，寻找真正的文化源泉，从中找到本国发展教育的目标和方针，创造符合本国国情的教育制度，是大多数发展中国家面临的重大课题，也是"现代教育史中最引人注目的发展趋势之一"。此外，赫梅尔还揭示了语言问题甚至超出了社会和教育领域，强调了发展母语教育对发展中国家教育的发展所起的重要作用，教育的真正民主化在很大程度上取决于母语教学问题的解决。

世界教育的未来

赫梅尔揭示了世界教育的以下几种发展趋势：（1）教育的未来主要取决于外在因素而不是教育制度的内源因素，政治、经济、社会和文化情况将决定明天的教育。（2）各种非正规教育形式将蓬勃兴起。（3）教育规划要纳入社会发展的总政策中。（4）终身教育观念将日益深入人心。（5）教育民主化将得到进一步的充实和发展，新的教育技术将使教育发生彻底的变化。（6）国际性和地区性组织将对各国教育的发展发挥日益重要的作用。